弁護士・藤田一良

――法廷の闘い

藤田一良 著

緑風出版

弁護士・藤田一良——法廷の闘い◉目次

第一部　伊方原発裁判

「伊方原発裁判」が遺したもの

一　はじめに

伊方一号炉訴訟が愛媛県西宇和郡の住民三五名を原告として、当時の内閣総理大臣田中角栄を被告として松山地裁に提起されたのは、一九七三年八月二七日であった。彼は列島改造論をぶちあげて人気の絶頂であった。

原発を設置しようとする者は、予め総理大臣（のちに通産大臣に変わった）の許可を得なければならず、原告らはその許可処分の取消を求めたのである。原告らが問題とした原発の安全上の欠陥は数多くの点にわたり、日本国内はもちろん世界的にみても、原発の危険性を全面的に問うはじめての大裁判となった。この事件に最初からかかわったのは、大阪弁護士会所属一〇名の弁護士で、のち総勢二五名になった。

当時六八年五月のパリの五月革命の余波もあり、七〇年の安保の改定に異議申立をする学生を中心とする運動が各地で起こり、当局の弾圧を受けた多数の人々が逮捕され、裁判を受けることとなった。これまでのこのような「公安事件」と呼ばれる「弾圧事件」は、日本共産党の指導力の強い「自由法曹団」の弁護士が中心となって担ってきた。しかし共産党は、これらの「全共闘」や「セクト」を共産党の政治路線に反対する「トロツキスト集団」と決めつけ、弁護士たちに対しても弁護拒否を呼びかけていた。彼らはその結果、弁護士の弁護を受けることなく裁判を受けることになってしまう。人権の擁護を使命とする弁護士が、このような党派的決定を無視して、学生たちの弁護活動に参加したのは必然のことであった。私も含めて伊方にかかわった弁護士たちのほとんどは学生たちの政治路線とは無関係で、弁護士としての使命感による弁護活動への参加であった。しかし、共産党の人びとは学生たちと弁護士を一緒くたにし、トロツキストと規定をしてしまう誤りを冒したのである。

二　土地裁判

伊方一号炉の原発敷地予定地を四国電力（四電）に渡すことを拒否した現地の地主に対し、四電は引渡しを求める土地裁判を起こしていた。

弁護士は受け身の商売で、誰が依頼者となるかによって運命は一変する。一九七二年の春頃、「阪大の久米［久米三四郎、大阪大学講師（一九二六－二〇〇九年）］ですが」と名乗る人が事務所の扉を開けた。彼が私の「死の使者」であり、原発と私を結びつけた。「死の使者」と戯れに呼ぶのは、私の好きな音楽の世界で、モーツアルトが死の直前にはっきりとしない素性の、気味悪い男に「死者のためのミサ曲」の作曲を依頼され、完成することができないまま世を去ったが、彼はその男のことを直感的に「死の使者」と名づけたそうである。私もこの裁判を引き受ければ、最低一五年はかかり、心臓の欠陥を意識していた私は、すぐモーツアルトのことを思い出した。久米さんのために言っておくが、私は今八四歳、元気である。「死の使者」の直感はアテにならなかった。しかし裁判の苦労のため経済的貧窮は甚だしく、彼は正しく私の「貧乏神」であった。伊方の土地裁判への依頼が彼の来訪の目的であった。

土地裁判で、住民たちが原告なのか被告なのか久米さんもよく知らなかった。その後わかったところでは、住民たちは危険な原発用地とは知らずに売買契約を承諾してしまったので、「公序良俗違反」でこの契約は無効である。そうでなくとも「錯誤」による契約で、取消し得る、というのが四電に対する住民の主張の根本であった。要するに原発用地提供拒否の裁判が一般の民事訴訟レベルで争われようとしていた。

私はこの裁判に参加するとすれば、原発の危険性や安全審査の欠陥を根拠づける各問題点に、それぞれ専門的証人を貼りつけて証人調べをし、まず裁判が容易に敗けないような陣構えをつくるべきであり、それに対応する原発の欠陥を指摘する主張を展開するべきだという意見を出し、久米さんに証人団の編成をお願いした。

この方針提起に対する松山の弁護士の反応は、「それでは裁判が泥沼になる」という消極的なものであったとのことである。松山の弁護士とは、すべて久米さんを通じての間接交流であった。しかし私にとっては、「泥沼」になっても、問題はそれで困るのは住民か四電かが重要で、私の方針が貫かれれば、私たちもしんどいが、工事の着工もどんどん遅れることになる、答えはおのずとして明らかである。

土地裁判への参加を決定的に阻んだのは、久米さんが渡した専門的証人団のリストに水戸巖さんの名前があったからである。水戸さんは武谷三男門下の核物理の専門家であるが、当時世間を騒がした「浅間山荘事件」で「救援センター」の一員として、「赤軍」との接触をはかろうとしていることが広く報じられていた。松山からこのような人を裁判の証人に迎えることはできないとの返事が来たとのことであった。

私は水戸さんとはどこかで軽く会ったことがあったが、彼の思想信条にまで理解の手がまわりかねた。仮にそれがどのようなものであれ、自然科学的な専門領域での証言をお願いしようとする人に思想的原因で参加を拒否するようなことはとうてい受け容れられなかった。

その上、現地の弁護士は、土地裁判へ参加したいのなら、大阪の「民主法律家協会」を通して来てくれ、と言っているとのことであった。私も当時、革新的な法律家の集団と思っていた「民法協」のメンバーの一人ではあったが、「置屋」や「検番」を通してでないとお座敷へ上がれないという組織服従人間とは正反対のバガボンドこそ弁護士と考えていたので、土地裁判への参加はこれを契機にしてこちらからお断りした。土地裁判も伊方の反原発闘争の重要な闘いであり、これを断ることに心残りがあったことは否定できないが、参加して考えの違う弁護士との共働関係の身心の苦労、お金の入ってこない長期裁判に縛りつけられることなどを考えると、少しホッとしたことも事実であった。しかし結局は原発裁判と縁が切れなかった。

三　行政訴訟まで

「土地裁判」は地権者の裁判である。しかし原発災害の被害者は周辺住民に広く及ぶ。地権者以外の住民が他の類型の裁判を利用して原発反対運動の展開をはかろうとしたのは当然のことであった。

その頃、大阪空港をめぐって夜間飛行の中止を求める住民裁判が闘われていた。その中で住民の権利を守る法理として、「環境権」なるものが提唱され広く世間に宣伝されていた。伊方の人たちは、この「環境権」を武器にして地権者以外の者も反原発裁判の原告として、戦いの列に参加できないかと考えた。そこで大阪の弁護士を呼んで、「環境権」について意見を聞き、勉強しようと考えた。

彼らは、大阪弁護士会の所属であれば誰でも「空港弁護団」と同じ考えを持っている筈だと考え、私と仲田隆明、荒谷勇人の三弁護士を八幡浜に呼んだ。

私は労働会館に集まった五〇人ほどの人々に原発の危険性は、いままでどおりの平穏な生活を守ろうとする「環境権」の理論とは大いに異なるのではないか、と説明した。平常時の放出放射能による危険はもとより、大事故が起こった場合の災害の悲惨さを考えると、「環境権」などというノンビリした理論で立ち向かうのは不適切ではないかと主張した。住民たちはこのような私たちの意見を聞いて少なからず落胆したようである。私たちも、これで伊方行きはおしまいになりそうだと、内心ホッとした思いで帰路の列車に乗った。

しかし原発はまだまだ私たちにつきまとった。

四　一号炉設置許可処分取消請求行政訴訟と原発の危険性

一九七二年一一月二八日、内閣総理大臣は四電に伊方一号炉の設置許可処分を下した。これと争うためには処分を知った日から六〇日以内に処分庁に対し異議申立をしなければならない。異議申立がなければ行政訴訟を起こすことができない。

現地住民たちは、この許可処分に対し徹底的に争っていく姿勢であった。行政訴訟であれば地権者以外の者も原告になれる。しかし弁護士の誰に頼むかは容易に決められない。財政的基礎も乏しく、しかも科学的に多様な内容を含み、長期にわたることが予想される裁判を誰に頼めるのか。このまま見送れば、土地裁判やこれまでの住民運動は無為に終わってしまう。

結局、また白羽の矢に当たったのは私たちであった。引き受ければ、大阪から松山まで、何年かを経済的裏付けもなく通わなければならない。実費が出されても、無料奉仕では生活がおぼつかない。どの弁護士もまだ弁護士として基盤も確立していない若い人たちばかりである。住民たちは「おんぶお化け」のように必死にしがみついて、何度も断ってもあきらめない。時間は刻々と過ぎ、異議申立期間の終了も目前に迫ってきた。結局は、清水の舞台から飛び降りる気持ちで引き受けざるを得なかった。

私は一九二九年生まれで、この裁判に参加してくれた他の弁護士より一〇歳以上年長であり、弁護団の「団長」にされた。人一倍内気で人見知りのする者にとってはもっとも不適切な役回りである。「断腸」の思いという言葉はこの辺りからでたと思われる。

戦争中は勤労動員にかり出され、中学三年から枚方にあった陸軍造兵工廠で働かされた。枚方の工廠は昭和一四年頃原因不明とされた大爆発を起こし、火薬の破裂する音が何日も遠くまで響きわたった。軍事的にみても、かつてない大損害であった。私はこの工廠で弾丸の信管に火薬を充填する作業

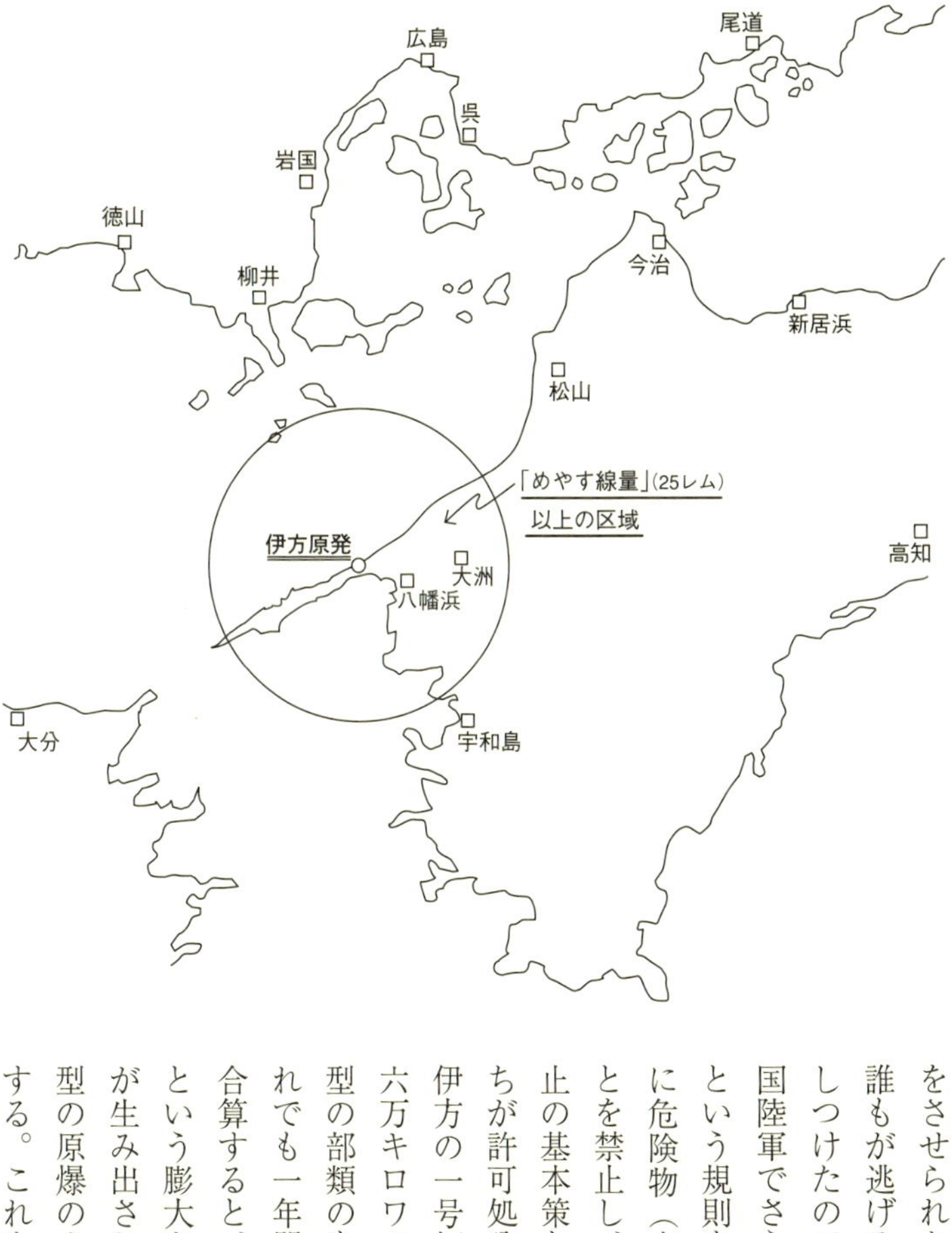

をさせられた。純真な学生に誰もが逃げる危険な作業を押しつけたのである。しかし帝国陸軍でさえ、「停滞制限量」という規則をつくり、一カ所に危険物（火薬）が集まることを禁止し、これを大事故防止の基本策としていた。私たちが許可処分の取消を求めた伊方の一号炉は、電気出力五六万キロワットと現在では小型の部類のものであるが、それでも一年間に運転するのを合算すると、二一億キュリーという膨大な量の放射性物質が生み出される。これは広島型の原爆の六〇〇発分に相当する。これをそのまま単純に、

現在のわが国の一般人年間許容線量一〇〇ミリレムにあてはめて計算すれば、一〇〇兆人分に相当する途方もない危険量となる。日常生活では意識の外にくくり出されている岬の向こうや、湾の奥の原発によって、私たちの命は運命共同体として固く結び付けられているのである。破壊攻撃や事故は、どのような契機で起こるかは予測が困難であるが、もし起こると、広範囲に取り返しのつかぬ破滅的損害を生み出す結果となる。とても帝国陸軍の「停滞制限量」で防げるというようなものではない。私たち弁護団は、このような大災害を引き起こす可能性のある原発は、人間の環境に持ち込んではならない。原発は技術的欠陥、設置される場所等々多くの問題点以前に、それ自体そのままで違憲かつ違法な存在であるという認識で一致した。

原子力発電所にはスリーマイルやチェルノブイリ事故にみられる事故防止の困難性のほかにも、ここから生み出される、多量かつ数十万年にもおよぶ長期寿命の各種放射能の安全保管の問題がある。

原子炉内で人工的に造り出されてくる各種の危険な放射性物質のうち、とりわけプルトニウムはその名がギリシャ神話の冥界の王プルトーンにちなんでいるように、人類がこれまで取り扱ったことがないような恐るべき超毒物である。このプルトニウムの人間の肺に対する許容量は、僅かに一億分の三グラムである。今日では小型の部類に入る伊方発電所の一年間の運転によってさえ、国際基準で五兆人分相当のプルトニウムが製造される。しかもアメリカの専門家の最新の研究では、この基準でも危険すぎるので、一一万五〇〇〇分の一に引き上げなければならないとまで言われているのであるから、その恐ろしさには適切な表現の言葉もない。

放射能は人間の力ではその毒性を奪うことはできず、その寿命が尽き果てるまで待つしかないが、プルトニウムの半減期（放射能の強さが半分に衰えるのに要する時間）は二万四〇〇〇年であるから、その毒性が無視できるようになるまで一〇〇万年の経過を必要とする。誰がこのような物質の安全管理に責任が持てるというのであろうか。

アメリカ原子力委員会の元オークリッジ研究所長のワインバーグ博士は、かつて原子力発電技術を「ファウストの取引」になぞらえたことがある。言うまでもなく悪魔メフィストフェレスに良心を売り渡して永遠の青春を買い取ろうとしたファウスト博士と同じような取引が社会的になされようとしていることが原子力発電所技術の本質であるというのである。

しかしこのたとえ話も悪魔に良心を売り渡す点では正しいが、原子力発電所で買えるのは決して人類の永遠の青春ではない。その反対にそれが製造するプルトニウム等の管理不能の超毒物は、ほとんど永久に人類をはじめ、地球上のあらゆる生物の生存を脅かし続けるのである。

プルトニウムはまた原爆の材料でもある。本質的にみれば、原子力発電施設そのものが核兵器生産設備としての実質を有しているというべきである。マンハッタン計画の遂行者であり原子爆弾を開発したオッペンハイマー博士は、一九四〇年代すでに「軍事的原子力と平和的原子力は本質的に同一であり、一方を促進し他方を禁止しようとするのは矛盾」であると指摘した。そしてこのことは今日、原子力発電施設の保有を通じて、世界の各国に核兵器が拡散しつつある現実によってその正しさが証明されている。すでに大量のプルトニウムを原発の運転によって保有している日本は、いつでも大量の原子爆弾を製造することができるのであり、日本はすでに世界有数の核大国なのである。

しかも今日では、一〇キログラム（ソフトボール大）くらいの酸化プルトニウムと若干量の爆薬が入手できれば、数週間以内に爆発可能な二〇キロトン級（長崎級）の原爆が製造できるとみられている。十数年前アメリカのテレビ局で、「プルトニウム・コネクション」という題のドキュメンタリー番組が放映されたが、一人のごく普通の化学専攻の学生に、公開されている関係文書を読ませて、プルトニウムを使った原爆の設計をさせたが、五週間かけて文献を読んだこの学生は三七頁の設計書を完成した。これを見たその道の専門家はその設計書の有効性を認めたので、視聴者は大きな衝撃を受けた。材料さえあれば、「原爆はだれにでもつくれる」のである。

猛毒のプルトニウムは、核爆弾だけでなく「撒き散らし兵器」としても使われる恐れがある。万一、何者かが大都会の中でプルトニウムを撒き散らすと大惨事になる。僅か一グラムが撒かれただけで、五〇〇平方メートルの範囲内の人間が死亡し、五万平方メートルを除染しなければならない。もしプルトニウムが狂信的な個人やグループの手に入ったときのことを考えると肌に粟が生じる。プルトニウムが大量に存在する社会が行き着くところは、結局のところ超高度管理社会である。すでにアメリカの原子力委員会は、個人に対する保安調査、核保安警察の設置などの処置がなければ社会の安全は保障されないと警告している。プルトニウムという超毒物が大量に社会に存在することが、必然的に個人の人権やプライバシーの保護を否定する方向に社会を変える大きな力として作用するのである。

いま、石油にかわるエネルギーという大義名分で原子力発電所の建設が強行されているが、これもまた嘘である。石油が原子力をつくるのである。ウラン鉱を採掘するのにも石油がいる。精製するのにも石油。それを濃縮するのにも大量の石油を使う。そして原子力発電所の建設にも勿論、運転にも、さらに残された放射性廃棄物の管理にもそれぞれ石油が大量に消費される。結局、原子力発電も石油のかたまりでしかなく、それに注ぎ込む石油エネルギーとそれから取り出される電力エネルギーの対比の観点（エネルギー収支論）からみても、石油の無駄遣いにしかすぎないことが指摘されているのである。伊方の住民の表現によれば、原発は「無駄飯食いの大糞タレ」でしかないのである。

それでもこのような原子力発電所の建設に人びとの心をせき立てるのは、「エネルギー危機の異常なまでのキャンペーン」であることは言うまでもない。石油涸渇論と同様の論法でウランの涸渇の時期を計算すれば、石油とほぼ同じ頃となってしまうので、原子力発電はつなぎのエネルギーにもならない。

エネルギーの問題の中心はむしろ、一九六〇年代の高度成長の中で大量生産、大量販売、大量消費という資本の要求の結果としてのエネルギー大量消費構造がつくられ、これが定着してきたということにある。その結果、生産、輸送、消費の各分野で公害が発生し、産業、消費廃棄物が困難となってきた。大量生産、大量消費が進めば進むほど、大気、水及び土という人間にとって基本的に重要なものが汚染され死んでいくというシステムが出来上がってしまった。現代資本主義は人間の欲望までも操作し、人間の基本的生存条件までも奪いつつあるが、このような現実の方にこそわれわれの目がむけられるべきである。

私たちがハラを決めて行政訴訟の準備をしている間、共産党は私たちをトロツキスト弁護士と決めつけ、「愛媛民報」や、ついには全国紙の「赤旗」にも「トロツキスト弁護士」の裁判開始を阻止しようとキャンペーンを続けた。「訴状」が完成した提訴の直前まで、反対同盟の委員長川口寛之さんのところへ押し掛けて私たちの解任を求めた。「社会的にも犯罪者集団であるトロツキスト弁護士が中心的役割を果たす裁判は、そのことだけで敗北の道を歩む」、「このような裁判を最後まで担うだけの力量も財政的裏付けもなく、途中で投げ出すにきまっている。彼らを解任して信用と実績のある自由法曹団系の弁護士に依頼すべきだ」等々がキャンペーンの内容であった。

のちにこのような宣伝に対しては、弁護士は結束して、名誉毀損による謝罪広告と精神的損害賠償請求裁判を大阪で起こして、一審判決勝訴ののち二審で勝訴的和解を勝ち取り、「赤旗」や「民報」に謝罪広告を掲載させた。

一号炉裁判の提訴は、一九七三年八月二日であった。提訴に先立って市内で決起集会が開催され、伊方を含む西宇和郡一円や松山市内から二〇〇〇人もの人が集まって会場に熱気が溢れた。いよいよ裁判が始まった。

ちなみに当時の共産党の原発に対する基本方針は、「日本共産党第一一回党大会」の決議によって示されているように、「地域的視点からだけで問題をみるのではなく、全国的、建設的視野に立って合理性・科学性を貫くことが大切である」としたうえで、「たとえば我が党は原子力発電所の建設についても、単なる反対でなく、公害の起こる、また安全の確保が保障されていない原子力発電所に対し反対しているものであり、政府独占資本の電力不足の宣伝に対しても『総合エネルギー公社』などの正しい中央の政策が対置されているのである」というものである。

「公害の起こらない」、「安全確保が保障されている原発」があり得るのか、私たちの理解からは遠く隔たった見解である。「安全協定」による決着が目に見えている。私たちは私たちの基本認識のもとに裁判を前進させた。彼らと意見が異なり、裁判への参入を許さなかったことは良かった。

五　行政訴訟の内容

いまでは、現地の住民たちが原告となり、国が被告となって「許可処分取消」の行政訴訟が起こせ、裁判所が実質審議に入ることが当たり前のことになっている。しかし、これも伊方裁判の獲得した大きな成果の一つである。

処分の取消を求めることができる資格のある者が誰かについても、さまざまな法理論がある。申請者の四電に「不許可」が出されれば、四電は当然の「当事者」としてこれを争う資格があることには誰も異存はない。しかし、それ以外の住民などにこれを認めるのか。またどの範囲で認めればよいのかについては、当時の判例、理論水準は極めて限定的であった。当事者以外には処分の直接効果が及ぶのではなく、「反対的効果」が及ぶだけであるから裁判を起こす権利は認められないという「御用・三百代言的意見」がむしろ主流であった。

しかも住民たちに当事者適格を認めるとしても、どこまでその裁判が受け付けられるのか、という問題も未解決であった。

「行政事件訴訟法」によると、管轄は、

①処分をした行政庁の所在地＝東京。

②土地の収用、鉱業権の設定その他不動産又は特定の場所に係る処分又は採決についての取消訴訟は、その不動産又は場所の所在地の裁判所にも提起できる。

と定められている。

住民たちは勿論、「松山」での裁判を望んでいる。弁護団は原発事故の災害を考えると、設置許可処分はその他の地域や土地に対する処分と同視するのが当然だと裁判所に強く主張し、これを認めさせた。これが前例となって、後続の反原発行政訴訟は伊方裁判が開拓した道に続くことができたのである。

総理大臣は電力の許可申請があると、原子炉の安全性についてあらかじめ原子力委員会の意見を聞き、これを尊重しなければならない。委員会の意見は、原子炉安全審査会が、「原子炉等規制法」などの基準に照らして安全審査を行なった結果によって決定される。従って、裁判の争点は、審査の結果がこれらの基準に適合したものと言えるかどうかが中心となる。

基準の根本となるのは、「原子炉の位置、構造及び設備が核燃料物質（使用済燃料を含む）核燃料によって汚染された物（核分裂生成物質を含む）又は原子炉による災害の防止上支障がないものであること」（規制法二四条一項四号）という条文である。それでこれを具体化するものとして、「原子炉安全設計審査指針」、「軽水炉型動力炉の非常冷却系の安全評価指針について」、「原子炉立地審査指針及びその適用に関する判断のめやすについて」など、多くの「指針」や「めやす」が定められている。

原告らは伊方の許可処分が、この基準を全く満たしておらず、また審査手続きが四電の資料を鵜呑みにしただけで、実質的審査が行なわれず、住民たちの意見も聞かないで行なわれた「適性手続き違反」であることなどを、許可取消を求める理由としたのである。

原告らが、主張した安全上の問題点は、

1、平常運転時の放射性排出物の危険性
2、事故時における原発の放射能による危険
3、作動しない緊急炉心冷却装置（ECCS）
4、蒸気発生器細管の欠陥と事故につながる危険
5、原子炉圧力容器、一時冷却系配管の欠陥
6、伊方原発の事故における災害評価の誤り
7、使用済核燃料、固体廃棄物の保管、再処理についての審査の欠如と危険
8、温排水についての審査の欠落

など、ほとんど原発の危険性の全般にわたるものであった。原告らとしては許可処分の取消を裁判所に求めると同時に、これまで国民の目から全く隠されてきた安全審査の資料や内容を裁判を通じて公開させ、裁判を原発の危険性を全面的に問う「公開の安全審査」の場にすることをも目的とした。

原告代理人たちは訴訟提起の準備段階から、京大、阪大のこの分野の専門家十数名の協力を取りつけることに成功していたので、世界的にみても、はじめてのこのような全面的な問題の展開が可能となったのである。その後、原発の危険性についての理解が広まり、国内はもとより、国際的規模での反原発運動が盛り上がっているが、伊方原発裁判の弁護団は、危険性のほとんどすべての点をこの段階から明らかにし、運動の基礎を提供したのである。

被告（国側）はこれに対し、積極的に「この裁判を原発の安全性を国民に対し宣伝する場とする」と豪語し、安全論争を正面から受けて立つ姿勢を示した。かくて、一審だけでも一二名、被告側九名

の専門家証人が申請され、証人尋問が行なわれた。しかし証人尋問が進むにつれて、国は最初の勢いはどこへやら、もっぱら逃げの一手に転じたのである。

六　一審の実態と審理の経過

原告申請の各証人は、それぞれの専門知識にもとづいて、審査の欠陥、伊方原発の危険性を明快に証言した。国の代理人たちは、これにまともな反対尋問さえできなかった。

対照的に国の証人たちは、反対尋問で激しく追及されると、返答に窮して主尋問の時と反対のことを答えさせられたり、沈黙の中にとじこもり、予定時間の終了を待つばかりの人が多かった。住民のこの裁判にかける一つの狙いは、裁判の審理を通じての「公開の安全審査」を実現することであったが、このような審理を通じて安全審査の空しき実態や、アカデミズムの専門的権威に閉じこもる「御用専門家」の姿が明らかになるばかりであった。

たとえば安全審査会長であった内田秀雄氏は、原発から日常的に排出される気体廃棄物の拡散について、平地でしか妥当しないパスキルの式を用いて計算し、現地での実験をしなかった誤りを指摘されると、「発電所の近くに山があるとか平均的な拡散を妨げるようなことがあれば、これを修正する手法として実験が必要であるが」と答えた。すかさず原告代理人に「伊方原発のすぐ背後は山ですね」と追求されると、「現在そこがどうなっているのか知りません」と答える始末であった。彼は現地の地形を知らないままで、無責任な審査をしたことを認めたのである。また「蒸気発生器細管の破断などあり得ない」とも答えた。のちに「美浜二号炉」の細管破断事故（一九九一年）で、内田証言の誤りが実証されることになったことは周知のとおりである。

また三島良積証人は、核燃料についての最高権威というふれこみであったが、伊方の審査で、一次系配管のギロチン破断（ＬＯＣＡ）時の「緊急炉心冷却装置（ＥＣＣＳ）」の機能に関連して、「燃料被覆管が著しく破損しないこと」という基準に適合していると判断されているが、原告代理人の反対尋問で、ＬＯＣＡ時の燃料被覆の破損割合は、「多くて四割程度」と答えざるを得なくなった。四割も破損してしまうのでは、右の基準に違反していることを認めたことになる。原子炉燃料の最高権威者である三島氏でさえ燃料棒の安全審査の違法を認めざるを得なかったのである。その他の国側の専門家証人も大同小異の結果であった。国側がいう専門家とは、原告ら住民や国民の安全を第一に考えるのではなく、政府や電力会社の言いなりになって、ただ安全のスタンプを押すロボットにほかならない。証人調べを通じて伊方の安全審査がいかにずさん、違法のものであったかが、明らかにされた。

証人調べの結果がこのようなものであったので、国側は応訴の方針を根本的に切り換えざるを得なくなった。「エネルギー危機」の恫喝で裁判所に圧力をかけたり、原告住民はそもそもこの裁判を起こす資格、「当事者適格」がなく、訴訟は「門前払い」されるべきであるという主張さえ持ち出してきた。

「当事者適格なし」の主張がされたのは、証人調べもほとんど終わりの一九七七年五月のことであった。本来は訴訟の冒頭で主張すべき抗弁を、この時期に主張しはじめるということは、国側の狼狽ぶりを如実に物語るものである。

国側はまたこの段階で、「本件の内容は、高度に専門技術的な性格を有しているので、行政庁の裁量に属し、裁判所の判断になじむものではない」というういわゆる「専門技術的裁量性」の主張をはじめた。

しかし、原告ら住民のみならず広範な国民の生命・身体に危険が及ぶかどうかの問題を、行政庁が裁量で決めることは許されてはならない。それを守ることこそ裁判所の使命である。この主張はこれまでの各裁判所が公害訴訟などで積極的に技術的専門領域に取り組んできた姿勢を崩すために、国から裁判所に向けられた「怠け者への誘惑」にほかならない。

被告国側は最終段階で追い詰められた結果、ついには司法行政の手段によって、結審間際に裁判官を移動させるという裁判干渉をした。裁判長の村上悦雄氏が一九七七年三月末日をもって名古屋高裁に転属させられ、左陪席の裁判官も松山地裁の他の部へ移された。

村上裁判長は在任中にほとんどの証人調べを済ませ、原発の現場検証も実施した。原告らが請求した、原発安全審査資料の文書提出命令も認め、かねてから「科学問題は謙虚に学び、法規の及ばないところは、物事の条理によって判断する」と、公平な態度を明らかにし、法廷の訴訟指揮でもそれを貫いてきた人だけに、原告らは司法行政に名をかりた、なりふりかまわぬ裁判つぶしであるとこれに強く抗議した。

その後、原告弁護団と最高裁との折衝やら紆余曲折ののち、柏木賢吉裁判官が着任し、左陪席の裁判官も復帰して、審理が続行され、一九七八年四月二五日の判決を迎えた。

一審で言い渡された判決は原告側全面敗訴の「請求棄却」であった。ただ住民に「当事者適格」なしとの主張は排斥され、以後取消訴訟での住民に当事者適格を認めることが定着した。また安全審査で問題となった各点についても裁判所は判断を示し、「行政の専門技術的裁量論」に逃げ込まなかった。

しかし、その判断の具体的内容は、ただ国側の主張をそのまま掲げ、そのあとに結論に達した経過や理由を示さず、「……と認めるものを相当とする」という言葉を付け加えるだけの形式的なもので、とても判決とよべるものではなかった。三島証人の燃料棒被覆破損の問題も、審査の違法を認めた部分を「原告らの主張に副う、証言部分は措信《そしん》できない」と片づけられた。これでは反対尋問に成功しても裁判の結論に何の影響もないことになる。一審は裁判をしたふりをしただけで、実質的には裁判を拒否し、原告らを控訴審へと追いやったのである。

一審判決の直後、これまで話をしたことのない国立の某大学の行政訴訟専攻の某教授から少し横柄な口調の電話があった。彼の言い分は、「このような訴訟で住民の当事者適格が認められただけでも大成果である。控訴してこれが認められなければ元も子もなくなる。是非とも控訴をやめるように」というものであった。学者的倒錯の世界の人を相手にする余地はなかった。

七　控訴審の審理と判決

高松高裁の裁判官も、最初からこの事件に積極的に取り組もうとする姿勢を示さなかった。膨大な一審から送られてきた記録を、まだ充分に読みこなさないうちから、当事者双方との打ち合わせの席で、「当審は、審査手続きが適正になされたか否かの限度で審理する方針であります」などと放言し、安全性確認の実体に入ることに消極的であった。

こうした裁判所の態度は、一審判決直後に、東京大学の原田尚彦教授が、「原発裁判は科学裁判であるばかりでなく、未来（予測）裁判でもある。同じ裁判でも、現実の被害に対する事後救済を目的とした四大公害裁判などとは性格を異とする……こうした未知の要素の多い未来裁判においては、裁判所は司法的謙譲のもとにその能力的限界を知り、ガリレオ裁判の愚をくり返すことを回避しなければならないであろう」と判決を論評されたことがあったが（『朝日ジャーナル』一九七八年五月二六日）、裁判所はこれに多くの影響を受けたのだと思われる。

しかし、右に述べたように取消を求める行政訴訟は、決して事故が起こるかどうかを予測する未来裁判ではなく、当該許可処分ないし安全審査が定められる多くの判断基準に適合してなされたかどうかの判断を裁判所に求めるものであり、また裁判所はなまの科学技術上の専門的事項についての判断を迫られるものではない。日本では「公聴会」も形骸的で、原発設置を直接左右する住民投票の制度もない。アメリカのように審査過程で住民が実質的に関与する道は閉ざされている。このような法制度のもとで、安全性の確認が不充分なために大事故が発生したときの途方もない災害の大きさを考えると、住民たちにとって唯一可能な司法的手段による救済を担う裁判所の責務は重大である。「司法的謙譲」という曖昧な逃げ口上で、安全性の確認の有無についての審理がなおざりにされてよいはずはない。教授の意見は、許可処分がどのような基準に適合しなければならないかを定めた法の規定の存在や意義を全く無視したものでしかなく、どうしてこのような根本的に誤った珍しい見解を発表されたのか、今でも理解に苦しんでいる。

控訴審がはじまってしばらくの一九七九年三月に、アメリカで「スリーマイル島（ＴＭＩ）」原発事故が起こった。この事故は、一次冷却系の小口径配管破断と態様を同じくする、圧力調整弁の開固着による冷却水喪失事故であった。一審以来原告らが主張し、国側が絶対に起こらないという事故が実際に発生し、炉心の相当部分が溶融した。そして、伊方の立地審査で最大に想定した「仮想現実」の場合の計算数値の十数倍に当たる放射能が放出されたと言われる。

伊方の場合の事故は起こりえないのだからという理由で、半径七〇〇メートルの敷地内で基準値以内におさまると数字合わせで済ませていただけに、TMI事故が現実に起こったことは国側にとっては致命的である。裁判所もこの事故の衝撃を受けて、事故と伊方原発の許可処分の違法性の関係について実質的審理を開始せざるを得なくなった。

国側は、TMI事故の原因は「運転員の人為ミス」と決めつけ、「安全審査の違法性と現場での運転管理の問題は無関係である」と主張を変更した。一審以来、原発は「フール・プルーフ」、「フェイル・セーフ」になっており、運転員がどのように誤操作をし、また機械がどのように誤動作しようとも、自動的に安全サイドにおさまり、事故は起こらないというのがこれまでの国の主張であったが、これを翻したのである。

また安全審査の対象は「基本設計」、すなわち原発設計における電力会社の「安全確保についての基本的考え方」を確認するだけで足りるとして、安全審査が現実の安全確保と別レベルのものであることを堂々と主張するに至ったのである。そのような主張が規制法の定めや基準に違反するものであることはいうまでもない。規制法や下位の「めやす」や「指針」には人為ミスを除外してもよいとはどこにも書かれておらず、また審査報告書にも人為ミスによる事故を対象に審査がされていることが書かれているにもかかわらずである。安全審査に実質的な安全の確認が求められていることは否定の余地がない。国側の主張の虚偽は明白となり、論理破綻は繕いようもなかった。

しかし、このときも裁判所が国側に加担した。「TMI事故における放出放射能の量とその影響」などを立証する原告側証人数名の取調べをしないまま、何の予告もなしに裁判官が結審を宣言し、突然法廷を去ったのである。

控訴審の判決は、一九八四年一二月一四日であった。予想どおり国側の主張をそのまま認め、「人為ミスによる事故は安全審査の違法性に関係なし」というものであった。裁判所は行政（国）に加担することに汲々として審査の法規すら無視したのである。

八　最高裁判決までの経過と判決批判

原告らが上告した翌年の一九八六年四月にソ連チェルノブイリ原発で大事故が発生した。TMI事故のときとは違って今度は原子炉の暴走事故であった。原発事故の恐怖が全世界の人びとの実感となった。原告代理人らはチェルノブイリ事故の惨事と安全審査の違法性、とりわけ住民との離隔を問題とする「立地審査指針」の適合しない違法性がますます明らかになったことを主張する「上告理由補充書一・二（終わりのはじまり）」を提出した。

その後、一九九一年二月九日に関電美浜二号炉原発で蒸気発生器細管が破断し、ECCSが作動する事故が発生した。一審以来の原告らの主張が実証されたのである。原告代理人らはまた「上告理由補充書三（加圧水型原発の終焉）」を提出した。

補充書提出の機会などに合計四回、最高裁の調査官と面談し、すみやかな口頭弁論開始を強く要求してきたが、何らの回答もなかった。そして一九九二年一〇月二九日、突然の判決の通知。

この判決は日本で最初の原発取消請求行政事件に対する最高裁の判決であるが、最高裁が司法の使命を放棄して行政追従を露骨に示したものである。

判決は、安全審査の対象は原発の「基本設計」にかぎると認定したが、「基本設計」とは何なのか、定義も内容の説明も、そしてどうして「基本設計」に限って審査をしてもよいのか、その法的根拠や理論を示さなかった。

判決はまた、「原発の安全審査は、多方面にわたる極めて高度な最高の科学的、専門技術的知見にもとづく総合判断が必要とされることは明らかである」という見解を根拠にして、「裁判所の審理判断は、行政庁の判断に不合理な点があるかという観点から行うべきである」と述べ、伊方の審査・許可処分に「不合理な点があるとは言えず」との判断を示して原告らの上告を棄却したのである。

テクノロジーの開発が進み、巨大化・専門化してくるのは否定できないが、これに伴い事故や災害の危険も大規模かつ深刻なものとなってくる。いくら、「専門的事項」にわたるとはいえ、これを避けてとおる姿勢では、司法の役割を放棄するに等しい。現に伊方の裁判では素人の弁護士が原告代理人として、原発の科学的・工学的側面を充分に理解し、訴訟を遂行したのである。弁護士にできることをどうして裁判所が逃げるのか、情けないことである。また「合理性」の有無の判断にかぎると言葉のうえで限定してみても、合理・不合理の判断にも、いわゆる専門的な面にわたる知識が必要なことも自明である。

しかも、現実の伊方の裁判では、「高度の専門性」といったレベルの論争で行なわれたのではなかった。国側の「専門家」の合理的でないことはもちろん、常識以下のお粗末な判断をめぐってであった。

数多くある中の一つだけあげると、たとえば、「技術的見地から起こるとは考えられない事故」と定義され、安全審査上想定すべきとされた最大の「仮想事故」の場合でも、半径七〇〇メートルの敷地ですべて納まり、周辺の住民には何らの被害も及ばないという結論がその典型である。TMI事故やチェルノブイリ原発事故を経験した世界の人びとに、このようなお伽噺的判断の「非合理性」は明らかである。そうであるが故に、最高裁判決は「不合理はない」という言葉をふりまわすだけで、審査の内容の各点については不合理がないと判断した理由を一切明らかにしていないのである。内容に一歩でも踏み込むと許可処分を取り消さざるを得なくなるので、「不合理なし」という言葉だけで逃げたのである。一審から最高裁まで裁判所が一貫して示したのは、司法の使命を貫き、国民を原発災害から護ろうとする一片の姿勢もないという事実であった。

九　おわりに

かくて二〇年にわたってかかわってきた「伊方一号炉」の取消請求行政訴訟は終わった。考えてみると日本ではこのような重要な問題について、意見を異にする双方の人たちが、公式に相互に対話をする場所がどこにもない。原発問題で「伊方の裁判」が、わずかにその一端を担ってきたのではないかという気がする。

かつてザルツブルグでの反対派の国際会議に出席したとき、隣の席のカナダの科学者が、同時期に開かれた「ＩＡＥＡ（国際原子力機関）」の会議にも出席するというので、「何故」と尋ねると、彼のほうが不思議がって、「君はなぜＩＡＥＡのほうに出ないのか」と反対に聞き返された。日本から出席しているのは推進派ばかりだと答えると、「まだ第二次大戦下の天皇制ファシズム体制が続いている」と笑われた。

裁判は終わったが、老巧化していく原発が危険を増大させながら運転を続けていく現実は変わらず、大事故の予兆を示す事故は続発している。原発運転停止への国民的世論や運動の昂《たか》まりが実効あるよう願っている。

なお本稿に、三十数年にわたって困難な反原発の闘いを続けて来られた現地の伊方の人びとのこと、裁判をサポートして下さった京大・阪大、その他多くの専門学者の人たちのこと、自発性のユートピアを築いてこられた伊方弁護団の弁護士各位、そして小生のこともちょっぴり書き加えたかったが、予定枚数を大幅に超えてしまった。またの機会ということにしてお詫びを申し上げておく。

原発の危険性（昭和六〇年六月二八日　伊方原発行政訴訟弁護団）

――伊方発電所原子炉設置許可処分取消請求上告事件上告理由書より――

一　はじめに

原審の口頭弁論が開始されて間もない昭和五四年三月二八日、アメリカのペンシルバニア州スリーマイル島原発二号炉で大規模な炉心溶融を伴う大事故が発生した。この事故によって、被上告人ら原発の建設を推進してきた者たちが主張してきた「原発には万全の安全装置が施されているので事故は絶対に起こらない」というこれまでの宣伝がいかに根拠のない嘘であったかが全世界の人々の恐怖のなかで事実を以て証明された。「多重防護」、「フェイル・セーフ」、「フール・プルーフ」等々、被上告人が一審以来主張してきた原発の工学的ユートピア像は脆くも瓦解した。

そもそも、本件伊方原発のような加圧水型原発における二次冷却系の循環停止が炉心溶融の大事故に至る危険については一審以来、上告人らが明確に主張・立証してきたところである。これに対し、一審判決は被上告人らの主張を鵜呑みにして、給水ポンプ等の多重性を理由に「二次冷却水の給水が全く停止する可能性は考えられない」と判示して上告人らの主張を却けた。しかし、ＴＭＩ事故は、まさにバルブの誤作動というごくありふれた出来事が、ポンプの停止による二次冷却水の循環停止、一次冷却水の喪失、炉心溶融と極めて短時間のうちにエスカレートして破滅的大事故に至る恐怖をまざまざと見せつけ、一審以来の上告人らの主張の正しさ、したがって、一審判決の誤まりを明らかにすると同時に、現在の原子力発電技術の脆弱性・危険性を明らかに実証したのである。

「大事故は絶対に起こらない」という強弁を被上告人は一審以来の主張の根幹に据えていただけに、TMI事故によって被上告人は大混乱に陥り、「事故は運転管理の問題であり、安全審査とは関係はない」と掌を返すように恥も外聞もなく主張を変更した。

原審裁判所は、この事故が本件許可処分の違法性を誰の目にも疑いなく明示するものであるにもかかわらず、裁判の独立を放棄し被上告人の苦しまぎれの主張をそのまま容認して、TMI事故に対する真正面からの取組みから逃避したのである。

しかし、このような態度が許されるはずがない。後に述べるように、TMI事故の原因を運転員の過誤に帰せしめてはならないというのがアメリカ大統領の任命した事故調査委員会（ケメニー委員会）をはじめ日本を含む各国の公式調査の一致した結論である。

また、運転操作上の誤りであるからといって安全審査と無関係だという判決を正当化する根拠は現行法上どこにも存在しない。事故は思いがけない原因で起こるものであり、TMI事故もその多様な可能性の一つにしかすぎない。過去の大事故の例をみるまでもなく、事故の人的要素を考慮の外におく「安全審査」が許されてよいはずがないのである。

TMI事故の教訓をふまえ、前述のケメニー委員会は報告書で、「原子力発電を望み、それに本質的に伴う危険に対決しようとするならば、その危険性を許容できる範囲に収めようとする限り根本的変化が必要である」（甲四六四号証五頁）と指摘し、これまでのアメリカの原発規制のあり方について抜本的改善を要求した。

我国の政府調査委員会でさえも、「第二次報告書」（乙一八一号証）において、我国の規制のあり方の根本的欠陥を認めたうえ、いわゆる「五二項目の提案」において改革を具体的に提言しているのである。

ＴＭＩ事故の発生によって、本件安全審査を遅くとも原審判決において根本的に見直すため本件許可処分は取消されるべきことが明らかであったにもかかわらず、原判決はこれをしなかったのである。

現実の世界では、ＴＭＩ事故の影響は深刻であり、この事故の教訓を正しく受け止めた各国では、かつての原発への熱病は冷めはて、「原発先進国」のアメリカでは、事故後、電力会社からメーカーへの新規発注は一件もなく、契約解除は一一〇基にも達している。ＴＭＩ事故を経験したあとも、原発建設を今なお強引に押し進めているかに見える我国でも、原子力発電の前途に対する不安は高まっている。総理府の世論調査でも、七〇パーセント以上が原発の安全性に不安を訴え、朝日新聞の調査では、原発を必要とする意見が初めて半数を割っている。

以下本章においては、大惨事の危険をつねに内包する原発と、でたらめな我国の「安全審査」の実態を本件伊方原発に即して述べることにする。

二　原子力発電のしくみ

原子力発電というと人はなにか原子力がそのまま電気エネルギーに転換される画期的な大発明のよ

うに考えがちであるが、火力発電がボイラーで石油や石炭を燃やしてその熱によって蒸気をつくり、蒸気の力でタービンをまわして発電するのに対して、原子力発電は石油や石炭を燃やすかわりに「原子炉」の熱を利用して蒸気をつくる点が違うだけで、「蒸気の力を利用してタービンをまわして発電する」という点では全く変わりがない。しかしこの違いが安全性において決定的な差異をもたらすのである。

原子炉はウラン二三五のような核分裂性の原子核を一定数ずつ核分裂させ、そのとき発生する熱をとり出す装置であり、発熱のための燃料としては現在日本で商業炉として建設されている「軽水炉」では濃縮ウラン（ウラン二三五の含有率二〜四パーセントに高めたもの）が使用されている。

ウラン二三五の核分裂＝発熱は炉内に装備されている中性子線源から放射される中性子を吸収することで始まる。ウラン二三五が核分裂すると新たに中性子がとび出し、その中性子がつぎの核分裂を起こし、つぎからつぎに核分裂が拡がっていく。これが「連鎖反応」であり、やがて燃料全体に核分裂が起こる。

核分裂のとき発生する中性子は秒速二万キロメートルという高速であるため、それをそのまますぐ次のウラン原子に当てるのではなく、減速材で速度の遅い中性子にしてから当てるようにすると、ウラン二三五の利用効率を非常に上げることができる。この減速材として黒鉛や軽水（普通の水）や重水などが使われる。「軽水炉」というのは減速材として普通の水が使用される原子炉のことである。

核燃料で発生する熱をたえず取り除き、炉内の温度を一定限度以内に保つために冷却材が必要であるが、軽水炉の場合においては減速材としての水が冷却材としての役目も兼ねており、その加熱で生じた蒸気でタービンをまわし発電する。

原子炉で発生する熱、従って電気出力を制御するためには原子炉内の中性子の数を加減すればよく、このために中性子を吸収しやすいホウ素やカドミウムを材料とする「制御棒」を出し入れさせることになっている。

現在日本で建設され、またされようとしている商業用原子炉のほとんどは加圧水型・沸騰水型の軽水炉である。

加圧水型（PWR）というのは原子炉内の圧力を一五〇気圧に加圧し三二〇℃の水を沸騰させないまま炉内および配管内を循環させる。炉心を通り放射性物質で汚染された水を一次冷却水というが、加圧水型はこの高温の一次冷却水を蒸気発生器内の細管に導き入れてその外側をつつむ水（二次冷却水）を温めて沸騰させ蒸気をつくり、この蒸気が発電用タービンを回転させるしくみになっている。

沸騰水型（BWR）というのは炉内を加圧することなく炉心で冷却水を沸騰させて蒸気をつくり、それをそのままタービンに導入するようになっている。両者の構造のあらましは次図のとおりである。なお本件伊方原子力発電所はウエスチング・ハウス社製、電気出力五六万キロワット（熱出力一六五万キロワット）加圧水型のものであることは言うまでもない。

三　原発の危険性の根源

1　原子炉内での核分裂は、熱エネルギーを発生させると同時にきわめて毒性の強い核分裂生成物

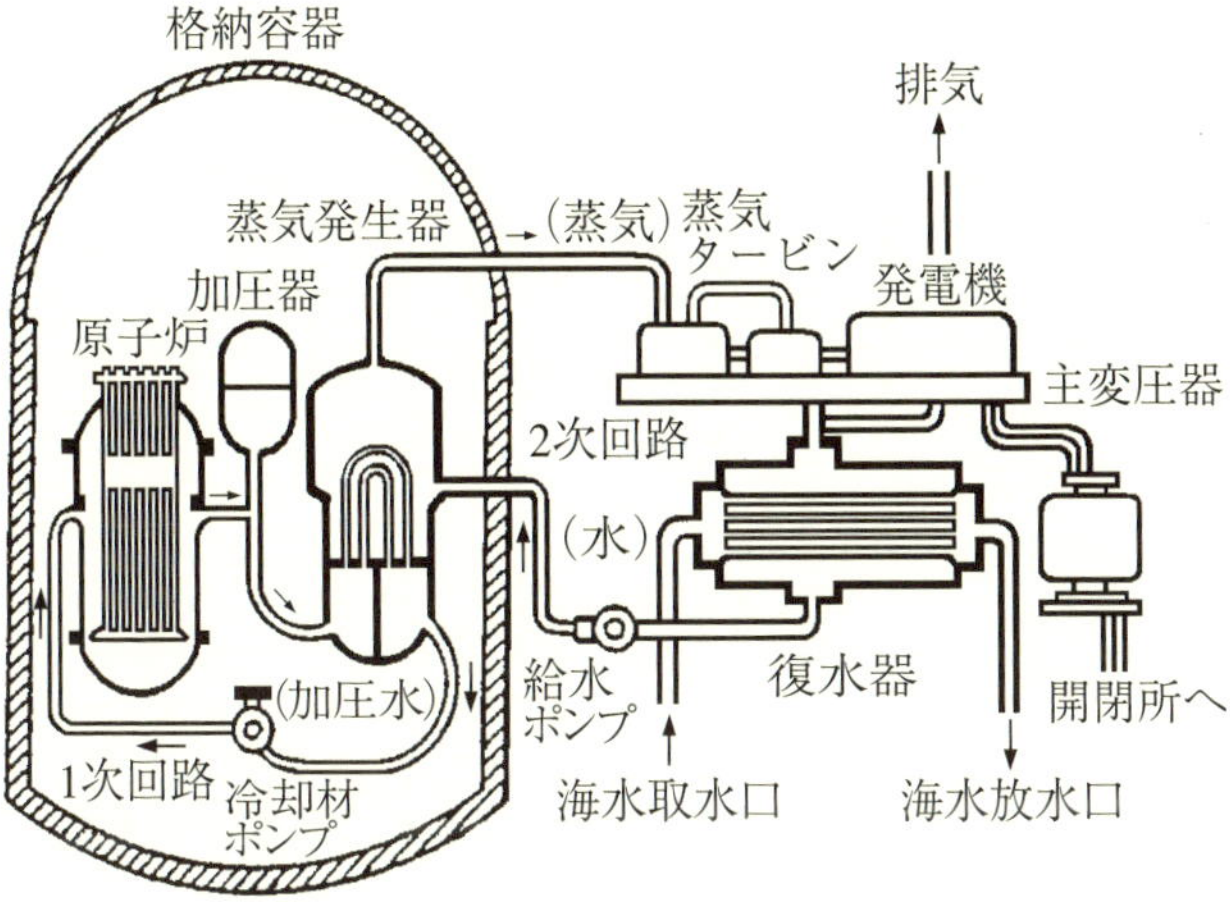

PWR 発電炉の構造図

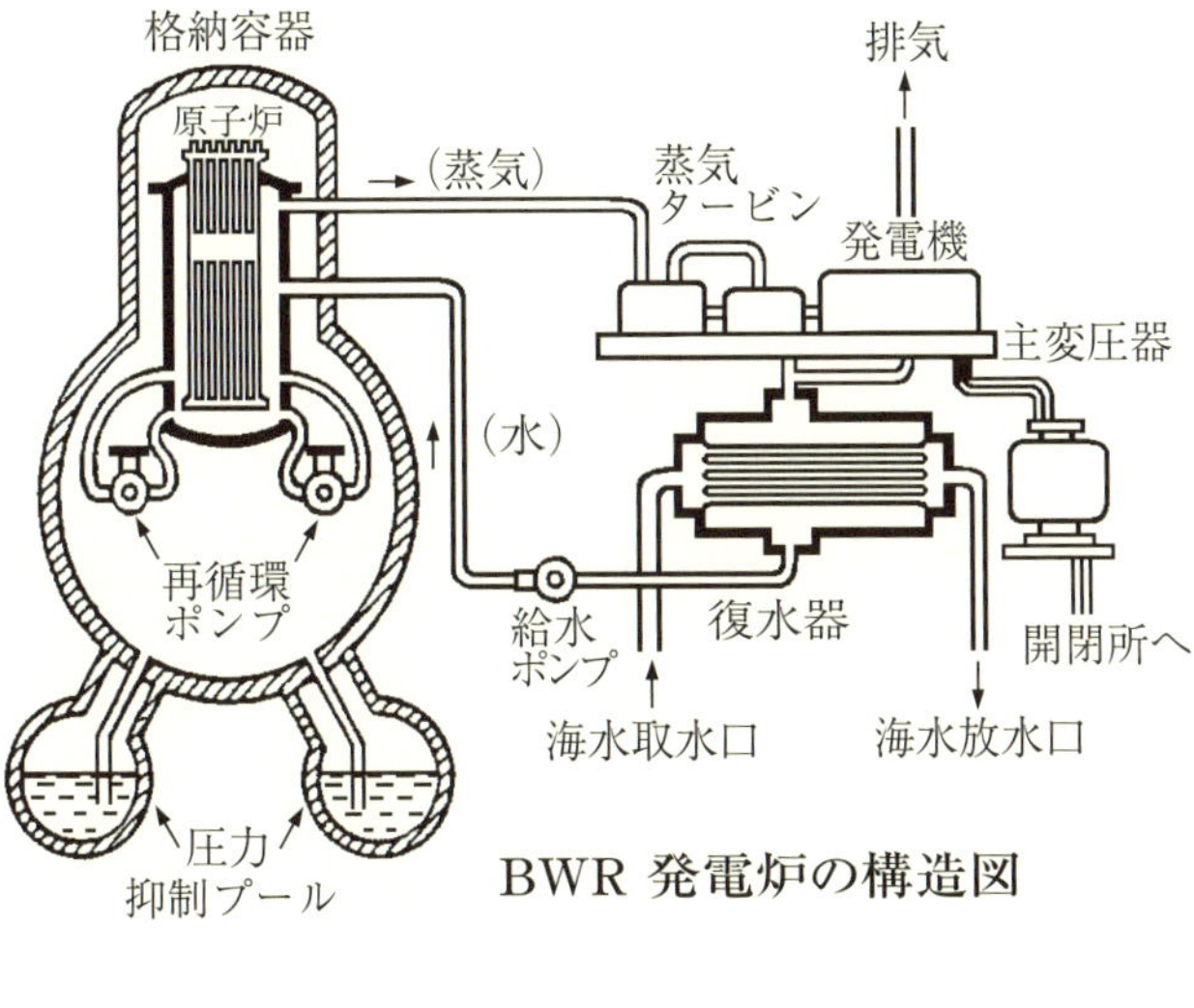

BWR 発電炉の構造図

質（死の灰）やプルトニウムなどの放射性物質を多量に生産する。これが原発の危険性の根源である。

原子炉内での核反応では、アルファー粒子・ベーター粒子・ガンマー粒子、あるいは原子核を構成している中性子や陽子等が放出されるが、これらはいずれも非常に高いエネルギーを持ち、物質や人体の基礎組織を物理的にはげしく破壊する。なかでも中性子とガンマー粒子は電荷を持たないので物を貫徹する力が強く、物質の深部の組織まで破壊することができる。これが放射線と他のエネルギーによる破壊の根本的に違う点である。

一般に核反応で放出されるエネルギーは原子・分子の場合の約百万倍である。核反応の作用はこのように桁はずれの力に起因するので、これを人工的に制御することは著しく困難である。たとえば、材料の性質や化学反応の速度などは温度を変えることなどによって大幅に変化させることができる。しかしながら原子力の場合は、放射性物質の半減期など、個々の核種の固有の性質を変えることは現在の人間の能力では不可能である。こうして発生エネルギーの大きさや物質に対する破壊力と透過力、人工制御の困難さなどの点で原子力技術は著しい特徴と危険性を持っているということができる。
2　伊方原発を一年間運転すると、希ガス類のクリプトンを八七〇〇万キュリー（以下いずれも単位はキュリー）、キセノン一億一〇〇〇万、ハロゲンのヨウ素四億六〇万、アルカリ金属のセシウム七六〇万、アルカリ土類のストロンチウム一億三八〇〇万、プルトニウム六万二〇〇〇、などすべて合算して実に二〇億八五〇〇万キュリーという膨大な量の放射性物質が産出される。ここで用いられたキュリーとはラジウム一グラムを基準とした放射能の強さをあらわす単位であり、これは一秒間に三七〇億個の原子核が放射線を出して崩壊することを示している（注：一キュリーは三七〇億ベクレルに等しい)。

人体に照射される放射線の量は「レム」を単位としてあらわすことになっており、その千分の一の単位を「ミリレム」と呼んでいる。我国の現在の一般人に対する放射線許容量は全身年間五〇〇ミリレムと定められている。これはアメリカの環境保護局(EPA)の現行基準全身年間二五ミリレムと比較しても著しく高い違法のものであるが、一〇万分の一キュリー程度の放射能(セシウム一三七で考えて)が体内にとり込まれた場合の放射線体内照射による被曝は、五〇〇ミリレムに相当すると考えられているので、右の約二〇億キュリーの量は我国の許容線量にあてはめても約二〇兆人分、アメリカの基準にあてはめると四〇〇兆人分に相当する途方もない量なのである(注:現在使用されている一シーベルトは約一〇〇レムに相当する)。

また、これらの放射性物質の毒性は原子爆弾が炸裂した場合の「死の灰」などのそれと何ら変わりなく、その量は広島型原爆の六〇〇発分に相当する。まことに原発は他の産業施設とはまったく比較にならない危険な超毒物の大量製造工場であるといわなければならない。

3　しかも、放射性物質は、これまでの石油コンビナートなどに関する公害紛争の原因となった、いわゆる化学的毒物とはその特質がまったく異質のものであり、その危険はきわめて深刻なものがある。すなわち、放射性物質から発する放射線は、人体に与えるその害作用の大きさにもかかわらず、人間の五感によってはそれを感得することができず、特別の検知装置によってはじめてその存在を知ることができるというやっかいな性質をもつものである。そのうえ、現在の科学技術は放射性物質を無毒化することはできず、従って一旦これが生産された以上は、自然の法則によって放射性物質が放射線を出して漸次崩壊し、放射能を減衰していくのをただひたすら待つ以外に方策がなく、その間それを安全に管理しなければならない。

放射線が減衰していく速さは「半減期」であらわされる。たとえば人間の体内にとり込まれると骨髄に蓄積され、造血機能を破壊して白血病の原因になるストロンチウムの半減期は約三〇年、つまり三〇年で放射能が半分に減り、次の三〇年でそのまた半分に減るという具合に減衰していき、それが放射能を完全に失うまで生命を蝕み続けるのである。原子力発電所の運転によって産出されるいろいろの放射性核種は半減期八・六秒のヨウ素一三六のような短寿命のものもあるが、サマリウム一四七のように半減期一〇六〇億年という驚くべき長寿命のものも産み出される。誰がこのような長寿命の放射性物質の安全管理に責任をもつことができるであろうか。

4　原発は以上述べたように大量かつ危険きわまりない放射性物質をその運転によって確実に生産するのであり、これが広く環境に放出されれば、人や農作物、魚・貝類等に与える被害は、他のいかなる種類の産業と比較できないほど甚大な災禍をもたらすことはもちろん、放射性物質によって汚染された土地や海はきわめて広範囲かつ長期にわたってその利用が制約されざるを得ないという大きな危険を常に包蔵している存在であり、このことは被上告人も「潜在的危険性」という言葉で認めているところである。そしてこのような事態が惹起されることが人的・自然的・工学的にまったく絶無であることが本件伊方原発建設の当然の前提とされなくてはならないことは疑う余地のないところである。しかし伊方原発は右のいずれの点においても不完全かつ危険きわまりないものであることは、のちに述べるとおりである。

四　プルトニウムの恐怖

1　原子炉内で生産される各種の危険な放射性物質のうちプルトニウムはとりわけ人類がこれまでに経験したことのない恐るべき超毒物であって、その名が奇しくもギリシャ神話の冥界の王であるプルトーンにちなんでいることは広く知られている。

プルトニウムは自然の地殻中には存在しない元素である。現在あるプルトニウムはほとんど原子炉の中で人工的に造り出されたものであり、軽水型原発の中でつぎのような過程で生成される。

軽水型原子炉の燃料である濃縮ウランは、三パーセントが分裂するウラン二三五で残りの九七パーセントはウラン二三八で構成されている。ウラン二三五は核分裂のとき大きな熱を放出し、その一部が発電に利用される。他方、ウラン二三八は中性子を捉えてプルトニウム二三九に変化する。軽水型原子炉の場合核分裂したウラン二三五は一グラムあたり約〇・六グラムのプルトニウムができる。しかし、その半分はその場で核分裂してウラン二三五とともに発熱して消費されてしまい、残りの半分だけが燃料棒の中にとどまることになる。プルトニウムの生産量は原子炉の出力や運転時間等によって変動するが、伊方原発を一年間運転すると約一五〇キログラムのプルトニウムが造り出されるものと推定される。

2　プルトニウムの人間の肺に対する許容量は国際放射線防護委員会（ＩＣＲＰ）の勧告によれば僅かに一億分の三グラムである。プルトニウムが吸収されて肺組織に沈着すると、その周辺の体細胞群が局所的に大線量の被曝を受けて肺ガンが誘発される。プルトニウム二三九が発するアルファ線は人体組織中で二〇分の一ミリメートルの射程距離しかもたないので、短い射程距離の範囲の中ですべてのエネルギーを消費するため、局所的な被曝線量は莫大になる。アメリカのタンプリンやコクランはこのような局所被曝線量の増大をもたらすプルトニウム二三九のような核種は射程距離の長いものよりかえって体内にとりこまれた場合の危険性が大きいとして、いわゆるホット・パーティクル説を唱え、その許容線量も現行のものより一一万五〇〇〇分の一ないしは少なくとも二〇〇〇分の一に引下げるべきであると主張しているが、そのようにプルトニウムは恐るべき超毒物である。

伊方原発の一年間の運転で生産されるプルトニウム一五〇キログラムの量は前述のICRPの勧告の基準で計算しても実に五兆人のそれに相当する。世界の人口を約四〇億人としても、その途方もない危険物の脅威は誰の目にも明らかであろう（ましてこれを一一万五〇〇〇分の一に引き下げるべきであるというタンプリンらの警告に従うならばさらにその恐ろしさには表現の言葉さえない）。

昭和五八年一一月に発表された新しい閣議決定によれば、昭和七〇年には七四〇〇万キロワットの原子力の開発が目標とされている。その目標値がそのまま達成された場合に、我国で生産されるプルトニウムの年間生産量は伊方炉での年間生産量の一三〇倍以上に及ぶが、これは実に六五〇兆人に肺ガンを起こさせる恐れのある量なのである。我国のみならず世界各国で原子力発電計画が進められるにつれてプルトニウムの国際的な蓄積量も増大の一途をたどりつつある。たとえば、アメリカの場合一九七三年までの累積量はすでに二五〇〇キログラムといわれ、一九八〇年になると生産量は一桁あがって年間二万キログラム、累積量は八万四〇〇〇キログラム、八三年には生産量は三万五〇〇〇キログラム、累積量は一七万キログラムに達するだろうと予測されている（甲二〇三号証）。アメリカのみならず全世界的規模でプルトニウムの生産量や蓄積量を考えるといかに現在進められている原子力発電計画が、いわば人類の自滅計画ともいうべき恐るべき愚行であるかということが誰の目にもさらに明らかになるであろう。

3　ちなみに言えば、プルトニウム二三九の半減期は約二万四〇〇〇年である。その放射能は普通人間の考える時間的尺度で減衰してなくなってしまうことはない。このような長寿命のかつ気の遠くなるような大量の超毒物を、推進者たちは自分らもそう認めているように「つなぎのエネルギー」の生産のために地球上につくり出そうとしているのであるからとうてい正気の沙汰とは思えない。

アメリカ原子力委員会の元オークリッジ研究所長のA・ワインバークはかつて、「われわれ原子力発電を推進しようとする立場にある者は社会とファウストの取引を行なってきている」と述べたことがある。いうまでもなく、悪魔メフィストフェレスに良心を売渡して永遠の青春を得ようとしたファウスト博士と同じような取引がなされていることが原子力発電の本質であることを表現した言葉である。しかしこのたとえ話も悪魔に良心を売渡した点では正しいが、原子力発電で買えるのは決して人類の永遠の青春ではない。その反対にプルトニウム等の管理不能の超毒物を大量に製造し、あとは野となれ、山となれの無責任な行為は人類の生存と断じて両立しない。このように悪魔に良心を売渡し現在のみならず未来の人類の生存を危うくする危険をおかす権利を誰が原子力発電の推進者たちに与えたというのであろうか。このような管理不能の超毒物を大量に製造し、環境を破壊し、人類を破滅させる結果を必然的に招来する原子力発電所の建設は技術的完成度を云々する以前に違憲・違法の存在といわなければならない。

被上告人をはじめ原子力発電を推進しようとたくらむ者達は、原告らのこのような当然の主張をあたかもなんら科学的根拠を有しない「思想」にすぎないと述べることによってこれに反論できない自己の立場を陰蔽しようとしているが、推進者達はほとんど永久の長寿命をもつ大量の超毒物の安全管理にそのような責任を持つというのであろうか。プルトニウムがその毒性を消滅するのに百万年の経過を要するとして、この気の遠くなるような永い時間を、その流れとは逆に人類の歴史を遡ると実に人類の遠い祖先である直立猿人（アウストラロピテクス）が生存していた時代にまで及ぶことを推進者達は想起すべきである。

4　プルトニウムはまた悪魔の兵器である原爆の材料でもある。伊方原子力発電所を一年間運転することによって長崎型原爆の一五発分のプルトニウムが生産される。

本質的にみれば原子力発電施設そのものが核兵器生産設備としての実質を有しているというべきである。原子爆弾を開発したオッペンハイマー博士は一九四〇年代すでに「軍事的原子力と平和的原子力とは本質的に同一であり、一方を促進し、他方を禁止しようとするのは矛盾である」と指摘した。そして博士のこの指摘は今日原子力発電施設を持つことによって世界の各国に核兵器が拡散しつつある現実によってその正しさが証明されている。

すでに大量のプルトニウムを保有している日本はいつでも大量の原子爆弾を製造することができるのであり、原発の運転によるプルトニウムの生産および蓄積は「潜在的」なものを含め一切の「陸・海・空軍その他の戦力」の保有を禁じた憲法九条の規定にも違反するものといわなければならない。

5　『原爆は誰でもつくれる――F・テッド・テイラーの恐るべき警告』（一九七五年、ジョン・マックフィー著、文化放送開発センター出版部）によると、ある程度の基礎知識さえあれば誰でも原子爆弾をつくることはさほど困難ではないといわれている。一〇キログラム（ソフトボール大）くらいの酸化プルトニウムと十分な量の高性能爆薬とを入手できれば数週間以内に爆発可能な二〇キロトン級（長崎級）原爆が製造できるとみられている。実際一九七五年三月アメリカのテレビ局で「プルトニウム・コネクション」なるフィルム・ドキュメンタリー番組が放映されたが、一人のごくふつうの化学専攻の学生に公開されているあらゆる関係文書を読ませたうえ、プルトニウムを使った原爆の設計をさせたが、五週間かけて文献を読んだこの学生は三七頁の設計書を作成した。これをみたその道の専門家は「爆発しないとはいえない」と発言しその有効性を認めて広く視聴者に衝撃を与えた。非専門家でも爆発可能な原爆をつくることができる。あとは材料の入手次第である（甲二〇三号証）。

猛毒の発ガン物質であるプルトニウムは核爆弾だけでなく「まき散らし兵器」としても使われるおそれがある。万一、何者かが大都市の中で目に見えないエアロゾルの形で撒き散らすと、大惨事になる。建物内でわずか一グラムが撒かれただけでも五〇〇平方メートルの範囲内の人間が死亡し、五万平方メートルを除染しなければならない。もしプルトニウムがテロリスト達の手に入ったときのことを考えると肌に粟が生じる。闇市場ではヘロインや銃器とは比較にならぬ高値で取引できる。核ジャックの誘因は十二分にあるとみなければならない。プルトニウムの闇市場成立の危険は現実のものである。ラーソン前ＡＥＣ（アメリカ原子力委員会）コミッショナーは「少量であっても経済的に引き合う量の核物質が一度でも盗まれれば闇市場が形成され拡大される。一度闇市場が広がり始めると核物質盗難の規模・回数は急速に増大するであろう。そうなれば原子力産業の経済的負担は深刻なものになり、国家の安全も脅かされる」と警告しているのである（甲二〇三号証）。

すでに我国でも原子力発電所などの核物質を扱う機関に警官を常駐させるための予算が警察庁によって要求されている（昭和五三年八月二六日朝日新聞）。プルトニウムが大量に存在する社会が行きつくところは、結局「超高度管理社会」である。プルトニウム再循環に関するアメリカ原子力委員会（AEC）の報告WASH—一三二七によれば個人に対する保安調査、核保安警察の設置、などの具体策が提案されている（甲二〇五号証）。

プルトニウムという超毒物が社会に存在することが必然的に個人の人権やプライバシー保護と両立しないことはこの一事を以ても明らかに示されているといわなければならない。上告人らはこのように危険な長寿命の毒物を人工的に大量に生産し、しかもそのことによって社会の成員の生命や人権を脅かすような原子力発電は人類の未来と両立しないものであることをここに明らかに述べておくものである。

五　平常運転時に放出される放射能の恐ろしさ

1　原発は、事故発生時はもちろんのこと、平常運転時にも多量の放射能を環境に放出する。原発は多量の放射能を環境に放出することを前提としてのみ設置し運転されるのであり、外部に一切これを出さないというわゆるクローズド・システムにはなっていない。
伊方原発の場合、安全審査報告書によれば環境に放出される気体の放射能は年間二〇・六キュリーであると推定されている。しかし、この数字はまったく同型、同出力の玄海発電所の五分の一である。

どうして伊方の場合が玄海の五分の一なのかその理由は説明されていない。ただ伊方が都合よく「推定」されているだけであり、実際は放射能が目に見えないのでその何倍も環境にタレ流されているのである。

それにしても審査報告書の年間二〇・六キュリーとは実に天文学的数字である。大学や研究室で通常使用される放射能はマイクロキュリーの単位の量であり、それでも危険なので暑い鉛の箱の中に厳重に保管されている。すでに述べたようにマイクロキュリーとは一キュリーの一〇〇万分の一の単位である。

こうして予測された放出放射能が、敷地境界でどの程度の被曝を与えるかが問題となる。そのために、風向、風速などを仮定した上で、拡散の予測計算が行なわれることとなる。日本の原発の多くは複雑な地形の海岸に作られることが多いので、単純な式では、放射能の拡散を予測できない。そのために現地を模擬しえない風洞実験などが行なわれることとなる。それによって、被曝量の推定に操作を加えることのできる余地を更に増加させている。

伊方原発の拡散の計算は、平地でもその正確さに多大の疑問があるパスキルの式を用いてなされ（発電所敷地のすぐうしろは標高約二〇〇メートルの高森山をはじめ山が連なっている）、しかも一〇〇〇分の一の縮尺の現地模型を風洞の中で秒速一メートルの風を吹かせて、現地での発煙などによる拡散実験にかえたデタラメなものであった。風洞内の秒速一メートルの風は実地では秒速一キロメートルという途方もない風速であって原子力発電所そのものさえ吹き飛ばしてしまう。

2　生物や人類に対する放射線の影響は、遺伝子レベルから、染色体、細胞、組織、器官、個体、集団、生態系までの各レベルでの、さまざまな変化や障害として現れる。これらの変化や障害は、もともと、放射線エネルギーが生体物や人体を構成する種々の分子（特に染色体内のデオキシリボ核酸と呼ばれる遺伝を決定する分子）に与えた影響が、生命現象とそれを営む生物体の微妙かつ複雑なしくみ、生物体間の有機的なつながり、さらに生物特有の自己増殖能（細胞から細胞へ、親から子への遺伝現象）によって、複雑にしかも増幅的に表出される結果なのである。

これらさまざまな放射線障害は、身体的障害と遺伝的障害に大別される。

放射線が、体細胞（生殖細胞またはその原基細胞以外の細胞）に与えた障害に起因するものを身体的障害という。身体的障害は、放射線被曝後短時間で現れる急性障害と、数カ月ないし数十年を経過して現れる晩発性障害に分けられる。

急性障害には死、けいれん、運動失調などの神経障害、骨髄の新生能力喪失、白血球減少などの造血障害などがある。

晩発性障害としては、慢性の白血球減少症、白血病、さまざまな悪性ガン、寿命短縮などがある。これらの放射線障害に対して現在の医学は適確な治療法をもたないことは周知のとおりである。

遺伝的障害は、生殖細胞またはその原基細胞に起こった遺伝的障害によるものであって子孫に遺伝され、深刻な影響を及ぼす。

しかも、放射線被曝による遺伝的障害と晩発性の身体的障害については、これ以下なら安全であるという、いわゆる「しきい値」は存在しないことが研究過程で明らかとなってきた。どのような少量の放射線被曝も危険なのである。

3　放射線にもよく「許容量」という言葉が使われる。しかし、「許容量」は誰が誰に対してということがあいまいになっている。「許容量」は推進側にとっては「許容できる量」であって、この値以下であれば影響はないと宣伝されるのである。「許容量」は「ガマン量」であって、利益と不利益とのバランスの上で決定される量でしかない。「利益のある人たち」にとっては、意味があっても、「利益のない人たち」にとっては、全く意味のない量なのである。

また、放射線による障害は、いろいろな公害物質に比べて、早くから知られていた。しかし、それは、高い線量の領域のみであって、低線量による影響がわかり始めたのは、最近のことなのである。国際放射線防護委員会（ＩＣＲＰ）の決定による「許容量」の概念は、あくまで先に述べた「ガマン量」という意味においてであり、原発周辺の住民に対して使用されるべき言葉では決してないのである。人類は、放射線の被曝によって、確実に影響を受ける。少なければ少ないなりに影響を受け、その関係はほぼ比例すると言われている。いわゆる「しきい値」は存在しないことが通説になっている。

さらに、突然変異やガン発生などの発生率が倍になる倍加線量がどれだけなのかについては、いまだ不明のままであって、研究の進歩とともに確実に低くなっているのである。研究が困難である理由は、「長い年月が必要」「沢山の材料が必要」「人間を対象にして研究できない」などのためである。最近では、ムラサキツユクサなどを利用することによって、低線量の研究が進んできており、原発周辺に植えられたムラサキツユクサに突然変異の上昇が観測され、低線量の放射線による影響がさらに明らかにされるようになった。

4　原発の建設を推進する者達は、地域における自然放射線の地域的差異にもかかわらず晩発性障害や遺伝的障害の発生率に大きな差異が認められない。原発からの放射能は極めて微量であり、自然放射線の地域差の幅の中に収まるので、住民に有意な影響を及ぼすものではない。と主張して原子力発電所から放出される人工放射能の危険をことさら陰蔽しようとするのがその常套手段である。しかし、原発から放出される人工の放射能は人類がかつて経験したことのない放射能であり、自然放射能と同一に論じることは意図的な嘘である。これらの人工放射能は、生物体内に入りやすく、しかも体内で蓄積・濃縮されやすいものが多い。一例をあげると、カキの亜鉛六五に対する濃縮係数は一〇万〜一〇〇万倍であり、農産物や魚介類などを常食とする人間はきわめて高濃度の人工放射能を摂取することになる。

現在の人類の自然放射線に対する適応は永い年月の経過の中で数知れない淘汰が行なわれた結果、ようやく獲得されたものであり、その上にさらに異質の人工放射能からの被曝が積み重ねられる危険の大きさははかり知れないものがある。原発が生産し放出する大量の死の灰や放射性物質は人類の未来と両立しない深刻な脅威なのである。

5　伊方原発の排気口から放出される放射性ヨウ素及びコバルト六〇、マンガン五四、ストロンチウム九〇、セシウム一三七など、について安全審査ではなんら上告人ら周辺住民に対する被曝評価をしていないことを被上告人も認めている。

とりわけ放射性ヨウ素による被曝は、ヨウ素を含む空気の吸入に加えて、葉菜類、牧草—牛乳—ミルク等の食物連鎖を通して人間にとり込まれ、甲状腺に集まり大幅に濃縮され、内部被曝を与えガン等の原因となる。ヨウ素が人体や生物体に附着したときは一〇倍ないし一〇〇倍、さらにとり込みの場合には濃縮により被曝線量は飛躍的に増大する。ヨウ素一三一の場合、大気中の濃度と比較して、牧草での濃度は二〇〇万倍ないし一〇〇〇万倍にもなる。

被上告人は本件取消訴訟の前置手続である異議申立に対する判断の中で突然周辺地域の特産物であるみかんについて「念のため」被曝評価を行なったと言いだした。しかし被上告人が主張するヨウ素の被曝評価の甲状腺〇・〇〇七ミリレムは、のちに法廷で原告らの追求を受けて認めざるを得なくなった放出量の年間二キュリーを前提とせず、わずか〇・〇〇二キュリーを基礎にしたものであり、みかんではなく日常的に住民が摂取する葉菜類での濃縮の増大や、伊方町での平均濃度ではなく、発電所から一キロメートルの地点での計算で、正しくやり直すと年間実に三五〇ミリレムにも達する危険なものであることが明らかになった。しかもこれを小児にあてはめると、小児の甲状腺は成人の四分の一であるから、この線量を四倍せねばならず、したがって年間約一四〇〇ミリレム、すなわち告示二条の定める許容被曝線量年間〇・五レムすらはるかに超える違法なものであることが明らかにされたのである。そのほかにも、安全審査での被曝評価のでたらめさは海水中にタレ流される液体状放射能に対しても同様であって、内部被曝や漁網からの被曝やトリチウムの被曝評価など多くの点で明らかにされている。

原発から放出される放射能はいずれも半減期の長いものが多いので運転が続けられるにつれて環境に蓄積される。そうした蓄積放射能による放射線被曝を被上告人は全く無視しているが、化学公害の例が教えるように、恐るべきものとなるであろう。平常運転時においてさえこのように著しく環境を汚染し、原告ら住民の生命や健康をおびやかす伊方原発は周辺住民らと共存できないのである。

六　伊方原子力発電所の技術的欠陥とその危険性

1　はじめに

核燃料は「燃える」と、放射性毒物いわゆる「死の灰」を大量に作り出す。伊方炉の場合には、一年間に広島型原爆の六〇〇発分という大変な量の「死の灰」がたまる。一発の原爆が、多くの急性放射線障害死者を生み、四〇年後の今日まで晩発性患者は絶えない。原発のかかえる「死の灰」の恐ろしさが、想像をこえるものであることはよくわかる。原発の「ボイラー」が、火電のボイラーより複雑なのは、この「死の灰」を外部環境に放出すると恐ろしいからである。それを外部から隔離し、閉じ込めておくために、いくつかの障壁がつくられている。その第一は、燃料の被覆管であり、第二は、圧力容器と蒸気発生器及びそれらをつなぐ配管、すなわち、一次冷却材の流れる高圧の領域。そして、第三は、格納容器。最後は立地条件、すなわち、人口過疎地に広い用地を確保することなど、である。

原子炉技術の安全性の議論は、これらの隔離障壁がいかなる条件下においても期待通りの機能を果たすべく健全であるかどうか。そして、もれ出した場合にどのような危険が及ぶのかをめぐって行なわれるのである。以下に順次、炉心燃料、圧力容器及び一次冷却系配管、重大事故時の炉心、蒸気発生器等の各問題点を整理して述べていきたい。

2　炉心燃料の脆弱性とその危険

①　炉心燃料部は原子力発電所の心臓部である。そこではウランの核分裂にともなって、莫大な熱が発生する。伊方発電所の炉心での発熱量は八畳くらいの狭い部屋で一五〇万キロワットにも達している。またそこで造り出される放射能の総量は年間二〇億八五〇〇万キュリーにものぼるのである。

軽水炉の燃料は二酸化ウランを錠剤状の焼き物に固め、それをジルコニウム合金管に積み重ねて納め、密封する。いわゆる燃料棒である。燃料棒は外径約一一ミリメートル、長さ約四メートルの細長い管であり、この管の厚さはわずか〇・六ミリメートルという薄いものである。ジルコニウムは融点が一九〇〇℃であり水素を吸収すると脆化し、また高温では水や水蒸気によって急速に酸化され、耐食性が低下するという本質的な欠陥があるが、熱中性子の吸収断面積が小さいので、燃料棒の被覆管の材料として利用されているのである。

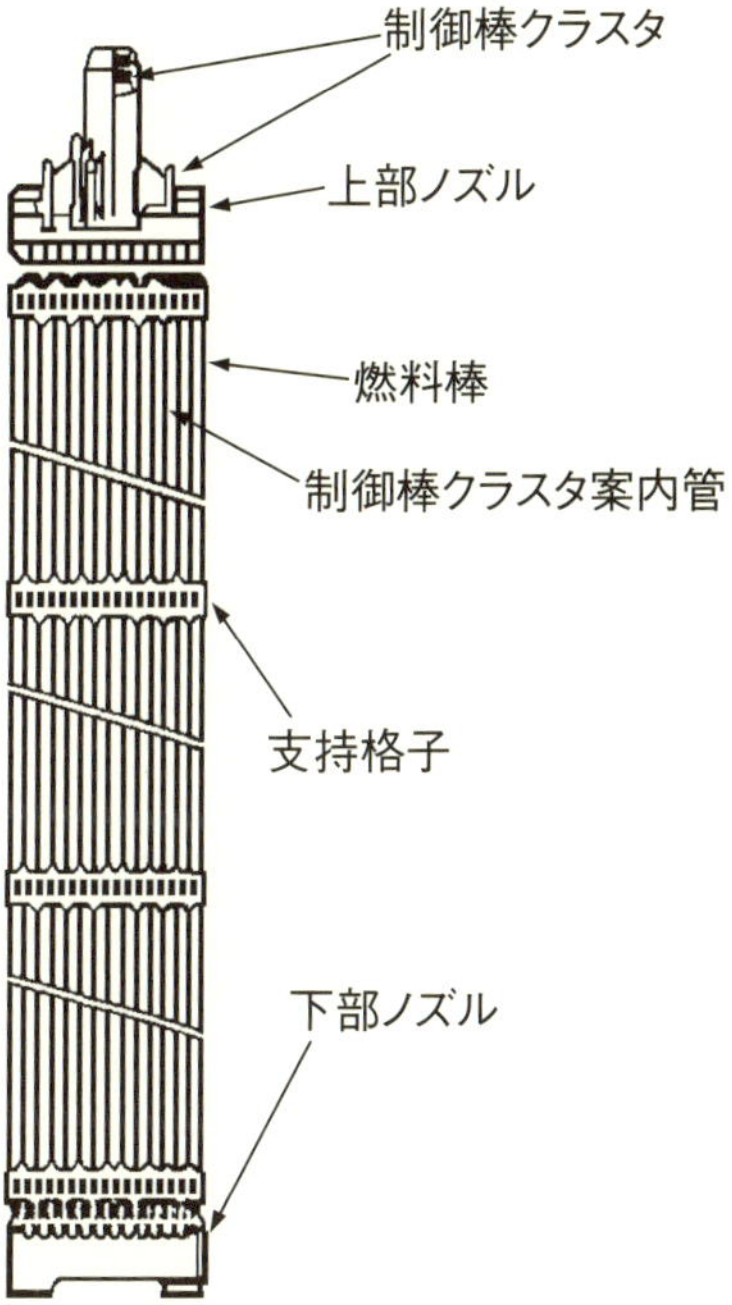

燃料集合体の構造

この燃料棒一七九本と制御棒案内管一六本、燃焼状態検出のためのモニター管一本、合わせて一九六本をバネ付の支持格子で一固にまとめて、燃料集合体としているが、伊方炉は、その集合体一二一本によってほぼ円柱形状に固定されて炉心を形成している。

② ジルコニウムでつくられたこの燃料被覆管は危険な放射性核分裂生成物質を閉じこめるサヤであり、第一の防壁である。しかし、炉心の非常にきびしい条件下ではまことに脆弱な存在にしかすぎない。

被覆管の中には灼熱のペレットがあり、外は高温（約三〇〇度）・高圧（約一六〇気圧）の一次冷却水が秒速三メートルの高速で走りまわる。化学的にも機械的にも被覆管は損傷を受け、ひび割れが生じたり、曲がりや、つぶれ、さらには折損という事故が発生する。

昭和五一年秋に国会の追求ではじめて発表せざるを得なくなった美浜一号炉の折損事故は通産省との共謀で三年半も国民にかくされていたものであった。

燃料棒のどのような破損も環境への放射能の放出を大幅に増大させるものである。また曲がり事故は炉心内での燃料棒の間隙を異常に狭くするので、冷却水が通らず燃料棒が過熱状態になり溶融の原因ともなる。また燃料棒の間に通されている制御棒案内管が圧迫されて、制御棒の出し入れをできなくさせる危険がある。原子炉の制御不能は当然「暴走事故」への道である。

「このような曲がりの原因は解明されており対策ずみだ」という被告や電力会社の主張は全く信用することができない。これまでにも何度となく解決ずみの発表にもかかわらずその都度「新たな原因による事故」が繰返されてきたからである。

すでに述べたように想像を絶する大量の放射性物質をかかえた炉心の安全は肉厚わずか〇・六ミリ

のジルコニウム管の健全性にかかっているのであり、原発がいかにサーカスの綱渡りのように危険な技術を基礎として運転されているか、ということが誰の目にも容易に理解できるはずである。

昭和五四年三月二八日アメリカTMI原発での事故では、燃料棒のほとんどが現実に崩壊、溶融していたことが写真でも発表されており、燃料棒の脆弱性はもはや明らかに実証されている。

3　圧力容器と一次系配管の欠陥

①　核分裂生成物質の危険を閉じこめる第二の防壁が原子炉圧力容器及び一次冷却水が流れる配管である。これが破損すると、放射性毒物で汚染された一次冷却水が外部環境に漏れ出て大きな災害がひき起されることになる。

沸騰水型の原子炉では、配管にひび割れが多発して問題となっている。加圧水型でも運転が長びくと沸騰水型と同様のひび割れを発生するおそれは十分ある。

その上、圧力容器及びこれに溶接される配管には、強い中性子線が絶えず照射されるため、これやすくなる。これを照射脆化というが、このことは従来の火力発電所では経験しなかった原発特有の問題点なのである。そして現在実用化されている各種の材料ではこの照射脆化を避けることはできない。このような問題点の指摘は上告人らだけではなく、伊方原発の安全審査にあたった藤村理人氏によってもなされていることは重要である。同氏は、圧力容器には技術的に解明されていない重大な問題が存することを指摘したうえで、「圧力容器の破損はやはり考えなければならない」と破損への不安を明らかにしている。

イギリスでは次期炉型選定時にも加圧水型原子炉の圧力容器破損の重大性を考慮して、加圧水型炉を断念しているという事実がある。また、西ドイツでは、ヴィール原発に対する建設許可が、圧力容器破損に対する措置がとられていないとの理由によってフライブルグ行政裁判所で取消されたことは、いずれも圧力容器破損事故の重大性と現実性が認められた結果なのである。

② これらのひび割れは使用期間の長さとともに発生しやすくなる。そしてその割れを事前に探知することは不可能に近い。

被上告人は、中性子照射による脆化を防ぐ万全の対策がなされているかのように強弁するが、その対策はいずれもたよりにならないものばかりであり、とうてい上告人らや藤村氏の憂慮を払拭するにはほど遠いものがある。そしてなによりも、福島や敦賀の沸騰水型炉で起きたひび割れ事故は、定期検査では発見できず、外国での発見の通報によって緊急点検が実施されはじめて発見されたという事実が、被上告人らのいう「万全の対策」がいかに空しく無効のものであったかを何よりも有弁に物語っている。

現在の軽水炉においては、配管破断は予想しているが、圧力容器の破裂はありえないという前提で建設・運転されているが、このような空頼みは事実によって打破されている。

圧力容器のひび割れ箇所は、(配管であれば交換もできるが)とり替えることができないので、そのひび割れ部分を削りとって運転を続けるという無謀きわまることが現実の「対策」として行なわれているのである。

③ このように対策のないひび割れや材質の脆化のままで地震その他の大きい衝撃が加わればその

場所に力が集中し破壊・破断の危険はさらに大きくなる。このような現象を応力集中という。

亀裂やひび割れに起因して配管や圧力容器が破断すればいわゆる一次冷却材喪失事故（LOCA）として知られる重大事故となる。もしその損壊が圧力容器において発生したならば当然一次冷却材（水）は流れ落ちて炉は空焚きとなる。そしてその場合にはそのための安全防護設備としての緊急炉心冷却装置（ECCS）からの冷却水も圧力容器内から流れ落ち、炉心を冷やすことは当然期待できないので状況は完全に破滅的であり、身の毛のよだつような大惨事になることは確実である。

ECCSが無効なLOCAのもう一つの例に二次系配管の破断や二次給水系の停止がある。炉心を冷却している一次系の水は、二次系の水に熱を与えることによって正常さを保っている。ところが二次系配管が破断したり、二次給水系が故障して停止すると、二次系の水は一次系からの熱によって蒸発し、約三〇分で空になる。そうなれば一次系の水は、熱を二次系に渡すことができなくなるために、温度がどんどん上昇し、その圧力も高くなる。

このようにして一次系が過圧状態になると一次系にある蒸気逃がし弁という小さな穴を通して蒸気を出すが、これによって原子炉内の水が失われていく。しかし圧力容器内の圧力が約一六〇気圧以上と過圧状態になっているために、高圧注水系のECCSで水を圧力容器内に送り込もうとしても、ほんの僅かしか送り込むことができず、その間炉心の温度はどんどん上昇して間もなく炉心は溶融してしまう。炉心が溶融するといくら水をかけても後の祭りである。

このように、現在のECCSが、たとえ設計通りに働いたとしても、防ぎ切れないLOCAのあることは重大である。

これらの事故に対しては、被上告人はもし起これればなんの対策もないことは認めながらも、ただそのようなことは「起こらない」と念仏のように繰返すだけなのである。しかし、このようなお手上げの事故が発生しない保証はなにもないのである。

ＴＭＩ事故は二次冷却系の停止が炉心溶融の大事故に発展すること、したがって上告人らの主張の正しさを事実を以て全世界に証明したのである。

4　破滅的大事故の恐怖と事故評価の欺瞞性

①　圧力容器の破裂に対しては何らの対策も講じられておらず、全くお手上げの大事故となるが、配管が破断した場合には緊急に出動する消火器にあたる緊急炉心冷却装置（ＥＣＣＳ）が加圧水型軽水炉には備えつけられている。しかし問題はそれが果たして有効に作動するかどうかであるが、現在までのところ、その有効性は何ら確認されていない、というよりは、その無効性が確認されているというのが真実である。

②　配管が破断するとその破断箇所から放射能で汚れた熱湯（一次冷却水）が噴出し、圧力容器内の圧力が低下する。その結果、それまで高圧によって沸騰を妨げられていた超高温の冷却水はたちまち沸騰し、その蒸気がものすごい力で冷却水を押し出すので、きわめて短時間のうちに炉心の冷却水がなくなり「空焚き」の状態が出現する。いわゆる一次冷却材喪失事故（ＬＯＣＡ）の発生である。

水は中性子の減速材でもあるので、核燃料の連鎖反応にとって不可欠のものであるから、炉心から水が失われると核分裂反応は停止する。すなわち「原子の火」も消える。しかし原子炉の恐怖は依然として失われることがない。「原子の火」が消えても被覆管の中の灼熱の燃料ペレットの蓄えている熱量（蓄積熱）はものすごい。おまけに、「原子の火」が消えても短寿命の放射性物質「死の灰」が自然崩壊するときの発熱もものすごいものである。伊方炉では停止の一分後でも約一〇万キロワットのすざまじい発熱である。そしてすでに炉内にはこれを冷やす水が失われているのであるから、炉はいわゆる「空焚き」の状態になって必然的に炉心は溶融する。原子炉が空焚き状態となり、炉心が溶融した場合の原子炉の壊れ方については、つぎのような経過をたどることが必然である。

燃料棒の溶融によって、中に閉じこめられていた放射性物質は、高温のため大部分は気化しガス状となって格納容器中に流出し、同時に格納容器内の圧力・温度も急上昇する。伊方原子炉の格納容器の最大許容圧力は二・七二気圧であるから、それ以上の圧力がかかると格納容器は破損し、破損部から格納容器内の大量の放射性物質が環境中に漏れ出る。また溶融炉心と水との接触で急激に水蒸気が発生し、蒸気爆発が起きる。水蒸気と燃料棒の鞘の構成物質であるジルコニウムが反応して発生した水素ガスが、空気と混合することによって起きる爆発もある。

いずれの爆発の場合でも、圧力容器及び格納容器を瞬時に吹き飛ばして、短時間内にきわめて多量の放射性物質が環境に放出される。さらに溶けた炉心は、圧力容器の底に落下し、容器の壁を溶融貫通し、格納容器や建物の基礎をも通過し、さらに地中深くに向かってあらゆる物質を溶かしながら沈降していく。

アメリカでは、このように炉心が地下深く貫通していくことを、アメリカの地球の裏の中国にまで達すると冗談めかして、チャイナ・アクシデントと呼んでいる。そして地下に沈んだ放射性物質は、やがて地下水に洗われて人間環境に達し、住民はこれにより被曝するに至る。特に伊方原発は瀬戸内海に面しており、原子炉は海岸線から僅か約七〇メートルのところにあるため、地中に沈んだ放射性物質は瀬戸内海に流出し、漁業者はもとより、瀬戸内海と深い関わりを有する伊方住民らはもとより広汎な沿岸生活者たちの生活は破滅的な打撃を受ける。

③　もし、このような炉心溶融事故が発生するとどのような惨事になるか、その被害の規模を科学技術庁が原子力産業会議に委託して実施した熱出力五〇万キロワット（伊方の三分の一）の原子力発電所の大事故についての災害評価によってみることにする（甲二六九号証）。

昭和三五年、原子力産業会議10^7キュリー（一〇〇〇万キュリー）の放射性物質が放出されるとし、最悪の気象条件のもとでは七二〇人の急性障害死者、五〇〇〇〇人の障害者及び一三〇万人に及ぶ要観察者が生じると報告した。

またこれらの損害を金銭的に見積るとすると、災害の規模によって一〇〇億円から一〇兆円となるとの報告をした。ただこの金額は昭和三五年のものであり、死者一人について八五万円しか支払わないことにして計算されたものであるから、この金額を現在に計算しなおせば天文学的な数字となるであろう。そうなれば、四国電力などはひとたまりもなく支払いに窮して倒産してしまう金額である。この報告は、政府自らが行なわせて災害を評価させた結果であることに意義がある。

伊方原発が大事故を起こした場合における周辺住民が蒙る災害について、「原子力技術研究会」の専門家たちが、その範囲、障害の内容などを、アメリカ原子力委員会が発表した災害評価報告（WASH－一四〇〇）に用いられた手法を使って具体的に計算した（甲二六四号証）。

その資料の中から、急性放射線障害の発生状況を例にとると、伊方原発の大事故には伊方原発から風下方向一〇キロメートル以内の範囲の者はすべて死亡する。事故時の風向きは予め予想できないから、半径一〇キロメートル以内に住む住民はその危険にさらされている。この一〇キロメートルの範囲内には、約二万人の住民が居住している。

次に半径一〇キロメートルから一五キロメートルの範囲に居住する五万人の人たちは、半数は死亡する被害と、全員に急性放射線障害が現われることを覚悟しなければならない。

半径一五キロメートルから二〇キロメートルの範囲の住民については、死の灰の雲が通過すれば半数に急性放射線障害が発現する。

伊方原発の半径一五キロメートルから二五〇キロメートルの範囲に住む人々は風下に当たった場合、全員がそこから立ち退かなければならない。立ち退かなければ急性放射線障害を受ける地域である。この範囲には四国、九州、中国地方の大部分が入り、被害を蒙る人はおびただしい人数に至る。またこれらの範囲には、松山、高知、高松、徳島、広島、岡山、松江、山口、福岡、佐賀、長崎、熊本、宮崎、大分等の都市も含まれている。これらの急性障害にガンなどの晩発性障害、遺伝的障害が加わるのであるから、災害はまさにカタストロフィ（破滅的）の一語につきる。

④　TMI事故の例を見るまでもなく、事故は思いがけないところで起こるものであることはこれまでの多くの事例からの教訓である。圧力容器や配管類の応力腐食割れや中性子照射による材料の脆化などは原発で進行しつつある現実の事態であり、その他各種の事故を多発している。

しかも日本は世界一の地震多発国である。圧力容器の破壊や配管破断による凄惨な破滅的大事故は現実の危険であって、たんなる杞憂ではない。大規模な退避計画が伊方原発に起こることを現実に想定して作成されているのである。

また「原子力損害賠償に関する法律」第一〇条によれば「原子力事業者の原子力損害賠償の責任が発生した場合において、責任保険契約その他の原子力損害を賠償するための措置によってはうめることができない原子力損害を原子力事業者が賠償することにより生じる損失を政府が補償することを約し、原子力事業者が補償料を納付することを約する契約とする」と規定されており、日本でも有数の資力をもつ巨大企業である電力会社すら、損害の賠償に応じきれないような多額の損害が発生することがあることを前提にして原発の建設が進められていることを示している。

このような立法措置は政府の自発的サービスとしてなされるはずはなく、大規模災害発生の現実性をもっともよく知っている当の電力会社や保険会社からの要求によるものであることは明白である。しかし、このような破局的惨事をひき起こす「炉心溶融」は「想定不適当事故」ということであえて安全審査では考慮の外におかれているのである。「想定不適当」とは誰にとって不適当なのであろうか。いうまでもなくもしこれを「想定」すればとうてい原発の建設が国民に受け容れられないものであることがはっきりとしてしまうからである。被上告人や電力会社にとって「不適当」なだけであり、上告人や国民はこれを「想定」して原発のとうていこの世に設置されてはならない危険性を明らかにすることが正に「適当」なのである。

⑤　今日では公害産業といわれる他の産業も当初はその危険性について余り意識されることなく出発したのとは異なって、「原発は（潜在的）危険が大きいので、その建設に当たっては事前のテクノ

ロジカル・アセスメントが必要とされる」(甲二六二号証)という認識が原発建設の前提であり、本件許可処分の基礎である「安全審査」もそのためになされるべきものであることは異論の余地がない。テクノロジカル・アセスメントの工学的な基準としては「原子炉安全設計審査指針」、「軽水型動力炉の非常用炉心冷却系の安全評価指針」等が定められているが、未知の領域が多い原子力発電の現在の技術水準や、事故の影響の深刻さから、工学的審査だけでは不充分であるとされ、そのために、他方に「原子炉立地審査指針」を定め、地震や地すべりのない堅硬な確固たる立地を選定し、また、発電所敷地も広くとって事故の場合も被害が敷地外の住民に及ばないよう二段構えの安全策がとられなければならないというのが、現行の規制の基本的な考え方なのである。

「立地審査」指針がそのために採用した手法は、いわゆる「確率的評価方式」ではなく事故を想定して、その想定した事故が起きた場合の被害を問題とする「事故想定評価方式」がとられていることは、「指針」それ自体によって明白である。

我国の立地審査指針において「想定」されねばならないとされている事故は「重大事故」と「仮想事故」であることはいうまでもないが、とくに「仮想事故」の場合においては、「重大事故を越えるような技術的見地からは起こるとは考えられない事故」まであえて想定したうえで周辺公衆への放射線災害の評価がなされなければならないとされている。

原子炉立地審査指針の一、基本的考え方一—二基本目標の仮想事故の説明として(　)の中にくくられている部分は冒頭に「例えば」とあるように例示的なものであり、本件安全審査がしたような、一次冷却水大口径管のギロチン破断事故と蒸気発生器細管破損事故の評価のみで足るものではない。

その他にも当然すでに述べた「圧力容器」の破損事故なども評価の対象とされるべきなのである。

さらに、本件の安全審査で評価された「一次冷却水の大口径管のギロチン破断事故」の評価においてもＥＣＣＳが有効に作動しない場合にその後に起こる事故の自然的推移の結果である「炉心溶融」と、その後の炉内にある放射性物質が大量に圧力容器や格納容器を破壊して外部に放出されるという事態を故意に、「炉心は溶けないが、それに内蔵された放射性物質は全部あるいはほとんど格納容器内に流出する」、と科学的にとうていあり得ない事実にすり替えて、その評価を拒否している。もしありのままに炉心溶融やその後の経過を忠実に評価の対象とすれば誰の目にも原発の大事故の恐怖が明らかになり、とうていその建設を認めることができなくなるからである。

被上告人の主張は「仮想事故」は立地選定のためのものであり、現実にはＥＣＣＳは確実に作動するのであるから、一次冷却水大口径破断事故発生後の経過を忠実に追わなくてもよいというのであるが、これは「立地審査指針」の規定にも反する違法の審査についての居直り的強弁にしかすぎない。しかも被上告人のこのような主張が頼みの綱とするＥＣＣＳは、いざというときに確実に作動するという保証がなにもないことがすでに明らかにされているのである。ＴＭＩ事故は「仮想事故」は決して「仮想」だけのものではなく、現実に起こるものとし扱われなければならないということを、事実を以て明らかにした。

5　非常用炉心冷却装置（ＥＣＣＳ）は有効に作動しない

①　ＥＣＣＳは一次冷却材喪失事故が発生したとき、別のタンクにためてある冷却水を炉心に送り

込んで、核燃料の温度上昇を喰い止め、凄惨な事態を招く炉心溶融を防ぐための装置であり、いわば、原子炉が絶体絶命のピンチに登板する、リリーフ・エースなのである。

しかし、このような期待を担ってとり付けられたＥＣＣＳは、いざ鎌倉というときにうまく炉心に冷却水を注入し、これを無事に冷やしてくれるという保証は何もないきわめて頼りない存在なのである。

アメリカのアイダホ州にある国立原子炉試験所で行なわれた加圧水型軽水炉の非常用炉心冷却系のセミスケール試験（ＬＯＦＴ）において、加圧容器中の九インチの長さの電気加熱の模擬炉心について、一次冷却水の配管が切断され、冷却水が切断個所で噴出したときの原子炉事故を想定して、冷却水を外部から注入したところ、冷却水は炉内の水蒸気圧のために、加熱された炉心に達しないまま配管の切断個所で追出されてしまうということが判明した。

この結果が発表されると、ＥＣＣＳは設計どおりの機能を発揮しないものではないかとの疑いが拡がり、深まったのは当然のことである。メーカーや推進側は現在に至るも、ＥＣＣＳの有効性についてはこれを証明することができないままなのである。

②　それにしても原子炉の命綱ともいうべきＥＣＣＳの有効性について、このような初歩的な実験段階で期待と結果との間に大きな食い違いが生じるということは驚くべきことである。

推進側は実験炉と実際の炉とでは条件が違うことを強調して不安をとり除くことに懸命であるが、実験はもっとも容易なものから複雑なものへと順を追って進めて行くのが通常の手順である。さきのＬＯＦＴ実験のような単純なもので失敗したことが、どうして大規模かつ複雑な実炉で「確実」に作動するといえるのか、その「信心」の根拠は不明のままである。

また、このことは、被告や推進側がいう、コンピューターの計算による安全の確認がいかに信頼できないものであるかを物語っている。コンピューターは全能の神ではなく、妥当な計算コードが確立されるまでには数多くの実験や実際例からの膨大なデーターの集積が必要なのである。しかし、基礎的なLOFT実験をはじめ各種の実験が後追い的になされ、しかも遅々として進まないのが現実の姿である。

被告や推進側は、ECCSの性能は計算で確定ずみといいながら、本件伊方原発をはじめ各地で原発を建設して、その計算方法の妥当性を実験して確かめようとしているにほかならないのであり、国民の生命を脅かすこのような悪魔の実験は断じて許されるべきではない。

③ 我国でもおくればせながら、日本原子力研究所で「ローザⅡ」という名称で一連のECCSに関する実験が開始された。しかし、その実験のスタートは伊方炉の許可処分の日からようやく約一年後のことであるのは留意されるべきことである。

もちろんこのローザⅡも実際の炉とは違い電熱炉を用いている。実際の炉では冷却水の注入口は固定されているのに、ローザⅡの場合は注入口はあちこちにつけ替えられるようにしてある。どこから冷却水を入れれば一番効果的に冷えるかをこれから実験で試そうというのであるから驚くほかない。

この実験の現状について、原審で被告側申請の村主進証人（ローザⅡの実験の総括責任者）は「いまだ安全余裕度を実験では数値で何度の安全余裕でありましたということはまだいたっていない、もう少し待っていただかなきゃいけないということです」

と証言して、実験が目的を達してないことを明らかにしている。

しかし、安全余裕がわからないということは安全かどうかがわからないということである。「もう少し待っていただかなきゃいけない」のはECCSの信頼性の実証のないままなされる原発の設置の許可処分であり、その建設・運転であることはいうまでもないであろう。

④　しかも、緊急冷却水が注入されても破局的事態を回避できるかどうかも、きわめてあやしい。というのも、LOCA時には燃料被覆管はふくれ破裂し、水蒸気と反応して酸化および水素化して脆くなる。この酸化・水素化は発熱をともなうから、高温になると燃えるように反応はすすむことになる。その結果、被覆管が溶融し、炉心の崩壊が全体に拡がる危険がある。

その上、破裂し、酸化・水素化し脆くなった被覆管には、苛酷なLOCA時には大きな力が加わる。もしも、傷つき、脆くなった被覆管がその力に耐えられなければ、破断・折損し、炉心は崩れることになる。崩れたところに、冷却水がまわることは困難であり、注入される緊急冷却水も有効に冷却してはくれなくなるので、炉心溶融は避けられない。このような事態は絶対に起こらぬと、被上告人や電力会社は主張しているが、その根拠は全くない。現に、TMI事故では、炉心の大部分は崩壊し、その約二〇パーセントは溶融した。

また、すでに述べたように圧力容器の破壊や二次冷却水管破断などの事故の際には、そもそもECCSがもともと何の役にも立たないのであるから、その結果としての破滅的大事故の危険はますます大きいのである。

6　蒸気発生器細管の破損とその危険

①　蒸気発生器は高温・高圧・高汚染の一次冷却水から熱をもらい、電気タービンを運転するための蒸気を発生させる重要な役目をもたらされている。

原子炉の炉心の中には、膨大な量の「死の灰」が高温・高圧の原子炉水（一次冷却材）とともに閉じ込められているが、蒸気発生器細管は、この厄病神を閉じ込める防壁（一次冷却材圧力バウンダリー）の一部でもある。

この細管の壁は、圧力バウンダリーのなかでもっとも薄い、わずか一・四ミリメートルのインコネルという合金でつくられている。

蒸気発生器細管の中には、一次冷却水が流れ、外側は二次冷却水が流れている。二次冷却水は電気タービンを回転させた後、復水器でさらに海水で冷やされている。日本の原発で、細管損傷がよく発生することの一つに最後の冷却水に海水を使用することがあげられる。海水は、どんな金属であってもボロボロに腐食させるからである。二次冷却水に海水が混入することが細管を損傷させる大きな要因となる。それを防ぐために色々な水処理の方法が考えられてはいるが、今なお決め手はないのである。

②　細管が損傷し、一次冷却水が二次系にもれることは、更に重大な意味を持つ。破損が大きければ、高圧の一次冷却水が急激に減少しきわめて重大な事故となる。極小ＬＯＣＡと呼ばれている、一次冷却材喪失事故であっても、大口径配管破断による一次冷却材喪失事故（大ＬＯＣＡ）に劣らず恐ろしい。今まで、細管に小さなピンホールが発生すれば、二次冷却水への放射能もれを検知すること

や、定検などによって、細管破断は防げるものと見られていた。しかし事故の続発によって、そのことは実験の裏付の全くない推進派の希望的予測でしかなかったことが明らかとなったのである。

その代表例が美浜一号炉であり、米国のポイントビーチ一号炉やギネ原子炉の事故なのである。特にポイントビーチ一号炉やギネ原子炉の事故は、細管の破損が大きかったことや、モニターが有効に働かなかったことなど、加圧水型炉の弱点を世界中に知らしめたのである。

③　伊方炉と同じＰＷＲ型の美浜一号炉での、我国ではじめての蒸気発生器細管から一次冷却材が漏洩する事故は、審査開始早々の昭和四七年六月一三日に発生した。そして原子力委員会がその事故の原因を推定したのは、被上告人の自白によれば「昭和四八年五月」のことであるから、伊方炉の安全審査は蒸気発生器細管の事故の発生を知りながら、しかもその事故の原因を究明しないままに許可したものであることはすでに明白な事実であ

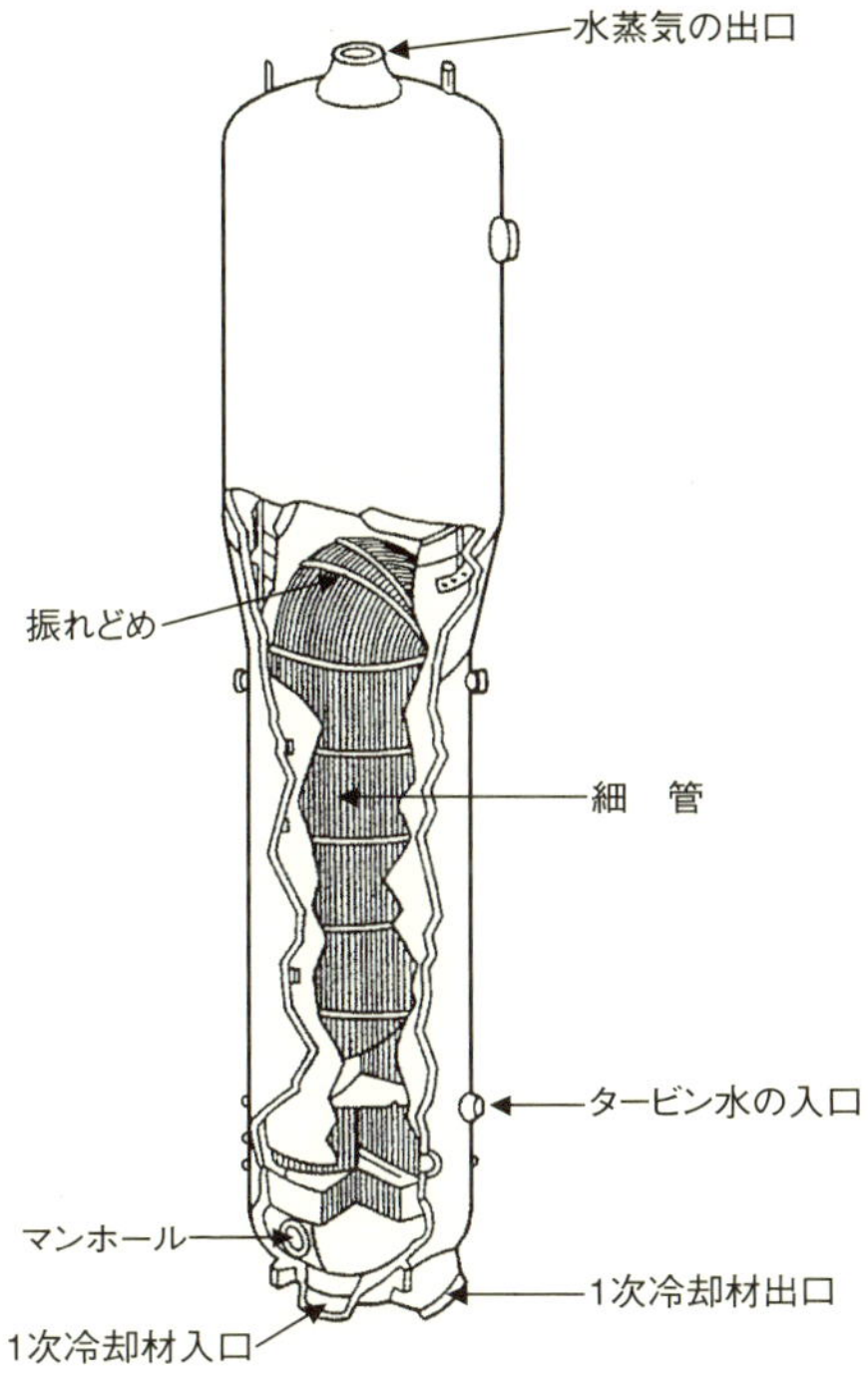

蒸気発生器の構造

る。安全審査がいかにでたらめなものであるかを示す典型的な一例である。

蒸気発生器細管の事故にはその解決の方法がない。

被告は、これら細管損傷の原因は、二次冷却水処理に使用されるリン酸ソーダが、蒸気発生器の構造上細管表面に発生した高温部分に析出して、化学的に細管材を腐食することにあるとして、二次冷却水処理法をリン酸ソーダ処理法（PT）から、アンモニアやヒドラジンを使う揮発性物質処理法（AVT）へ変更することにより、減肉損傷が防止されると主張するようになった。そしてこれにより蒸気発生器問題が、すでに解決したかのような態度を装いはじめたのである。

しかしこれもまた皮相な主張であったことは事実が証明している。即ち、AVT法を採用した本件伊方炉で、昨年三月までに、すでに約二〇〇本が損傷し、さらにAVT法を採用している高浜二号、玄海、オブリヒハイム原子炉（西独）（以上最初からAVT）、高浜一号、ポイントビーチ一号炉（米国）（以上PTからAVTへ変更）、ベズナウ一号炉（スイス、AVTからPTへ、さらにその後AVTへ変更）等数多くのPWRで蒸気発生器細管破損が発生している。水処理法としてのAVTには、PTほどの能力はなく、復水器からの不純物混入に対してはお手上げである。さらに、減肉損傷以外の形態の細管損傷も多発している。

被上告人は細管の損傷は「点検や放射線モニターにより初期段階で検知され、所要の措置がとられる」といかにもその進行状況を充分に把握することができ必要な対策がとれるかのように主張するが、これは真赤な嘘である。

「所要の措置」とは破損細管に「止め栓」を施すこと、すなわち、細管の出入口に栓をして、細管に一次冷却水が通らないようにするだけのことであり、これではまだ健全な他の細管に余計な負担をかけ、その破損を早める結果になるだけである。

また、被上告人のいう「損傷の検知」も一年一度の定期検査時を利用して損傷の有無を調べることをいうのであり、細管損傷の進行が速いときは何の役にも立たない。

損傷した細管を取替えることは高い放射能によって汚染されているためきわめて困難であり、止栓を施せばそれだけ出力は低下する。故障の多発する蒸気発生器細管はまことに加圧水型原子炉の「アキレス腱」なのであり、それが大事故の原因となることを免れたとしても、経済性の点で原子力発電を破滅へ追い込む墓掘り人夫なのである。

7　原発の温排水による環境破壊の重大性

① 原発は、同じ電気出力の火力発電所に比べて約二倍の温排水を環境へ放出する。

原発において、タービンをまわしたあとの蒸気は復水器に送られ、そこで海水で冷され水にもどされる。その復水器を冷却する海水は、その際七〜一〇℃も温められた後、海中に放出される。これが「温排水」といわれるものであり、その量は電気出力一万キロワット当り毎秒約〇・七トンが排出される。伊方原発の場合は電気出力五六万キロワットであるから、毎秒約四〇トン、一カ月当り約一億トンもの温排水を海中に放出することになる。このように大量の温水が継続的に排出されればもはや自然の復元力だけではとても手に負えない。ましてや伊方を含めて、日本各地の海岸で計画されている原発の建設計画が、そのまま実現されるとすれば、原発からの温排水だけでも我国の年間河川流量にも匹敵する莫大な流量となり、根源的環境破壊といわれる熱汚染の被害をさらに深刻化させることは必至である。もちろん、この温排水には放射性物質もその中に含まれており外部にタレ流されるわけであるが、温排水の影響の重大さからだけでも、原発の建設は許されてはならないのである。しかるに本件の許可処分はこの温排水問題についての審査をしないままなされたのである。

② 伊方原子炉の設置が許可された後である昭和四九年に愛媛県水産試験場が行なった佐田岬磯根漁場調査によって、はじめて伊方周辺の漁場環境の一端が解明された。安全審査ではこのような実態調査すらなされなかったのである。

それによると伊方周辺は「アラメ、カジメの群落があり、漁場として良好であり、餌料海藻も豊富で、アワビ、サザエ漁場には好適」と報告されている。

現在は小漁船での一本釣、底引き網によるマダイ、クロダイ、イカ、カレイ、エビ類等を対象とする漁業と、アワビ、サザエ、ワカメ、テングサ等採貝採藻を主とする磯根漁業が中心であるが、これらの漁業対象種は産卵場、種仔の育成場、成体の生息場として沿岸域の藻場（アマモ場、ガラモ場、アラメ場、カジメ場等）を利用する種が多く、藻場の衰退や変質が生じた場合には、漁業資源に大きな影響が生じることとなる。

伊方発電所敷地前面には、海岸線に平行な速い潮流が存在するため、温排水は沿岸にそってかなり遠くまで流され、伊方周辺では、利用率の高い漁場である藻場域に拡がることになる。アワビ、サザエの餌となり棲み場所となるアラメ、カジメ群落は微小な環境変化の影響でも衰退するし、一度衰退した群落の回復はきわめて困難であることが知られており、温排水による磯根漁業への大きな影響はすでに深刻である。

伊方原発敷地周辺は、アワビ、サザエ等の増殖漁業への発展性のある地域なのであって、現に三崎町では、アワビ、サザエを中心とする蓄養的な養殖が始められつつある。二〇〇カイリ問題で苦悩する日本にとっては、今後は保護育成漁場の確保こそ、最重要課題であるにもかかわらず、更なる開発の期待される有望水域を破壊してしまおうとしているのである。高度経済成長の生け贄として、世界に誇れる内海漁場であった瀬戸内海は、ドロ海と化しつつあり、その中でもたった一カ所残された灘であるとさえ言われる伊予灘海域が、今や危機に瀕しているのである。

すでに運転を開始している伊方原発からの温排水の影響で漁師たちがさまざまな異常現象の発生を報告している。昭和五六年の九～一〇月と昭和五八年の九月の二回にわたり、伊方原発沖を中心に大量の死魚が海上に浮かび、漁業関係者に深刻な不安を与えている。未解明な点の多い温排水公害に対し、アメリカなどでは規制が厳しくなり、冷却塔の設置などが義務づけられつつあるが、漁業大国である日本には法規則すらほとんどないままにタレ流しが奨励されているのである。一度死んだ海は甦らない。

8　廃棄物および使用済燃料・廃炉の処理・処分の方法のない原発の建設は許されるべきではない

①　原子力発電の危険性は工学的欠陥や人為的事故の可能性が克服されたとしてもそれだけで解決されるものではない。原子炉の中での核分裂によって製造される膨大な量の死の灰や、核分裂生成物質の恐ろしさは、「人畜無害」と宣伝しながら進められる原子力発電においてもなんら核兵器のそれ

と変わりはない。

炉内で生成する超ウラン元素の大部分は、動物の骨に沈着しやすく、またアルファ線という放射線のうちでも生体にとってもっとも害のある放射線を出す毒性の強いものであるが、その半減期はプルトニウム二三九の二万四〇〇〇年などきわめて長寿命のものが多い。しかも廃棄物になってあとの元素のうつり変わりによってプルトニウム二三九などによる危険性は漸次増加し、一万年後には最初の二倍にも達し、以後次第に減衰していくという経過をたどるので、その毒性が無視できるようになるまで数百万年という想像もつかない永い時間この廃棄物を人類の生活圏から隔離されたところに安全に管理しなければならないのである。しかし、そのようなことが可能であると信じることは何びとにも不可能であり、廃棄物の処理の問題となると推進側も口をつぐんでしまうのも当然のことである。岩塩坑、南極氷、深海溝、さらには宇宙ロケットによる太陽へのぶち込みに至るまでさまざまな「案」が提出されているがいずれも実現の可能性はない。原子力発電における放射性物質と人間との関係では、発電よりもこの廃棄物の処分の問題がむしろ本質的な課題であるといわなければならない。

このように廃棄物の処分方法の解決を見ないまま原発の設計を許可し、運転させることは、日々発生する危険で熱エネルギーを出す厖大な量の廃棄物を結局原発の敷地内に貯蔵・保管するという無謀な事態が放置されることになるだけである。

ちなみにいえば、本件伊方原発から生みだされる固体廃棄物は、一トン当り一〇〇キュリー程度にも達する廃樹脂は年間約五立方メートル、ドラム缶詰されたその他の固体廃棄物は、年間一〇〇〇本にも及ぶ莫大なものであり、放射能も年間約五〇〇〇キュリーにも達するのであり、事故が起こればたちまち何倍にも増えるのであってその危険性はいまさら強調するまでもない。本件伊方原発内には、昨年三月末までに、固体廃棄物がドラム缶に換算して八三八五本も積み上げられている。

廃棄物処理の方法のない原子力発電はいわばトイレットなしのマンションであり、トイレットなしに人間の生活がないと同様に原子力発電所はその建設・運転の前提条件を欠くものとして設置を許されてはならないものである。

② 核燃料はあらかじめ定められた燃焼度に達すると、原子炉から取り出して、「再処理」と呼ばれる行程にまわすことが予定される。燃料棒の中ではウラン二三五が核分裂を起こして、クリプトン八五、キセノン一三五、ストロンチウム九〇、セシウム一三七、ヨウ素一三一などの核分裂生成物質とウラン二三八の一部がウラン二三九となり、さらにこれが変化したプルトニウム二三九と燃え残りのウラン二三八が残る。

ウラン燃料が核分裂を起こし、燃料棒の中にこのような「死の灰」が蓄積されてくると、核分裂が妨げられ燃料としての効率が低下する。そこでこの燃料棒を抜き取り、新たな燃料棒ととり替える。この抜き取った燃料棒が使用済燃料棒であり、その中のウラン二三八、プルトニウム二三九及びその他の「死の灰」を総称して使用済燃料という。

使用済燃料中のウラン、プルトニウムは、再び燃料として使用できるので再処理施設に運び、化学的にウランやプルトニウムを他の「死の灰」から分離して抽出し、「死の灰」は廃棄物として廃棄される。この過程を「再処理」という。

伊方原発では毎年三分の一炉心分の燃料棒が新品と交替されることになっているが、再処理施設に運び込まれるまで使用済燃料貯蔵ピット（プール）に漬けて保管される。

ところが、この再処理ができないときは、仕方なく、使用済燃料棒をピットの中に次々と漬けたまま長期間保管しなければならなくなる。伊方炉の場合ピットの容量は三分の四炉心分であった。これは、毎年とり替えられる三分の一炉心分のほかに、検査等のため全炉心を一時取出すことを可能とするためであった。

③　被上告人や電力会社があてにしていた許可処分当時計画中の動力炉・核燃料開発事業団（現・独立行政法人日本原子力研究開発機構）の東海作業所や海外での再処理の実現は、再処理作業それ自体の、危険性や危険な使用済燃料の運搬・輸送の技術上の困難性から、不可能であると上告人らは主張してきた。

海外への委託も、それぞれ自国のものだけで手いっぱいであったり、外国の危険物まで引受けるべきでないという当然の反対のために行き詰まっている実状である。

我国唯一の東海村の再処理施設も再処理施設の予期された本質的欠陥が露呈され、満足な運転もできず使用済燃料の再処理はますますお先真っ暗であることがはっきりとした。

しかし、被上告人や電力会社には再処理の見込みがないことはつとに自明のことであったようである。すなわち本訴係属中にすでに伊方原子力発電所の貯蔵ピットに六年分すなわち三分の九炉心相当分を貯蔵するよう変更申請がなされ、これに許可が与えられていたことが被上告人申請証人児玉の証言によって明らかにされた。しかし、この変更もピット自体の容量を殖やすのではなく、既存の容量のままで貯蔵量だけを増加させることにしただけであった。

いうまでもなくこの措置によって従前の量以上に使用済燃料が貯蔵されることになればますますピットは安全余裕を失い危険は増大する。使用済燃料は大量の「死の灰」の固まりでありこのようなその場しのぎの向こうみずの冒険で上告人ら住民の生命を危険に陥れることは断じて許されるべきではない。

④ 原発の寿命は約三〇年である。寿命を終えた原子炉施設はいたるところ放射能で汚染されている。そのうち、とくに危険なのは原子炉容器である。炉内の使用済燃料を抜き取ることができたとしても、原子炉容器自体がコバルト六〇などで放射化している。稼動二〇年としても、容器内では控え目にみても一時間あたり数百レントゲン、外側でも数十レントゲンに達する。コバルト六〇の半減期は長く危険である。従って原発はその設置のときから廃炉後の処分について厳格に定めておかなければならないのは当然のことである。しかしながら伊方原発の場合もこのことについて許可の際に審査がなされておらず、これまた「あとは野となれ山となれ」である。このような無責任が許されてよいはずはない。原子炉の老衰死もまた必然であるからである。

9 伊方原発の立地選定の誤りとその危険性

① 原子力発電についての政府、業界の安全論も、つきつめて言えば様々な安全装置があるから大丈夫だという議論にすぎない。逆に言えば、それほど物騒だということである。日本は地震国であるから、大地震があればその安全装置も大丈夫かどうか分からない。原発の危険性はそれが膨大なプルトニウムや核分裂生成物を内蔵しており、パイプ一本が破断しても、圧力容器に一本の亀裂が入って

も大惨事となり得るからである。

それだからこそ、立地選定が最も重要な安全確保策であるともいわれるのであり、「原子炉立地審査指針」に「大きな事故の誘因となるような事象が過去においてなかったことはもちろんであるが、将来においてもあるとは考えられないこと」と規定されているのである。

② いうまでもなく、日本は、世界一の地震国であって、世界中で発生する地震の実に一五パーセントが日本周辺で発生している。日本の原発をおびやかす最大の敵はまさに地震だといって過言ではない。

日本に比べて、地震の少ないアメリカ中西部ですら、原発の数はきわめて少ないのである。原発の立地選定を地球レベルで考えたとするならば、日本は、最も立地条件の劣悪な国なのである。経済的理由よりも人間の生命尊重を優先するならば、日本には原発の適地はどこにもない。

地震の多い日本でも、とくに近い将来大地震がある可能性が大きいと予想される地域がある。昭和四五年地震予知連絡会は、このように大地震が予想される地域を特定観測地域として指定した。この特定観測地域は原発を絶対に設置すべきでないことは前述の「原子炉立地審査指針」から考えても明らかである。ところが、日本の海岸に隙間なく原発を作らなければならない政府や電力会社にとってはそういうことは眼中にない。これをチェックすべく専門家を集めた安全審査会も、これを考えていないどころか、逆に好んで特定観測地域のまん中に原発の建設を許可してきたとしか言いようがない。

伊方発電所の敷地周辺も昭和四五年地震予知連絡会により安芸灘、伊予灘を含む地域が特定観測地域として指定された。この地域が指定されたのは、ここでは周期的に大地震が発生しているからであり、一九〇五年以来まだその周期に沿った地震は起こっていないからである。国土地理院の檀原毅氏は、この地域の地震は周期五二年（プラスマイナス一一年）、マグニチュード七・一と推定している（地震予知連絡会会報第三巻・昭和四五年）。

よりによって、このような場所に設置を許可する安全審査とは何んであろうか。

③　しかも、日本地図をみるまでもなく、伊方は世界最大級の活断層といわれる「中央構造線」の真近に位置している。

最近では地震の原因は活断層にあることが学界で主流となりつつあるが、中央構造線は世界でも最大級の活断層であるから、これが原因となって地震が発生したら伊方原発の崩壊は目に見えていると言うべきであろう。

たとえば調査委員として審査に関与した松田時彦東大助教授は活断層の長さから地震の大きさが測れるとして、活断層の長さLとマグニチュードMの間には、

$$\log L = 0.6M - 2.9$$

の関係があるという。いま伊方発電所の近くの中央構造線一〇〇キロメートルで地震が発生すればマグニチュード八・一六というとてつもない大地震が起こるのである。

ところが驚いたことに、この中央構造線については安全審査報告書では一言も触れられておらず、審査資料の中にもこれについて審査したことを示す記録は存在せず、また、もちろん「安全審査報告書」の中にも一言も触れられていなかった。

このような原発の安全性の確保にとってもっとも重要な事項の欠落は、そのことだけで本件許可処

分の取消事由となることはいうまでもない。

④ 中央構造線が近くにあるということは、地震の面から問題があるだけではない。中央構造線のように大きい断層では、断層線に沿う岩盤の破砕が幅数キロにも及んでいると想像され、伊方発電所の敷地もまた破砕されているのではないかという疑問があるからである。現に伊方発電所の炉心基底部（直径約三五メートル）の岩盤には、実に一一本の断層が存在し、単純に考えると三メートルに一本の密度で断層が存在することになる。このような地盤は中央構造線との位置関係から考えると、その破砕作用を受けていると考えるべきである（児島広島大教授・生越和光大教授）。このような脆弱な地盤が重い原子炉に耐えかねて不等沈下や崩壊を起こすと、パイプ類や圧力容器の破損を生ずることは明らかである。

国はこれに対しても、このような断層はどこにでもあるという、およそ非科学的な理由で安全だというのである。しかし、住民にしてみれば、原発はどこにでもおけるほど安全なものとは思えないし、国側も同じ思いだからこそ過疎地を選ぶのであり、そうであるならば地盤も選りすぐった堅固なものでなくてはならない。

しかるに、伊方原子力発電所は、割れ目だらけの脆弱な地盤の上に建設されているのであるから、その立地選定の誤りは明らかであるといわなければならない。

⑤ 左図は四国の地すべり分布図である。地すべりは、温泉地にある温泉地すべり、北陸地方の第三紀層地すべり、四国の破砕帯地すべりが代表的である。その四国でも伊方発電所の敷地付近は有数の集中地帯である。

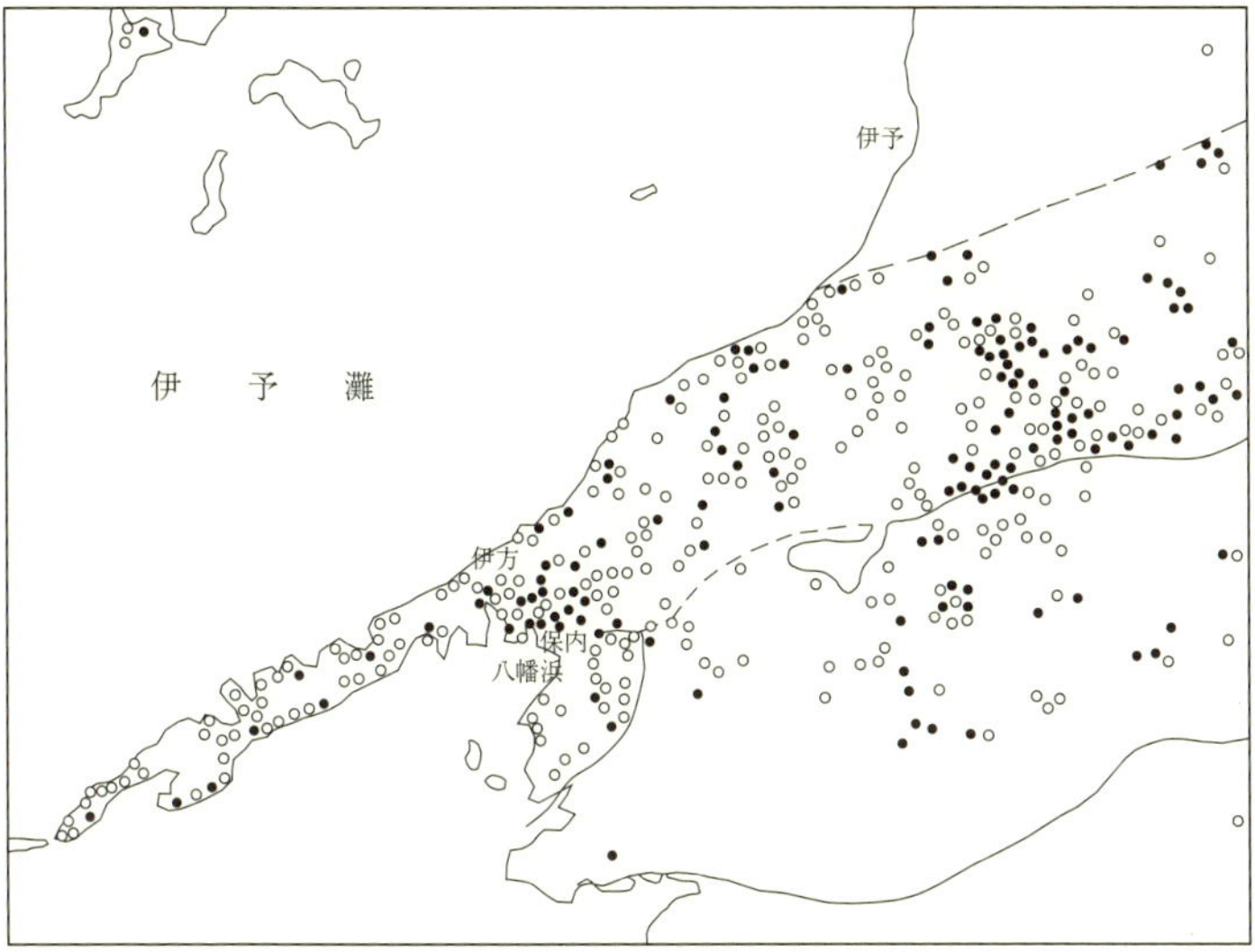

伊方原発周辺の地すべり分布図

建設省、農林省、林野庁がそれぞれの担当すべき地すべり基準に従って調査した結果を共同してとりまとめた『日本の地すべり――全国地すべり危険箇所一覧表』によれば、佐田岬半島の長さは、約三〇キロメートルであるが、そこに危険箇所が八六もあるということは、一キロメートル毎に二箇以上の地すべり地点がある、ということであり、被上告人の述べる「敷地内にそれまでの調査で危険箇所がない」ということが、安全の保証ではないことは言うまでもない。地すべりがこのように多いということは、この地域の地盤が全面的に破砕されており脆弱であることを示しており、敷地内に前記のように多数ある断層がこのことを明白に証明している。

⑥　アメリカでは敷地の近くに断層ら

しいものがあれば、徹底的に調査し、それが活断層らしいと判断されると、それが原因で地震が発生した場合を想定して、耐震設計を行なうことが法律で義務づけられている。これは、原発の安全性にとって、地震がきわめて重要だからであり、活断層によって、地震が発生することが明白になった以上、当然なことと合理的かつ科学的に考えているからである。しかるに、日本ではどうであろうか。巨大な活断層だと認めるような詳細調査は行なわないように注意しつつ、立地審査を行なうのである。

一九七七年、カーター大統領は新しい「原子力政策」を発表した。その中に「地震多発地域での原発立地はさける」旨が明記され、その影響がすでにカリフォルニア州などで出はじめている。アメリカの地震多発地域の代表はカリフォルニア州ではあるが、日本に比べれば地震の数も少なく、かつ、大陸の一部であるから、地盤もおおむね良好かつ安定している。アメリカの規制に合格するような立地点は日本では全く存在しないのは明らかなのである。いわんや、伊方原発のような立地点に原発建設を認める日本の安全審査は形式だけで、安全審査の名に値しないものでしかないのである。

七　おわりに

これまで述べたとおり、原発においては、日常的に無責任かつ違法に放出される膨大な放射性物質のほかに、事故発生時には緊急炉心冷却装置が働かず、炉心が溶融し、莫大な量の「死の灰」や放射性物質を環境に噴出するなど、その綱渡り的技術による、きわめて不安定な工学的構造から、破滅的大事故が発生する危険がいっぱいなのである。そのほかにも核燃料サイクルや、破棄物の処分方法がないため、強い放射能を有する莫大な量の使用済燃料や放射性廃棄物が原発の敷地内に蓄積され、これが環境に漏れ出す危険は避けられない。

さらに、テロリストによる破壊や、航空機の墜落、戦争の際の敵国の攻撃等によっても大きな被害を周辺住民やその環境にもたらすのである。産業エネルギー源である原発は敵国にとっては絶好の攻撃目標であり、ことに原発に対する攻撃は、通常兵器を用いたとしても、それが内蔵する多量の「死の灰」のゆえに甚大な被害を与えることができるのである。

このようにみてくると、原発で産み出された危険な「死の灰」や放射性物質が外部に多量に放出される状況の発生は多様であり、これを防ぐことは不可能である。ことに計画が進み多数の原発が国内に建設された場合、その危険性はさらに飛躍的に増大する。

「死の灰」や長寿命の放射性物質を百万年以上にもわたり安全に保管することができるかのようにいう推進者たちの主張は、夢物語りであり、人に奇跡を信じよというのと同じであり、何の根拠もない。

原発の本質は、それから生み出される多量かつ長寿命かつ保管困難な「死の灰」や放射性物質と人間とのつき合いを考えると「発電所」というよりも「大量の超毒物の製造工場」とみるほうが正しい認識である。

このような、人類がこれまで取扱ったことがない、われわれのみならず未来の人類の生存までも脅かす、危険な超毒物を大量につくり出すこと自体が、技術的完成度を云々し、取扱い規制の法律をつくる以前の問題として、憲法一三条、二五条等に違反するものといわれなければならない。

原子力基本法にいう「平和利用」が以上述べてきたような危険な原発の設置を許すものである限り、

原子力基本法以下の法規はすべて憲法一三条、一四条、二五条等に違反する無効のものであり、従ってこのような法規を根拠とする本件許可処分は無効であり、取消されなければならないことは明白である。

エネルギーの選択は、それが産業や生活の基盤であるために、どのように危険かつ不経済なものであっても、その選択を誤り、いったん、これが社会に組み込まれてしまえばその除去には多大な困難と犠牲を必要とする。それだけに、われわれのみならず遠い未来の子孫にまでとり返しのつかない災厄をもたらす原発の設置を絶対に許してはならないのである。原子力発電は人類の生存と両立しない。

上告理由補充書

――伊方発電所原子炉設置許可処分取消請求上告事件――

一　はじめに

ソ連のチェルノブイリ原子力発電所四号炉で大事故が起こった。

莫大な量の放射性物質が外界に放出され、炉の運転員や火災の消火作業にあたった消防士など、これまでにも多数の人々が死亡し、死者の数は日をおって増え続けている。

放射能は原発の近隣は言うに及ばず、ヨーロッパ全域から日本を含め、地球全体にその被害影響を拡大させている。周辺に存在していた人たちが蒙る急性傷害のほかに、拡大する範囲でのガン、白血病、遺伝的障害など、長期間にわたる膨大な数の晩発性障害者の発生は必然である。

また、放射能による農作物、酪農の汚染被害、農地、河川、湖沼、森林等の汚染による環境破壊の深刻さは、はかり知れないものがある。

まことに今回の事故は、人為的な災害の原因としては、これまでに人類が経験したことのない最悪のものであると言って過言ではない。ここに、原子力発電所は人類とは共存できない、悪魔の製造機であることが明白となった。

これまで、上告人らは一審以来、原子力の発電技術の本質的危険性、安全確保技術の欠陥、核燃料サイクルの未確立、安全審査、許可処分手続の杜撰さ等を指摘して、本件許可処分が違法であり、取消されるべきことを主張してきた。

とくに、一九七九年三月にアメリカのスリーマイル島原発二号炉で起こった事故は、炉心の大規模溶融、放射性物質の大放出事故が、上告人らが主張してきたとおり現実に起こるのであり、原発の安全審査、許可処分の適否は、冷厳にこの事実を直視して決定されるべきものであることを全世界の恐怖の中で実事を以て明らかに示したのであった。

しかるに、原判決は、この事故の原因は運転操作の誤りであり、安全審査の当否と無関係であるという、驚くべき暴論で、上告人らの控訴を棄却した。

今回のチェルノブイリ原発事故は、上告人らの主張の正しさをさらに明白にし、従って本件許可処分を是認した原判決が可及的速やかに取消されるべきものであることを疑う余地なく明らかにしたのである。

以下、上告人らはチェルノブイリ原発事故の実態を明らかにし、この事故と本件許可処分との関係、そして原判決を破棄し、本件許可処分を取消すべき所以を述べるものである。

二　事故発生

ソ連邦、ウクライナ共和国の首都キエフの北方約一三〇キロにある、チェルノブイリ原子力発電所で、一九八六年四月二六日大事故が発生した。

ソ連は当初この事故について沈黙を守っていたが、放射能被害は国境を越えて拡がり、翌二七日から二八日にかけて、北欧フィンランド、スウェーデン、ノールウェイ三国、さらにデンマークにまたがる広い範囲で、大気中から平常値を大幅に上まわる放射能が検出された。

その中に、クリプトン、キセノン、ヨウ素、セシウム、コバルトなどの放射性同位元素が発見されたことから、この異常の原因は、原発事故それも大規模な炉心溶融による以外に考えられないことがわかった。

当時の風向や種々の資料から各国の専門家が検討した結果、事故を起こしたのは、ソ連のチェルノブイリ原発であり、それも最大級の事故であると結論された。

この段階（二八日夜）になって、ソ連もはじめて同原発四号炉で事故が起こったことを、簡単にテレビニュースで報道するかたちで確認した。

チェルノブイリ原発四号炉は、電気出力一〇〇万キロワットの黒鉛減速型軽水炉（以下GWR型と略す）であって営業運転開始後約二年四カ月の新鋭原発である。

事故の原因や経過は断片的な事実が報じられるだけで、未だその真相は把握できない。原因は、①一次冷却水配管破断と緊急炉心冷却装置が有効に働かなかった結果としての炉心溶融、②制御棒によるスクラム（核分裂反応停止）不能による暴走事故等が言われている。

今回の事故までの連続運転期間が一年を経過していたとすれば、広島型原爆の一〇〇〇発に相当する死の灰がたまっていたことになり、その原因はともあれ、その死の灰のかなりの部分が環境に放出されたのである。

三　事故による被害

1　ソ連

原発周辺は、事故発生直後から猛烈な放射能に襲われた。

直接原発の運転に当っていた職員や、火災の消火に駆けつけた消防士たちが最初の犠牲者である。死者の数は小出しに発表されている。五月二六日現在で死者は計一九人と報じられているが、そのような数でおさまる筈はない。同月二八日にモスクワでゴルバチョフ書記長が確認した負傷による入院者は三〇〇人、負傷者は一〇〇〇人と言われているが、その中から多数の人々が後続して死者の列に加わることが確実である。

周辺住民に対して退避命令が出されたのは、事故後三六時間も経ってからだと言われている。住民たちは事故の恐ろしさについては全く無知で、原発の近くでまだサッカーをして遊んでいたという。

チェルノブイリの人口は一万五〇〇〇人、風下で一番近いプリピャチの人口は二万五〇〇〇人であるが、遅まきの避難命令で付近を離れた住民の数は五万人に及ぶという。そして、原発の周辺の半径三〇キロメートルの区域が無人化されたが、避難が遅かっただけにガン、白血病、遺伝的障害などの晩発性の障害はもちろん、ゴーメリでは事故後しばらくして、多数の住民の頭髪が抜け落ちたとの報道もあり、急性傷害の大発生が憂慮される。とりわけ、放射性ヨウ素の害を受けやすい乳幼児の運命が気がかりである。

ウクライナ共和国の首都であるキエフは、人口二五〇万人、ソ連第三の大都会であるが、キエフの住民たちにも事故による影響の恐ろしさは、知らされていなかった。市民はサッカーの試合に熱中し、メーデーの準備で忙しかった。

二六日午後三時頃、巨大な黒雲がキエフを覆い、激しい雷雨が襲ったが市民はこれに対してまったく無防備であった。季節はずれのこの雷雨は、原子炉の火災による熱雷と思われ、広島、長崎の「黒い雨」を思い出させる。強い放射能が含まれていた可能性は否定できない。「窓を閉めて、アパートのほこりを掃除し、床や髪の毛、手を毎日洗うよう」という注意は、それから数日後して出されたものである。放射能の危険をはじめて知った市民の多くは、キエフから逃げ出すために、交通機関に殺到したという。また、市当局は、学童の夏休みを例年より早め、五月一五日から遠くのキャンプ地へ疎開させると発表した。

ドニエプル河の支流のプリピャチ川に汚染水が流入し、キエフの水道源が汚染し、また長期的にはドニエプルの河口から黒海の汚染も免れない。

また、言うまでもなく、ウクライナ地方はソ連の穀倉地帯であり、事故がソ連全体の農業生産、経済に対して与えた打撃は、はかり知れないものがある。

2　ヨーロッパ諸国

原発大事故の災害には国境がない。つぎの図はヨーロッパにおける放射能汚染の状況を示すものである。

近隣のポーランドで平常時の五〇〇倍、西ドイツでも三〇倍の汚染が観測されており、被害はヨー

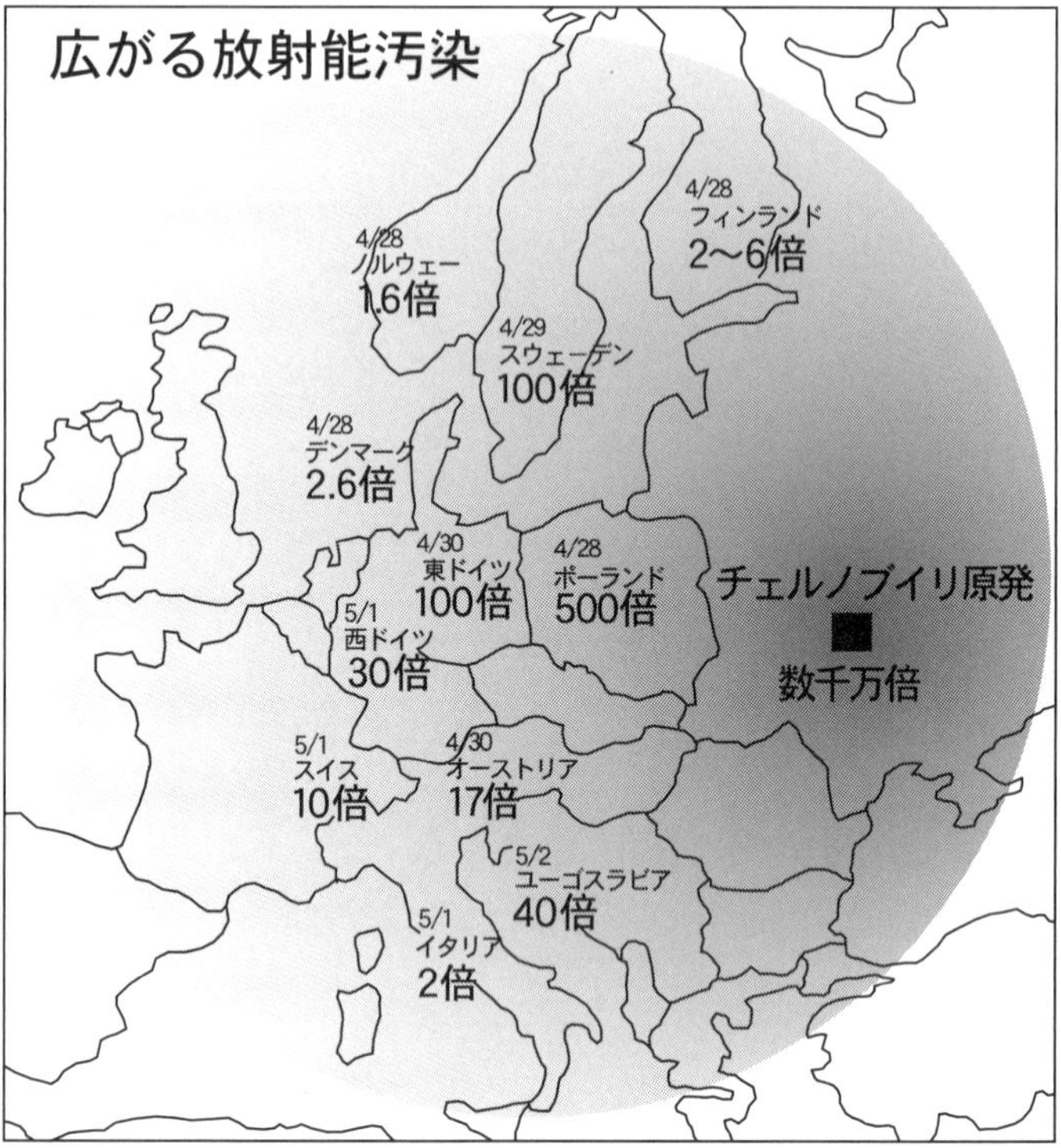

ロッパ全土に及んでいる。

ポーランドをはじめとする近隣各国では、牛乳や野菜類の摂取制限や、乳幼児などの外出制限の措置がとられた。放射能の影響から市民を守るためにヨード剤が配布され、大量の農作物や牛乳、酪農製品などが廃棄され、イタリアでは放射能汚染の食肉用ウサギが数万匹処分されるなど、牧畜の被害も甚大である。ソ連からの農産物等の輸入制限の措置が各国でとられ、事故による経済的損失は現時点までのもので莫大な額に上っている。

放射能の影響は長期的で、多数の晩発性障害の発生も重大である。

この事故であらためて、原発の本質的な危険を実感させられた各国の人々が、自国の原発に反対する運動に立ち上がり、反原発運動は烈しく燃え上がっている。西ドイツでは国民の八三パーセントに当たる人々が、原発反対の意思を表明し、各国政府もその意向を受け入れて原発政策を変更するに至った。

3　日本

事故発生当初は、事故による放射能の影響は、日本に及ばないであろうと宣伝されていた。事故が地表で起こり、放射能が空高く吹き上げられることはないであろう。また、放射能を運ぶ偏西風は、現場よりはるか北方を流れている筈である、というのがその理由であった。

しかし、チェルノブイリから八〇〇〇キロ以上離れた日本でも、事故による放射能が顕著に検出された。原発事故は地球規模の災害である。

五月七日、科学技術庁は日本でも、牛乳や水道水から放射性ヨウ素が検出されたと発表した。ヨウ素だけではなく、雨水やチリの中からセシウム一三四、一三七、テルル一三二、ルテニウム一〇三、一〇六、モリブデン九九などが検出された。

このうち、雨水での最高値は、五月三日千葉市で測定された一リットル中一万三三〇〇ピコキュリー。飲料水の制限値の三〇〇〇ピコキュリーを四倍以上も上まわっている値である。

この雨水を大人の平均摂取量である一日当り二・二リットル飲み続けると、二カ月間で一般の年間

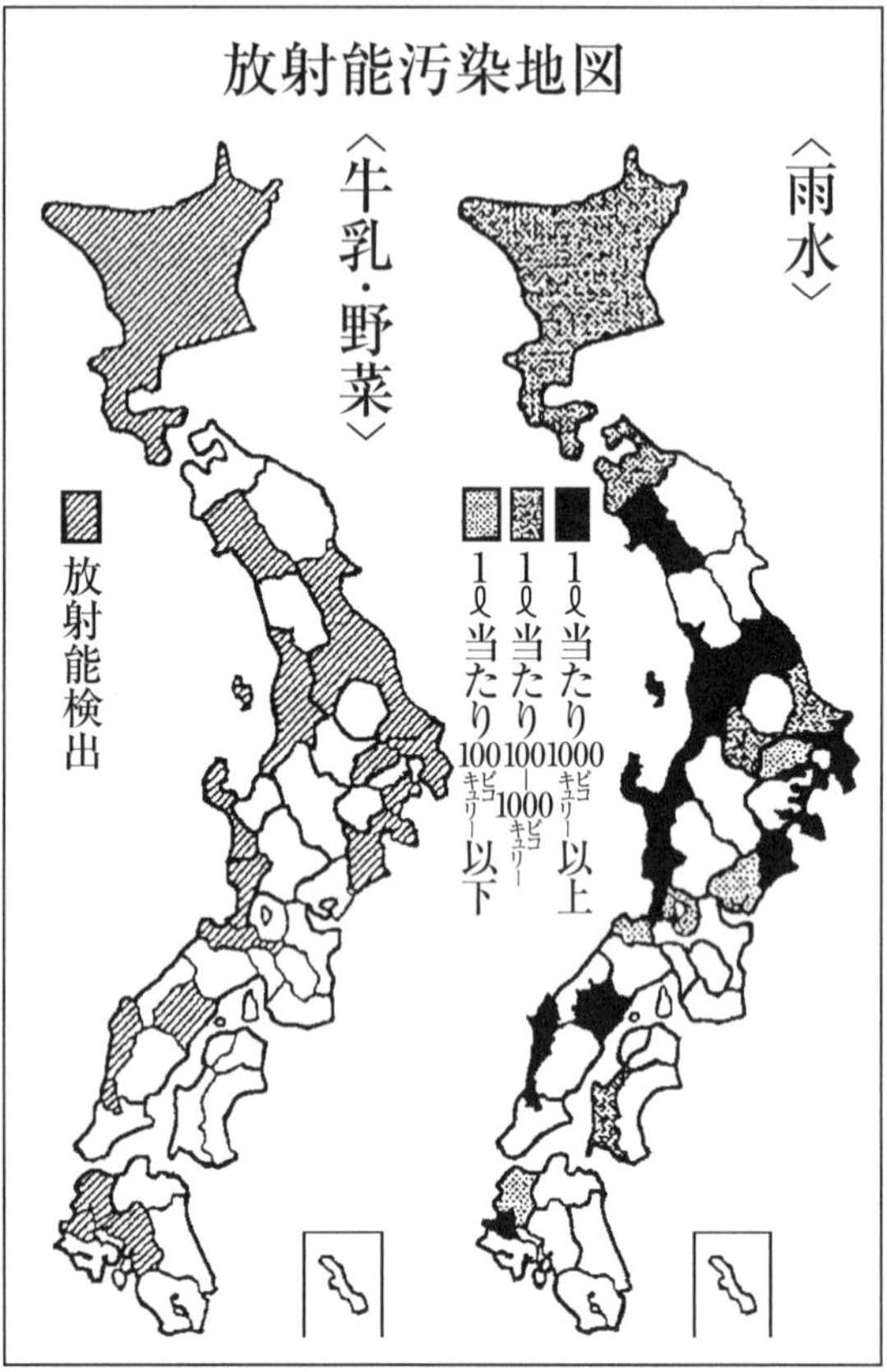

●日本での汚染検出状況（ヨウ素131、最大値）

雨　水	5/3〜4	千　葉	13,300ピコキュリー/ℓ
チ　リ	5/3〜5	神奈川	22ピコキュリー/㎥
ヨモギ	5/3〜5	千　葉	10,000ピコキュリー/kg
ダイコン	5/4〜5	千　葉	2,800ピコキュリー/kg
レタス	5/3〜4	福　井	1,060ピコキュリー/kg
牛　乳	5/7〜8	宮　城	220ピコキュリー/ℓ
水道水	5/4〜5	岡　山	44ピコキュリー/ℓ

週刊朝日 5/23号

被曝許容線量にも達してしまう汚染である。

牛乳の汚染は、牛が牧草を食べ、雨水を飲むために起こる。乳幼児はとくに放射性ヨウ素に対して弱いので、決して看過しえない状況なのである。

科学技術庁は、それにもかかわらず、「きわめて弱い放射能」「健康にはまったく害はない」を繰り返している。しかし、放射線の影響には「しきい値」はなく、ある線量以下では無害ということはないのであるから、科学的真実にもとづく的確な対応を国民に示すべきなのである。

4 チェルノブイリ原発事故による被害の推定

今回のチェルノブイリ原発事故で、どれ位の量の〝死の灰〟（核分裂生成物）が溶融した炉心燃料から環境に流出し、それによって、どれ位の急性死者と緩慢死者（ガン死者など）が生じると予測されているのであろうか。

ソ連当局の発表によれば、溶融炉心の地下への侵入、すなわち、チャイナシンドローム事象は食い止められている模様である。ヘリコプターからの溶融炉心への数千トンにおよぶ砂や鉛の投下による消火・冷却作業と、原子炉基礎コンクリートの下部、さらには、地下水脈との間への大量のコンクリートの流し込み作業とによって、溶融炉心と地下水との接触による爆発という最悪事態は避けられたという。したがって、少なくとも現時点までは、炉心崩壊時の爆発によって吹き飛んだ原子炉建屋上部から、比較的に揮発性の高い〝死の灰〟が主として大気中に流出したと考えられている。

そうした、原子炉の破壊状態で、溶融炉心から〝死の灰〟の中のどのような種類の放射性毒物（放射性核種）が、どれ位、大気中に流出するかについては、有名なラスムッセン報告がある。同報告は、米国の原子力委員会が、大災害をもたらすような原発事故の発生確率は、実際には問題とならないほど小さい、ということを国民に示す目的で、ラスムッセン教授を長とするグループに依頼した研究の報告書で、一九七五年に公表された。しかし、同報告書が採用した確率論的安全研究の手法に対しては、各方面からの批判が高まり、ついに、原子力委員会解体後に発足した米国原子力規制委員会は、スリーマイル島原発事故発生の直前の一九七九年に、「この報告にある原発事故発生確率の数値を、原発が安全であるとの根拠とすることはできない」として、同報告の政治的目的への利用を撤回するに至った。

こうして、同報告に記載されている原発事故の発生確率の推測値は、その権威を失ったが、軽水炉原発を対象に想定されたいくつかの炉心溶融事故について、同報告が算出した流出放射能の推測値は、その後も原発事故時の災害規模を推定する際の有力な手がかりとなっている。

一方、溶融炉心から大気中に流出した揮発性の〝死の灰〟は、風下方向に「放射雲」となって拡散しながら流れていく。その模様は、風向、風速、大気安定度などの気象条件が分かれば、パスキルの拡散式を用いて予測できる（甲第四六二号証）。今回の事故では、チェルノブイリ原発から約一〇〇〇キロも離れたスウェーデンでの放射能観測値が、溶融炉心からの流出量を推定する鍵となった。

スウェーデンには、原発事故や核実験などに備えて、放射能の監視を日常的に続けている観測所がいくつかあるが、そこで、チェルノブイリ原発事故発生の約二日後から、溶融炉心からの〝死の灰〟にしか含まれていない多くの種類の放射性核種について、大気中の濃度の精密なデータが得られている。

一方、ソ連とヨーロッパの気象観測データを基にして、スウェーデンで観測された〝死の灰〟は、チェルノブイリ原発から南東の風にのって拡散しながら到達した「放射雲」によるものであることも判明している。こうした放射能と気象の観測データは、一〇〇〇キロも離れた地点でのデータにもかかわらず、パスキルの拡散式を介して、溶融炉心からの流出放射能量を推定する際の貴重な手がかりとなっている。

京都大学原子炉実験所の瀬尾健博士は、長年にわたって、原発事故時の災害評価の研究に従事し、本件原子炉への適用についても、すでに発表している（甲第四六二号証）。同博士は、右にのべたスウェーデンでの放射能観測のデータに基づいて、チェルノブイリ原発からの流出放射能量を試算した。その結果によると、約一〇〇〇キロ離れた地点に、観測されたような種類と量の〝死の灰〟が「放射雲」となって到達するためには、右に述べたラスムッセン報告で最大の放射能流出をもたらすとされている最悪の事態が、チェルノブイリ原発で発生したと考えねばならない、ということになる。スウェーデンの大気中から観測された〝死の灰〟中の主な放射性核種について、瀬尾博士が推定した溶融炉心からの流出量は次のようになる。

放射性核種	流出量（キュリー）	炉心蓄積量に対する割合
希ガス類	二億四〇〇万	九〇（パーセント）
ヨウ素一三一	五九〇〇万	七〇

一三一	三八〇〇万	七〇
一三三	一億九〇〇万	七〇
セシウム一三四	八五万	五〇
一三六	三〇〇万	五〇
一三七	二九〇万	五〇
バリウム一四〇	九五〇万	六
テクネチウム九九	二〇〇万	二
ルテニウム一〇三	二〇〇万	二

これ以外の放射性核種も含め、約六億キュリーにも達する莫大な量の放射性毒物がチェルノブイリ原発の溶融炉心から大気中に流出し、「放射雲」となって、ソ連国内はもとよりヨーロッパを始め、世界各地に襲来した、と推定されるに至ったのである。

このような莫大な量の流出放射性毒物によってもたらされる災害の程度は、「放射雲」からの〝死の灰〟の降下速度、人口密度、退避までの時間、それに放射線被曝によるガン死発生率などのデータが与えられれば推測できる。瀬尾博士は、人口密度として一平方キロメートルあたり一〇〇人という値を仮定し、ソ連当局の不手際による退避の遅れを考慮し、さらに、米国のゴフマン博士が一九八一年に提示したガン死発生率を採用することで、チェルノブイリ原発から一〇〇〇キロの範囲で次のような災害死者数を推定している。

放射能雲の拡散域

青森
盛岡
秋田
山形
仙台
新潟
福島
富山
長野
宇都宮
水戸
金沢
前橋
浦和
東京
千葉
福井
甲府
横浜
900km
岐阜
名古屋
800km
松江
鳥取
静岡
京都
700km
大津
600km
岡山
神戸
大阪
津
奈良
500km
広島
高松
和歌山
山口
400km
松山
徳島
伊方原発
高知
300km
福岡
200km
佐賀
大分
100km
長崎
熊本
宮崎
鹿児島

一、急性死（一〜二カ月内の放射線死）
風下約八・五キロまでの地域で約九五〇人
二、緩慢死（約五〇年後までのガン死）
肺ガン　　　　約一万八〇〇〇人
胃腸ガン　　　約九〇〇〇人
甲状腺ガン　　約二五〇〇人
その他のガン　約二万人
合計　　　　　約五万人

なお、瀬尾博士の計算データを基にし、居住不能地域の限界放射能濃度として、ラスムッセン報告における要退避限界と同様に、半減期三〇年のセシウム一三七について一平方メートル当り一〇〇マイクロキュリーという高い値を採用しても、なお、風下方向約八〇キロの約八四〇平方キロメートルは使用放棄地帯となる。耕作不能地帯はなおより広大な面積に及ぶと予想される。

瀬尾博士の右の推測値は、今回のチェルノブイリ原発事故が文字通りの破局的な大災害をもたらし、原発だけでなく、全産業施設を通じても今世紀で最大、最悪の事故であったことを示している。

今回のチェルノブイリ事故級の炉心溶融事故が、本件伊方炉で発生すればどのような災害がもたらされるであろうか。右の瀬尾博士の手法を用いれば容易に推定できる。

本件伊方炉の電気出力は五六万キロワットで、チェルノブイリ原発のそれの約半分である。したがって、原子炉内に蓄積される〝死の灰〟の量も約半分となるので、炉心溶融時の流出放射能量をチェルノブイリ原発事故時の半分の約三億キュリーと仮定しよう。また、事故発生時には、西南西の南風が吹き、瀬尾計算の際と同様に、揮発性の〝死の灰〟を含んだ「放射雲」が、次の図に示してあるように、開き角約一五度の方向の風下に向かって拡散しながら移動するとしよう。「放射雲」は、約九〇〇キロの飛行の後に、太平洋上にでるが、それまでの間、「放射雲」及び、それから地上に落下した〝死の灰〟からの放射線の被曝と呼吸によって取り込んだ空気中の〝死の灰〟の内部被曝とによって人口緻密な「太平洋ベルト地帯」を中心に、以下のような破局的な大災害を与える。

一、急性死
　風下約五キロまでの地域で約九八〇人
二、緩慢死
　肺ガン　約一一万七〇〇〇人
　胃腸ガン　約　五万九〇〇〇人
　甲状腺ガン　約　一万六〇〇〇人
　その他のガン　約一三万人
　合計　約三二万二〇〇〇人

三、使用不能地域

風下約五〇キロまでの約三三〇平方キロの地域

いうまでもなく、「放射雲」は人的損害だけでなく、社会的、経済的大混乱をもたらし、それにともなう物質的損害もまた天文学的数値に達するであろう。

瀬尾博士の推定によれば、今回のチェルノブイリ原発事故は、ラスムッセン報告でも最大級の炉心溶融事故であったことは疑いない。こうした炉心溶融事故の発生確率は、ラスムッセン報告では、一原子炉当り二〇万年に一回とされていた。そうして、本件伊方炉の安全審査においても、こうした炉心溶融事故は、災害評価のための想定事故から「想定不適当である」として除外されてきた。そして、「技術的見地からは、起るとは考えられない」とされた「仮想事故」においても、事故時に大気中に流出する放射能の量は、希ガスで一六万四五〇〇キュリー、放射性ヨウ素で九九四キュリーで、計一六万五四九四キュリーであり、死者などは全く出ない、ということとされ、本件許可処分がなされた。チェルノブイリ原発の溶融炉心から流出した約六億キュリー、つまり、右の安全審査評価値の約三六〇〇倍の〝死の灰〟を含んだ「放射雲」は本件許可処分の基盤を根底から溶融させてしまったのである。

四　ソ連の原発技術水準とチェルノブイリ原子炉の構造等に関する宣伝の欺瞞性

1　はじめに

チェルノブイリ原発に事故が起こり、その被害がきわめて深刻なものであることが明らかになるにつれて、政府や電力会社はマスコミを通じて、「チェルノブイリ原発は、日本の軽水炉とは構造が違い、時代遅れで格納容器さえ設備されていない、そのことが事故の被害を大きくした」などと、あたかもソ連の原発は技術的にも幼稚で、安全性に対する配慮も足らないものであるかのように宣伝し、今回の事故にかかわらず、日本の原発は安全で大事故は起こらないことを広く国民に印象づけようとした。

一九七九年のアメリカのTMI事故のときは、本件伊方炉と同型の「加圧水型軽水炉」（以下PWRと略す）であったので、もっぱらウェスチングハウス社製とパブコック・ウィルコックス社製という、メーカーの違いが強調されたことが想起されるべきである。以下このような宣伝の欺瞞性を明らかにする。

2　ソ連の原発技術の歴史と現在

ソ連は、世界に先がけて、いわゆる「原子力平和利用」に着手した国であることを忘れてはならない。

一九五四年六月小型のオブニンスク原発が完成したが、この炉はチェルノブイリと同じくGWR型であった。

ソ連の原発は、GWRとPWR、それに高速増殖炉（以下FBRという）の三本立てである。そのうち、PWRは一九六四年完成のノボボロネジ原発（電気出力二一万キロワット）が最初である。FBRは、一九七三年にBN三五〇（電気出力一五万キロワット）という商業炉が運転を開始している。

一九八五年の統計では、総数五〇基の民生用原発を保有し、ソ連は原発技術については、後進国どころか世界の最先端を行く国なのである。

一九七三年レニングラードの近郊に出力一〇〇万キロワットのGWRが完成し、ソ連はこの型(RBMK一〇〇〇型)を標準型として、以来各地で建設をはじめた。チェルノブイリ四号炉もこの型であり、旧式どころか、約二年四カ月前に運転を開始した新鋭炉なのである。

ソ連では原発立地についても、気体廃棄物の放出時の放射能のモニタリングを重視し、自然通風がよく低人口地帯であって、集落が風上にあるような場所を選んで建設されていると言っている。

また、原発周辺には衛生防護地帯が設けられ、ここには恒常的居住、保健関係施設の設置、食品加工場の建設は許可されない。環境モニタリングは原発から半径一〇〜二〇キロメートルの地域について、発電所の「特別空間線量測定班」と「保健省国家衛生監督部」の機関によって実施されている。

以上要するに、ソ連でも日米や西欧諸国と同等またはそれ以上の技術的水準を保持し、安全対策を講じていたのであるが、大事故が起これはこれらの対策がいかに空しいものであるかが、今回の事故によって明らかとなったのである。

なお、一九七九年夏、ソ連の原子力利用国家委員会議長の招きにより日本原子力産業会議会長有澤廣己氏ほかが訪ソし、各地の原子力施設等を視察した。その報告によると、チェルノブイリ四号炉と同型のレニングラードのGWRに感心した日本の視察団は、見学終了後の昼食会の席上で有澤会長から、「レニングラード発電所と東海発電所が姉妹発電所となってはどうか」と提案し、白澤原電会長とルコニンレニングラード発電所長から賛意が表明されたことが報告されている。大事故が起こったからといって、構造の違いを言うのは余りにもお粗末なご都合主義で、国際的にも有澤氏をはじめとする日本の推進派の無責任さが失笑の対象となるだけである。

3　チェルノブイリ炉の構造と日本の原発

チェルノブイリ炉（ＲＢＭＫ一〇〇〇型）の構造で特色があるのは、減速材として一般の軽水炉のように水ではなくて、黒鉛を使用していることである。

「黒鉛」は二五センチメートル角のものを積み上げ、その間に多数の穴があり、その中を直径八・八センチメートル、厚さ四ミリのジルコニウム合金でできた圧力管（チャンネル管という）が一九六三本ある。その管の中に、一八本の燃料棒で一組になった燃料集合体二体が、上下二段になって組み込まれている。燃料の二酸化ウランの濃縮度は一・八八パーセントと一般の軽水炉の場合よりも低く、そのかわりその重量は運転開始時で二〇四トンにも及ぶ。

核分裂反応をコントロールする制御棒は、黒鉛中の穴を出入りする仕組みになっている。炉心部の大きさは、直径一一・一メートル、高さ七メートルもあり、黒鉛ブロック、圧力管、制御棒、チャンネル等の集合体である。圧力管と黒鉛を囲むようにして、コンクリートと鋼鉄で密閉された囲いがあり、その大きさは直径・高さとも約二一メートルもあり、その中にヘリウムと窒素ガスを充満させ、黒鉛の冷却と酸化防止をはかっている。チャンネルの中の燃料棒は、運転中でも取替えることが可能な構造になっている。ＲＢＭＫ一〇〇〇型は、原理的には沸騰水型であり、通産省編の「原子力発電便覧」にもそのように分類されている。

日本のPWRの場合、電気出力一〇〇万キロワットの規模で、圧力容器の直径は約四メートル、PWRでも直径六メートルの中にそれぞれ全燃料が収められている。RBMK一〇〇〇型の場合は炉心の体積は前述のように、それらより格段に大きく、圧力管一六九三体に分散して燃料が配置されているので、熱密度がずっと低く、より安全と言える。

また、燃料集合体に破損があり、それによって放射能もれがあったり、炉心の安全性にかかわる重大な原因となるようなことが発生したとしても、日本の原発では検知が難しく、燃料破損のままで運転を続行することになるが、ソ連炉ではより検知が容易で、その部分を運転中でも交換できる構造になっており、この点でもむしろソ連の炉の方が安全上優位にあるといえる。

4 チェルノブイリ原発にも「二重三重の安全装置」はあった

チェルノブイリ原発事故の報が伝わるや、いち早く一部のマスコミで「ソ連の原子炉には格納容器も緊急炉心冷却装置（ECCS）も無く、日本の原発では考えられない不安全のものだ」といった評論や解説がまことしやかに流された。

ところがソ連の原発の実態がかなり明確になってからも、たとえば、原発推進勢力の動揺を静めるために、各地を行脚した資源エネルギー庁の原子力発電課長の講演や、五月二六日付の政府広報紙「今日の日本」などでは、「格納容器がなかったのではないか」などと調子を落としながらも、相変わらず、原発に対する「安全思想」において、さも、ソ連が日本より劣っているかのように吹聴して、わが国の原発への住民・国民の不信感を打ち消すことに懸命になっている。そうした行動がいかに無

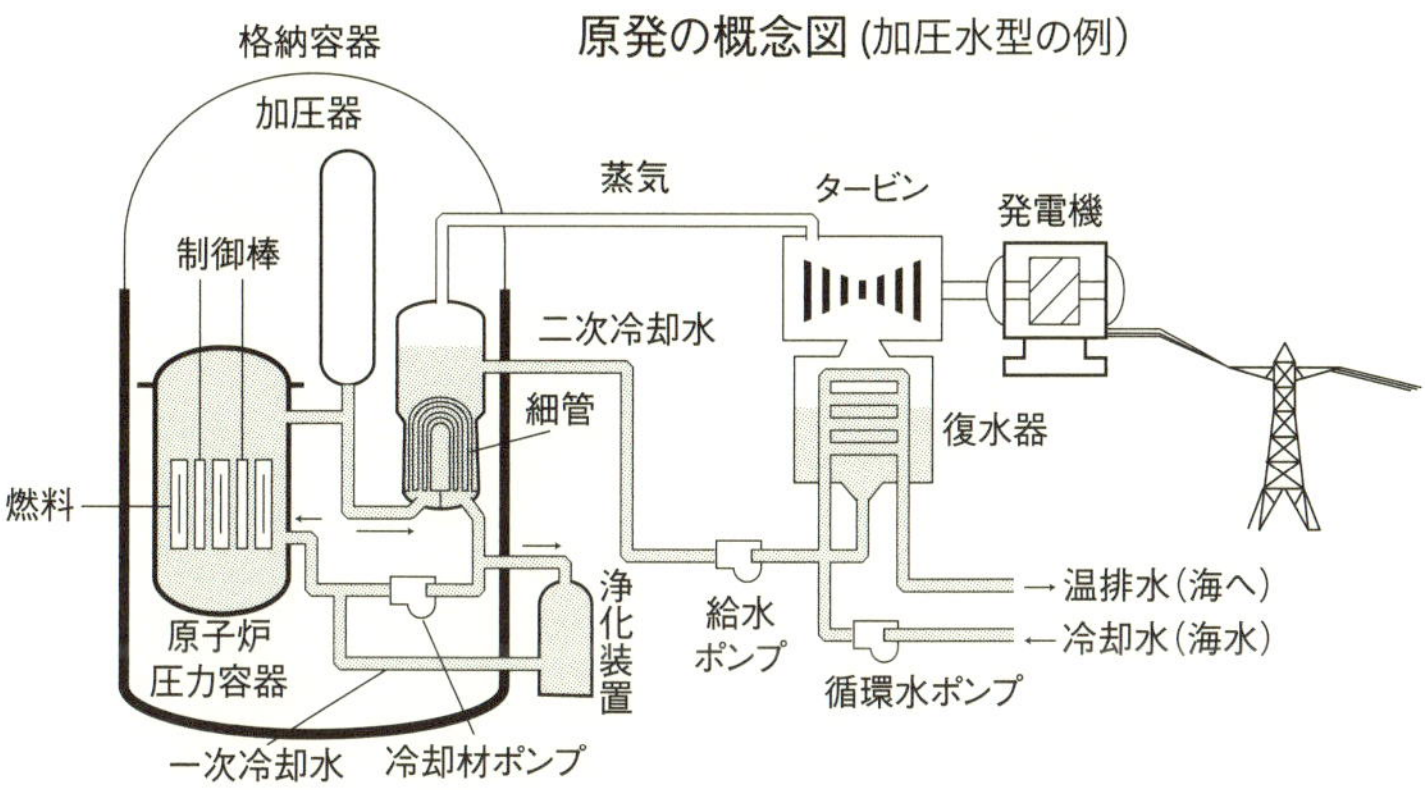

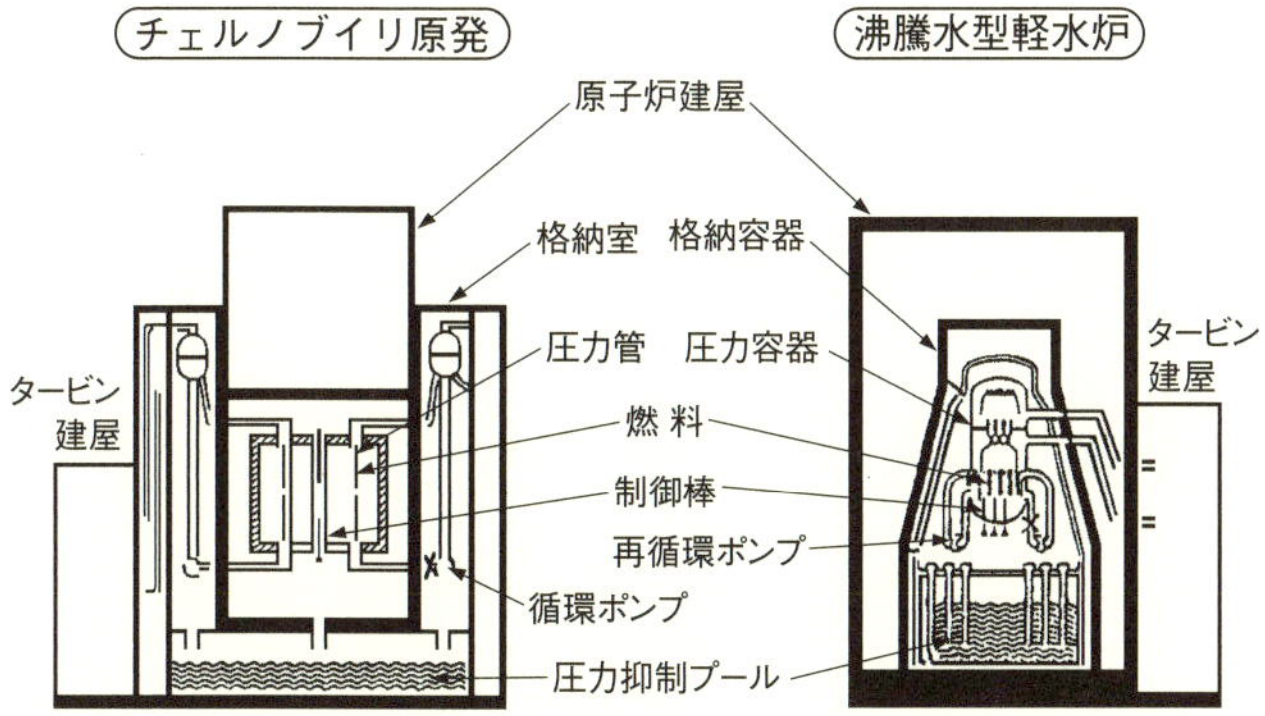

×:大口径配管破断事故を想定している場所

責任なものであるかを以下に示そう。

まず、ＥＣＣＳの有無・比較について。右講演の中で原子力発電課長は、ソ連原発のＥＣＣＳについて「水だめがあることは分かっているが、わが国の様に、高圧注入系や低圧注入系、さらには炉心スプレー系など二重、三重の保護装置がどこまであるか分からない」とのべている。課長さんにはお気の毒であるが、ソ連の文献を読めば、チェルノブイリ原発にも、ちょうどわが国の加圧水型原子炉（ＰＷＲ）と同じように、蓄圧注入系と低圧注入系、それに高圧注入系の三種のＥＣＣＳがちゃんと備えられていたことは、たちどころに判明する。

次に格納容器について。横行している評論中には、格納容器と原子炉建屋とを取違えて「ソ連の原子炉建屋は耐圧性がない」などと、物知り顔のものも多い。そうした人たちは、原子炉建屋で言えば、わが国の沸騰水型原子炉（ＢＷＲ）でも、図に示すようにＰＷＲの場合と違って、原子炉建屋は特別の耐圧、気密構造になっていないことを御存じないのであろう。

そもそも、格納容器の目的は何かといえば、現在、軽水炉の設計に当たって想定されているもっとも厳しい事故、つまり大口径の原子炉配管破断による冷却材喪失事故の際にも、破断口から噴出する高温、高圧力の水蒸気に耐え、放射能の流出を防ぐことである。

ＢＷＲでは、その事故として、原子炉の近くにある再循環ポンプと原子炉をつないでいる大口径配管の破断事故を考えている。そして、その際噴出する水蒸気を、原子炉のすぐ外にあるダルマ型の格納容器で受止めると同時に、格納容器内部の下部に予め用意してある水だめに噴出させ、水蒸気を冷却、凝縮させる。そうして、格納容器の耐圧（四ないし五気圧）以下で危機を脱しながら、ＥＣＣＳ

で炉心を冷却する、という設計になっている。だから、原子炉そのものが破断して予期以上の水蒸気が一度に噴出したり、あるいは、ECCSがうまく働かずに炉心の燃料棒が加熱され、発生した水素が爆発したりした場合には、設計圧力を越えて格納容器も破断され、その有効性を失ってしまう。

チェルノブイリ原発でも、図に示すようにBWRと全く同じ設計思想にもとづいていた。すなわち、大口径配管破断の起こる可能性のある原子炉配管部分を、耐圧が四ないし五気圧の「堅固な室」(これが「格納容器」に相当)の中に収め、同時に原子炉の基礎のコンクリートの下に広大な水槽を設けることで、前述のBWRの場合と同様に、大口系配管破断事故も切抜けられることになっていた。ただ、原子炉の減速材としてグラファイトを使っているので、原子炉本体中の高温、高圧力の水の量は軽水炉に比べてずっと少なく、たとえそれが噴出しても原子炉を取囲んでいる金属製とコンクリート製の囲いで十分であるということで、原子炉建屋全体をPWRの格納容器のような耐圧・気密構造にはしない、という設計方針を採っていたのである。

要するに、事故当初宣伝された、チェルノブイリ炉と、日本の原発の構造上の差異や、ソ連の技術水準をことさら低く評価して、今回の事故によっても、日本の原発の安全性に対する信頼は変わるものではないというキャンペーンにはなんら根拠がないことは明らかである。

GWRもPWRもBWRも、安全面ではそれぞれ一長一短であり、ソ連も決して他型式のものより危険であると考えながら、GWR型を採用したものでないことは確実である。

アメリカや他の西欧諸国の専門家も、チェルノブイリ四号炉は、当初考えられた以上に安全設計が施されており、アメリカ等の原発設計と同等の安全項目が十分に採り入れられて建設されていたことを一致して認めている。

事故は思いがけない出来事を契機にして発生し、思いがけない経過をたどって大事故に拡大する。今回のチェルノブイリ原発の事故は、日本も含めて現在の世界の原子力発電技術の本質的な危険性と安全確保技術の欠陥を明らかに証明したのである。

五　チェルノブイリ原発事故によって、本件原子炉許可処分の違法、原判決が破棄されるべきものであることがさらに明らかになった

1　安全審査における立地審査の意義

原子炉等規制法二四条第一項四号の「災害の防止上支障がないものであること」という条件を、許可申請にかかる原子炉が満足しているか否かを判断する基準として、「原子炉立地条件審査指針およびその適用に関する判断のめやすについて（以下「立地審査指針」と略す）」や、「軽水炉についての安全設計審査指針」など、いくつかの「めやす」や「指針」が定められている。

「立地審査指針」は、原子炉設置場所が、「その安全防護施設との関連において、十分公衆から離れている」ことを要求している。これは、前記の「安全設計審査指針」等で、原子炉の工学的な面から安全性をチェックするのと並んで、原子炉を一般公衆から十分な隔離をはかることによって、万一の事故の場合でも公衆の安全を確保するためである。

「立地審査指針」の定めるところでは、原子炉の周辺に一定の広さの「非居住地域」をつくり、そ

の外側の原子炉から「ある距離」の範囲は「低人口地帯」でなければならず、さらに原子炉はその外側の人口密集地帯から「ある距離」だけ離れていなければならないとされている。

この離隔のための「ある距離」を算定するため、「立地審査指針」は原子炉の「重大事故」、「仮想事故」を想定し、そのおのおのの場合に放出されることが計算される放射性物質による被曝線量が一定の価以下でなければならないとしている（「原子炉立地審査指針を適用する際に必要な判断のめやす」参照）。

ここにいう「重大事故」とは、「技術的見地からみて、最悪の場合には起こるかも知れないと考えられる重大な事故」。「仮想事故」とは、「更に重大事故を超えるような、技術的見地から考えられない事故」のことであるとそれぞれ定義されている。

2　伊方の立地審査と災害評価の誤り

本件伊方の安全審査では、「重大事故」、「仮想事故」のいずれの場合も、「一次冷却材喪失事故」、「蒸気発生器細管破損事故」を想定し、その際放出があるとされる放射性物質による敷地境界線での被曝線量や、全身被曝の積算値で、「非居住区域」の範囲や、原子炉と「低人口地帯」、「人口密集地帯」との離隔が適正か否かを判断し、立地審査に適合したとの判断が与えられている。

右の仮想定事故のうち、もっとも放出放射性物質の量が多いとされるのは、「仮想事故」の「一次冷却材喪失事故による燃料溶融事故」の場合であり、ヨウ素が約九四四キュリー、希ガス約一六万四五〇〇キュリーであると推計されている。

しかし、この推計量は、一次的冷却材喪失事故で「安全注入設備の炉心の冷却効果を無視して炉心内の全燃料が溶融した」場合に起こる現実の事態を考えると余りにも過小であり、事故の必然的経過を意図的に無視した計算結果といわざるを得ない。

炉心の大規模溶融があれば、水素爆発等に格納容器の破壊や、いわゆる「チャイナシンドローム」現象による、推計量とは桁違いの放射性物質の大量放出をその結果として当然想定しなければならない。

被上告人の過小想定は安全審査時までは原発に大事故が起こっていなかったという事実によりかかり、「立地審査指針」どおり計算すれば、広大な敷地が必要なだけではなく、周辺地域との関係で原子炉設計が不可能となるので、意図的に立地審査指針の解釈をねじ曲げたのであった。

上告人らはもちろんこれに対し、一審以来このような災害評価は、「立地審査指針」を故意に無視・歪曲したものであり、これによる原子炉設置許可処分は、明白に「原子炉等規制法二四条一項四号」に違反するものであるとして、許可処分の取消を求める重大な理由の一つとしてきた。

しかし、原判決はこの点について、

「立地審査指針制定者の解釈では、仮想事故としての一次冷却材喪失事故の場合には、炉心溶融に至ることまでの想定はしているが、更に、格納容器その他の原子炉の安全防護施設がすべて健全性を失う事態までは想定事故の内容、経過として予定しておらず、従来の原子炉設置許可処分に際しての立地審査においても、右立地審査指針制定者の解釈によることが定着したものと認められる。そこで立地審査指針の目的から右の解釈ないし審査実務の妥当性を按ずるに、立地審査指針は原子炉の危険性に鑑み、原子炉と周辺環境との間に適切な離隔を置くこととし、右適切な離隔を置くために想定事故という手法をとっているのであるから、想定事故の内容、経過等については原子炉における事故発生の可能性とその規模、安全防護施設の機能等を総合して慎重に検討して決めるべきことであると解され、原告ら主張の如く、想定事故の内容、経過等として安全防護施設の機能を無視した場合には事故はどのような結果になるか、又は、炉心が溶融した場合にはどのような事態に立ち至るかを推論し、その結果生じるであろう災害の評価をし、これによって原子炉の立地条件の可否を決めることを立地審査指針が予定しているものとは解されない」

と判示して上告人らの主張を却けたのであった。

3　TMI事故は原判決の誤りを明らかにした

一九七九年三月二八日、アメリカのペンシルヴェニア州スリーマイル島原発二号炉で一次冷却材喪失、炉心溶融の大事故が発生した（以下TMI事故と略す）。

このときは、燃料の約七割が溶融・崩壊したが、格納容器はその寸前で破壊を免れた。しかしそれでも、伊方の仮想事故の計算の十数倍にあたる一七〇万ないし一九〇万キュリーの放射性希ガスの放出があったことを公式機関でさえ発表したのである。

TMI事故は、一次冷却材喪失による炉心溶融事故は現実に起こるものであり、格納容器が保全されていても伊方の仮想事故と桁違いに上まわる放出があったのであるが、災害評価は格納容器の破壊も含めて、事故の必然的経過に伴う大量の放射性物質の放出を前提としてなされなければ無意味であるという、これまでの上告人らの主張の正しさを実証し、一審判決の誤りを決定的に明らかにしたのであった。

それにもかかわらず、原判決はTMI事故が明示するこのような事実を無視し、前掲の第一審判決の判示をそのまま引用して、上告人らの控訴を棄却した。

しかし、このような原判決の「立地審査指針」の解釈は、「公衆の安全」よりも「原発設置」を優先する、政治的な「御用解釈」であり、とうてい許されるものではない（この点については、上告理由書第四、七、「災害評価」参照）。

4　チェルノブイリ原発事故によって原判決が破棄され、本件許可処分が取消されるべきことが、さらに明らかとなった

今回のチェルノブイリ原発事故では、炉心のほとんどが溶融し、外界へ放出された放射性物質は六億キュリー以上に及んだことは既述のとおりであり、原発周辺はもとより国境を越えて全世界的規模で深刻な災害をもたらしたが、これが原発大事故の現実の姿である。

この事故によって、すでに発電所から半径三〇キロメートルの範囲の土地は放射能の被害のために無人化させられたと報じられており、無人化の範囲はさらに拡大されようとしている。

もし、本件伊方炉でチェルノブイリ級の原子炉事故が起こったらと考えると、その恐怖は言うべき言葉もない。伊方も含めて、日本の原発は諸外国に比べて敷地面積が狭小であり、周辺の人口密度が高く、人口密集地帯が原発に近いので、原子炉事故が発生した場合の被害や影響は、とうていソ連の

比ではない。

本件安全審査に用いられた「立地審査指針」では、原子炉周辺に設けるべき「非居住区域」の範囲をきめる「めやす線量」として、二五レムという値を採用している。上告人らは、この値が不当に高いものであることをすでに論証してきたが、この不当な「めやす線量」をもってしても、伊方炉でチェルノブイリ級の事故の発生を想定すれば、「非居住区域」は、半径三〇キロメートルの範囲をとらなければならない。

その中には八幡浜市や大洲市をはじめ三崎半島全体、その他の南予地域を大きく取込まなければならない。「立地審査指針」どおり「非居住区域」をとるとすれば、これらの範囲は人が住んではならないことを示している。

しかるに本件安全審査では、「非居住区域」はもちろん、その外側に設けるべき「低人口地帯」でさえ、半径約〇・七キロの伊方発電所敷地内に納まると認定されている。本件安全審査の「想定事故」における「災害評価」がいかに現実離れし、いかに「立地審査指針」の解釈が意図的にねじ曲げられているかはここにおいて決定的に明らかと言わなければならない。これでは事故が起きた場合には、上告人ら周辺住民は死ねということにほかならないのである。

なお、すでに述べたように、今回のチェルノブイリ原発事故では、その原因として「一次冷却材喪失事故説」のほかに、制御棒による原子炉スクラム不能（失敗）による「暴走事故説」も伝えられている。「暴走事故」はＰＷＲにおける「圧力容器破損」などと同様に安全対策がない。

上告人らはこれらの事故も、「立地審査指針」において評価の対象としなければ「公衆の安全を確保する」ことができないと主張してきたが、チェルノブイリ原発事故はこの点でも、これまでの上告人らの主張の正しさを証明したのである。

以上述べたように、今回のチェルノブイリ原発事故はＴＭＩ事故に続いて、さらに明確に原判決に、「立地審査指針」ひいては「原子炉設置の位置、構造及び設備が核燃料物質（使用済燃料を含む。以下同じ）若しくは核燃料物質によって汚染された物（原子核分裂生成物を含む。以下同じ）又は原子炉による災害の防止上支障がないものであること」を許可の条件とした、「原子炉規制法二四条一項四号」の解釈適用の誤り、判決に影響を及ぼすこと明らかなる法令の違背が存することを実証したのである。

六　おわりに

チェルノブイリ原発の事故は、あらためて原子力発電技術の本質的危険性とその欠陥、事故による災害の深刻さを全世界の人々に明らかにし、はかり知れない恐怖を与えた。それが七年前のＴＭＩ事故のあと、あらゆる国の推進派の人々の「反省」にもかかわらず再び起こった大惨事であるだけに事は一層重大である。

この事故は世界の人々に大きな衝撃を与え、事故の本質を真剣に受け止めた国々ですでに原発の運転停止や建設中止、建設計画の打ち切り等の具体的措置がとられている。

オーストリア政府は現存する唯一の原発である封鎖中のツベテンドルフ原発を解体することをいちはやく発表した。オランダ政府は今後計画されている二基の原子炉の建設を延期する決定をした。ユーゴスラビア政府も同じく予定した二基の原子炉の建設を断念し、原発政策を抜本的に見直すことを決定した。

スウェーデンでは一九八〇年に国民投票が行なわれ、その結果を受けて、二〇一〇年までに現在ある一二基の原発を段階的に解体廃止するという政策が決定されたが、最近に至り、この決定を見直すべきだという意見が一部から出され論議を呼んでいた。しかし、チェルノブイリ原発事故は、このような原発延命派の命脈を断ったのである。

西ドイツでも国民の八三パーセントが原発反対の意見であることが『シュピーゲル誌』の世論調査で発表され、コール首相を党首とする連立与党の自民党（FDP）までもが政策を変更し、原発を当面のつなぎのエネルギーとして位置づけ、いずれは廃止すべきとして、現に建設中の二つの原発の建設計画の再検討を求める決議を採択した。また、バイエルン州政府は一二日、一九七四年に完成したニーダーアイヒバッハ原子力発電施設の解体を発表した。

フィリピン政府はすでにほとんどの工事が終わっている原子炉を解体廃棄するとの決定をした。ブラジルの裁判所では、チェルノブイリ原発事故が表面化して以来、「効果的な避難計画を含む安全計画を住民に明らかにするまでは操業を中止せよ」との命令を下し、同国で唯一稼働中のアングラー一号炉原発の運転が中止された。

以上はいずれも今回の事故が、各国政府の原子力政策に及ぼした具体的影響についてだけ述べたにすぎない。もちろんその背後に、今回の事故や新たな事故が起これば、直接被害を受ける各国民衆の反対運動の激しい燃え上がりがあることは言うまでもない。

先のTMI事故によって世界の原発建設計画は大きく後退したが、さらに今回のチェルノブイリ原発の事故によって、全面的廃止への流れは決定的なものとなった。

しかし、このような全世界の潮流にひとり逆らって、日本の政府はこれまでのところ今後の原発政策の変更について、なんらの態度も明らかにしていないばかりか、事故の衝撃が世界中を駆けめぐっている最中であるさる五月二一日、原発廃棄物のたれ流しにつながる「原子炉等規制法改正案」を国会で通過させた。また、五月二六日には、本件伊方原発一号炉の直近に三号炉の設置を被上告人が許可した。まさに火事場泥棒的卑劣さと言わなければならない。

事故はどのような対策を講じていても、思わぬ事象の契機として意外な経過を辿って大事故に発展するものであることは、これまでの数多くの事例が示す教訓である。上告人らがこれまで指摘してきた、本件原発の工学的な欠陥や、安全確保技術の無効による事故はもとより、世界一の地震国日本で、伊方をはじめ原発設置場所近辺に大地震が起こるおそれは常にきわめて高い。原発はまだどこでも幸いに大地震の試練を一度も受けていないのである。

一旦、大事故が起これば、とり返しのつかない大惨事をもたらすことが必至な存在である原発は、それを設置すること自体が違憲・違法であるというのが上告人らの主張の根本であり、チェルノブイリ原発事故は、その主張の正しさを実証したのである。

アメリカ、ソ連の次は日本だと言う声が大きな警告として世界中で叫ばれている。チェルノブイリ原発事故を目の当たりにして、もはや一刻の怠慢も許されない。最高裁判所がただちに口頭弁論を開き、「原判決を破棄し、本件許可処分を取消す」との判決をすることを、上告人らは強く求めるものである。

上告人　広野房一他一五名
被上告人　通商産業大臣
右当事者間の御庁昭和五九年行サ第四号伊方発電所原子炉設置許可処分取消請求上告受理事件について、上告人らは以下のとおり上告理由補充書を提出する。
昭和六一年六月二五日
右上告人ら代理人　弁護士　新谷勇人　井門忠士　石川寛俊　井上英昭　浦　功　岡田義雄　奥津亘　菊池逸雄　熊野勝之　崎間昌一郎　佐々木斉　里見和夫　柴田信夫　菅　充行　田原睦夫　田中泰雄　仲田隆明　中元視暉輔　畑村悦雄　平松耕吉　藤原　周　藤原充子　分銅一臣　本田陸士　三野秀富　水島　昇　藤田一良
最高裁判所　第一小法廷　御中

伊方原発訴訟と藤田さん

小出裕章

伊方訴訟の始まり

私的なことから始まって恐縮ですが、私が東北大学の大学院を修了して京都大学原子炉実験所の助手として関西に来たのは一九七四年の四月でした。それ以前から、私は東北電力女川原子力発電所の反対運動に加わり、工事を妨害した罪で問われた刑事裁判も闘っていました。そして、京都大学原子炉実験所には、後に熊取六人組と呼ばれるようになる仲間が当時すでに四人いました。その四人の仲間たちは、前年の一九七三年秋に提訴された伊方原子力発電所の設置許可取り消し裁判を支える科学者グループとして活動を始めていました。私も原子炉実験所への着任と同時に彼らの闘いに参加しました。

本書で、藤田さんご自身が書かれているように、当初は大阪弁護士会所属の一〇名ほどの弁護士がこの訴訟に加わっていましたし、科学者グループもほぼ同数だったと思います。私自身は当時二四歳でしたし、弁護士も、熊取六人組を含めた科学者グループもみな若い人たちでした。そしてそれを弁護団長として束ねていたのが藤田さんでした。それからすでに四〇年の歳月が流れ、すでに私は六四歳になってしまいました。藤田さんは、私とちょうど二〇歳違いで、伊方訴訟が始まった時の藤田さんは四四歳、今の私から見れば、二〇歳も若い若造だったはずです。でも、当時から藤田さんはどっしりとした「大人」の風格を備えていた人でした。

世界で初めて原子力発電所の安全性を全面的に争った裁判

その伊方原発訴訟は、日本でというよりは世界で初めて全面的な科学論争として闘われた裁判でした。本書に収録された準備書面を見ればわかるように、論点は単に法律上のやり取りだけでなく、多岐にわたる科学的、技術的内容について、極めて専門的に闘われました。原告側の私たちは、弁護士と科学者が集まり、何度も合宿を重ね、そして個別のテーマでは担当する弁護士と担当する科学者が個別に打ち合わせを重ね、準備書面を作り、そして証言に臨みました。一方、被告の国側は、藤田さんが本書で書いているように、証人として出廷した専門家が法廷の場で次々と討死し、中には証言台で突っ伏してしまう証人もいました。また、国側から証拠として提出された文書はほとんどが墨消しされているというお粗末さでした。裁判所は文書提出命令を出しましたが、国は企業機密を理由に墨消し部分を開示しませんでした。裁判で立証を放棄すれば、それで敗訴になることが通例ですが、国はあえて立証する必要がないとの態度を貫いたのでした。

その裁判で、原告がどのような主張を展開したかの詳細は、本書に収められた「上告理由書」「上告理由補充書」をお読みいただくのがいいと思います。若干の説明については次項で書きますが、どういう論理を用いれば、原告を敗訴させることができるのか、私には分かりませんでした。でも、日本の司法は行政の判断に逆らうことができないという実態を、伊方原発訴訟ははっきりと教えてくれました。

伊方訴訟が示した司法の内実

松山地裁で闘われた一審は、実質的な審理に携わり、本来であれば判決を書くはずだった村上裁判長が、結審を前に突然転任させられ、後任に座った柏木裁判長は実質的に何の審理にも携わらないまま判決を書きました。その判決では「当事者適格」がないとの国の主張はさすがに認められずに退けられ、それ以降の、原発裁判の道がかろうじて保証されました。しかし、判決そのものの内容はただひたすら国の主張を羅列し、そのあとに「……と認めるものを相当とする」と言葉を繋いだだけのものでした。裁判官も一人の人間として、そして法を守るべき人間として、自ら考え、自らの判断を示すことこそ求められるはずです。しかし、柏木裁判長は、裁判官としての自分の考え、判断を一切示さないまま、単に国の主張を並べただけの判決を書きました。判決を受けた原告代表の元伊方町長・川口寛之さんは、「住民は自衛手段として実力阻止するしかなくなった、裁判所がそれをわれわれに強制したのだ」と悲痛な感想を述べましたが、まさに日本の司法が司法の役をなさず、単に行政に追随するだけのものであることを示しました。

その後、裁判は高松高裁に移りましたが、一九七九年三月に米国スリーマイル島原子力発電所で炉心が溶け落ちる事故が発生しました。決して起きないといわれていた事故が現実に起きたことを受け、国は、今度は、安全審査は基本設計だけを審査するのであって、その後のことは、運転管理を含め、国の知ったことではないと主張を転換しました。それまでは原子力発電所は「フェイル・セーフ」「フール・プルーフ」になっていて、運転員がどんなに馬鹿で誤操作をしても、決して事故は起こらないと主張してきたにも拘らずにです。機械が安全を保つためには、もちろん基本設計は重要ですし、それが設計通りに作られるか、作られた後の管理がどうか、ヒューマンエラーでどうなるかなど、様々な要因が絡みます。それを審査しないのであれば、その機械が安全であるとお墨付きを与えることはできません。しかし、高裁での判決もまた、国の主張を羅列しただけで、「人為ミスによる事故は安全審査の違法性に関係なし」として、現実の事故さえ無視してしまいました。その他の論点でも、国の主張を羅列し、そして住民の主張をことごとく退けました。

その後、上告された最高裁でも、「安全審査の対象は原発の基本設計に限る」と認定されました。司法が自らの思考を停止する道を最後まで貫いたのでした。

弁護士としてではなく破格の人間として生きた藤田さん

藤田さんが本書で書いているように、藤田さんにとって伊方裁判は無償の奉仕を強いる「貧乏神」でした。もちろん、他の弁護団の一人ひとりにとってもそうでしたが、弁護団長としての藤田さんのこの裁判に対する思いは格別だったでしょう。

その藤田さんは、六人組の一人であった瀬尾健さんが亡くなった時の追悼文（これも本書に収録されています）に以下のように書いています。

《私の好きな政治理論家のハンナ・アーレントに「フマニタス〈真に人間的なもの〉は孤立の中では決して得られない。自らの生ならびに人格を〈公的領域への冒険〉にゆだねることによってのみ達成できる」という言葉があります。》

奇しくも藤田さんが亡くなられた二〇一三年、日本でも映画『ハンナ・アーレント』が上映されました。その映画でアーレントが主張したことは、「思考を停止することが罪」なのだということと私は受け止めました。どこまでも思考を進め、相手が国であってもひるまずに戦った藤田さん。彼の目から見れば、伊方裁判の判決を書いた裁判官たちはまさに罪深い存在と映ったことでしょう。しかし、それが司法の現実です。そして、特定秘密保護法が成立した現在、原子力の世界の秘密はますます強化されるでしょうし、司法もますます国家に隷属することになるでしょう。裁判官だけでなく、弁護士を含め、ごく普通の国民もまた、自らの些細な目先の利益を求めて行動してきましたし、今後ますますそうなりそうです。しかし、人間が孤立した存在でなく社会的な存在である限り、自分の行為、選択を社会の中で位置づけることこそ大切なのだと藤田さんは教えてくれました。

命ある者、いつか死ぬのは必然です。むしろ死ななければ困ります。でも、藤田さんがいてくれたことは、これからも多くの人の記憶に残るでしょう。もちろん、私も藤田さんの記憶を大切に、自分自身の命を生きたいと思います。

（二〇一四年三月記）

第二部　三つの人権裁判

意見陳述1　「フォークリポートわいせつ事件」裁判記録より

一、本件で中川・秦両氏の弁護人の役割を担当することになりましたが、私は偶然にこの小説「ふたりのラブ・ジュース」を事件になる以前に読んだことがあります。あれはたしか昭和四五年の末頃だったと思いますが、事務所に出て来る途中、梅田新道の交差点の手前の二軒ある本屋さんのうちの南側の本屋にこの『フォークリポート冬の号』が出ているのを見つけたわけです。フォークソングの愛好者たちが活字で自分たちの意見を述べ合う場を、しかもこういう立派な体裁の雑誌で持つようになったんだなと思い、なにげなく一冊買ってみました。

本件で問題となっている「ふたりのラブ・ジュース」もそのときたしかに読んだ筈ですが、中川五郎さんがどういうつもりでこの小説を書いたかということについては、作者自身がこの法廷で何回かにわたって詳しく述べていますので、裁判所もそれをそのとおりに受けとっていただくようお願いするにとどめたいと思います。

当時私が読んだときの率直な印象は、小説というよりは、それにたどりつくまでの習作という感じでした。作者の名前は、雑誌の上では山寺和尚となっていたので、もちろん中川五郎さんだということは知りませんでしたが、ともかく若い人が書いた文章だなということを感じたわけであります。というのは、これを読んで感じたことは、若い人がいかにも持ちそうなセックスに対する考え方、感じ方、ナイーブなあこがれというものが素直に描かれている、なにかほほえましいような気がしたのでした。

その後捜査が開始され、弁護人たることを依頼され、中川五郎さんという人を具体的に知ったわけであり、それ以来現在まで相当長い付き合いになっていますが、彼はなにごとに対しても率直で、自分の心にいつも正直であることを心がけている人だなというふうに彼の人柄を見ています。なにがしか蛮カラな気取りから抜け切れない我々の年代の者とは違って、全く非暴力的でやさしさに溢れていながら、真の男らしい勇気というものを本当はこういう人が持っているのだなと敬服しているわけであります。そしてこのような中川五郎さんの人柄はそのまま小説に映し出されているのであり、このことは裁判所がお読みになればすぐ理解していただけることだと信じている次第であります。

もうひとりの被告人秦さんですが、この人は幾多の事件や世の荒波をくぐってきた中でどのようなことにも立派な見識を身につけた人であり、仕事としてはアート音楽出版・URC・音楽舎などの主宰者として、若い音楽家たちが充分活躍できる舞台を縁の下の力持ちになって保持しようとして長い間努力してこられた人であります。

そういう過程を通じて、とりわけ音楽の分野で表現の自由の問題、それが現在具体的にどのようにおびやかされているかということを自分の仕事を通じての体験をもとに誰よりもよく認識し、表現の自由を守るためのたたかいを営々として続けてこられた人であり、このことはすでに秦さん自身の本法廷における意見陳述のなかで詳細に述べられたとおりであります。裁判所もおそらくレコード倫理規定＝レコ倫がその具体的運用においてどのように自由規制の名のもとに憲法で保障された表現の自由が空洞化しているか、その恐るべき実体をはじめてお聞きになったことだろうと思います。

昭和四六年二月一七日の新聞で私はこの『フォークリポート冬の号』が手入れを受けたことを知ったのですが、現在世間に流布されている雑誌・映画等の性についての表現レベルからみて、自分が読んだ「ふたりのラブ・ジュース」などを思い返すにつけて、どうしてあの小説が取締当局の忌諱《きき》に触れたのかと驚くと同時に、結局こういうふうな若い人たちの自主的なコミュニケーションの媒体に対して、わいせつ文書の取締りに名を借りて、それをぶっつぶす目的で意図的な狙い撃ちがなされたのだと感じた次第であります。

二、検査官をはじめとしていわゆる「ポルノ」を取締る立場の者たちの考え方については、本法廷において弁護側の求釈明に対する検察官の答弁のなかである程度明らかになったわけであります。その取締りの根底にある思想というものは、これまで何回かなされたいわゆる「わいせつ裁判」におけるもののまったくの踏襲であって、時代の推移とか、性についての本質的な理解が現在どのように変わってきているかについて全く考慮されていない、極めて硬直した立場を依然としてうち出しているにすぎず、まことに「検察官の時計は止っている」と言わざるを得ないのであります。

取締り当局がいわゆる「わいせつ文書」を何故に許容しないかという理由は、チャタレー裁判の第一審判決が明瞭に述べております。これは実に二〇年以上も前の判決であります。

右の判決は、

「性欲はこれを醇化し、調整し、昇華するときは人生を豊潤にし美化する上に欠くべからざる原動力となるのであるが、これを刹那的、享楽的の具とするときは乱倫となりてその人は亡び、社会の秩序は失われてついには民族の滅亡を来す……性本能に対する理性による抑制作用は人間の人間たる所以の大本であり、これにより倫理が起り、文化も栄える……この理性による性欲の抑制を否定又は動揺せしめるような結果を招来するものは人類の幸福を阻害するものであるから断呼としてこれを社会より排除しなければならぬ。ここに猥褻物に関する刑罰法規の存在理由がある」

と述べているのであります。

考えてみますと、伝統的な道徳律も右の判決と同様に性に対しては極めて不寛容、敵対的でありました。昔から「男女七歳にして席を同じうせず」だとか、キリスト教の中にも「汝姦淫するなかれ」しかも「心に色情を抱くはすでに姦淫するに等しい」とか心の動きまでも悪徳ときめつける――これは従来の伝統的な道徳のなかにもみられる普遍的なあり方であり、刑法一七五条のわいせつに関する規定もこの延長線上にあることは明らかであります。

ではなぜこれまでこのように性というものが統制され、取締りの対象とされてきたのか、その合目的的な理由も明示した珍しい例外がプラトンの「国家」でみられるが、彼の理想の国家では支配者による一種の優生学的な配慮による結婚の統制がなされなければならないと説くのであるが、これはいうまでもなく優れた男女を結びつけることによって優れた子を生み育てさせることと、もうひとつは結婚の数をもしぼり「人々の数をできる限り同じに保ってわれわれの国ができる限り大きくも小さくもならないためなのだ」(「国家」第五巻)とその理由を説明しているのであります。

ギリシャの哲学者が描いた理想の国家のイメージのなかに、こういうふうに優生学的政策に基づく性の統制の構想があらわれているのは、後年のナチスの性政策との類似をおもいうかべると甚だ興味深いところでありますし、それとともに当時の一定の生産力にみあう一定の人口と労働力の保持ということが、性統制のおそらくは最も重要な客観的目的であろうと考えられるのであります。

フロイトも等しく性本能の統制を経済的動機に基づくものだというふうに考え、社会は食料をつくるための成員を保持する必要のためにその「成員の数を制限して、彼らのエネルギーを性的活動から労働のほうにふりむけなければならない」と、いわゆる彼の現実原則として説いています。

しかし、今日では優生学的な観点による性の統制という非人権的な考えは許されるべくもないことは明白であるし、余剰な消費が強いられる現代社会において、この経済的理由も妥当しないところであります。現在の性の社会的コントロールは、経済的な基盤が変ったのちも、宗教的禁忌だとか集積された習慣とか、繰り返して継承されてきた伝統的な観念、習俗とかがある程度独立して残存している結果だと考えられるのであります。

さきほどの「チャタレー裁判」の第一審判決は、性の抑圧をなしうることこそ人間の人間たるゆえんであると、まことに三橋特別弁護人も言われておりましたとおり、動物が聞けば気を悪くするようなことを言っておるわけであります。そして性の抑圧、昇華が文化の源である、性欲の抑制を否定または動揺せしめるものを断固として社会より排除するために刑罰法規は存在するというようなことは、明らかに優生学的な観点とか経済的理由以外の理由づけであり、国家が国民の道徳・文化の問題に一定の立場から積極的にコミットしようという態度の表明にほかならないわけであります。そして、抑圧とか昇華とかいう言葉で明らかなように、フロイトの思想をその合理化に利用しているわけです。

フロイトは、無意識の世界を発見して、理性に導かれ他の動物とは根源的に異なる崇高な存在としての人間という見方をその根底からくつがえしました。無意識というものはすぐれてアナーキーなものであり、性の根源であるリビドーにしたところでそれに近い、人間社会を維持するためにはそういうリビドーを昇華または抑圧する必要があり、このため「文化」はそれ自体抑圧的であるとされるわけであります。フロイトの晩年はますます人間の本性についての性悪説が強くなり、「死の本能」という人間の内にあって人間自体を破壊しかねないものを想定するにいたりました。そしてそのようなものをおさえなくては人類そのものが危いという考え方から、抑圧としての文化がますます強調され、その結果、芸術や学問など人間の優れた営みというものはすべて抑圧下における欲望の昇華の結果だという理解に到達しているわけであります。

しかしながらそうした考えは、性についての一つの意見、一つの独断であって、なんらその真理性は実証されてないのであります。

三、たとえば片桐充（中尾ハジメ）特別弁護人が専門に研究しておられるウイルヘルム・ライヒなどの考えは、フロイトのそれと極めて対照的であります。

ライヒは、文化すなわち抑圧といった論理を全く否定し、かえって性の抑圧の撤廃こそ真の文化の条件であると主張する。そしてフロイト流の考えは人類の歴史がすべてキリスト教に支配された西欧型の段階を踏んで進歩するという独善的な西欧中心主義であるとしてこれを排斥し、性に対して、イギリスの人類学者マリノフスキーの報告にもとづいて、現実に南西太平洋のトロブリアンド島の住民の生活を実例にあげているのであります。

彼によれば、文化は性抑圧の結果ではなく、むしろ個々人がもっとオルガスムの潜在力の確立、性の全面的な開花が必要であり、性的なものが自然に開花されずに抑圧されれば権威主義的な秩序を積極的に支持しながら、さまざまな代償満足を得ようとしてあくせくするという性格を生みだすことになる。これが下層中産階級においては父親に対する受動的な服従とともに弱者に対する仮借なき攻撃を加える息子を生んでいくことになる。父親の経済的地位と国家における彼の地位は、彼の性に対する家父長制関係のなかに反映されて、権威主義的国家は一つの家族の中に自己の代弁者、すなわち父をもつ。つまり父親はこうした国家の貴重な道具になる。権威主義的社会は、権威主義的家族によって大衆の成員の性格構造を再生産する――このような考えを彼の著書の「ファシズムの大衆心理」の中で述べて、ライヒはファシズムの大衆心理的な基盤を解明しているのであります。

またライヒによれば、個人は性本能と道徳の葛藤に悩まされて健康な心の構造を失い、神経症にかかる。彼が自分に押しつけている道徳の要求は、「彼の性の――そしてもっと広い意味での生命力の――欲求をダムのようにせきとめ増加させる。性的能力の発揮をおさえる障害がひどければひどいほど、満足を求める要求と満足を得る能力の不一致はひどくなる。このことは、またも道徳の圧力をつよめずにはおかない。なぜなら、せきとめられたエネルギーをコントロールしなければならないから」である。その「本能の欲求と道徳による抑圧との解決することのできない葛藤のために」、「彼はなにつけても外部にあって彼を支配してくれる何らかの法則にしたがって行動しなければならなかった。

なにを考えるにしてもやるにしても、道徳のものさしではかってみなければならなかった」。自分の判断には自信が持てないのである。「だから全知全能の指導者、父のイメージにあこがれるように」なったりする。そのように、性の抑圧は、生命力の萎縮と自律の放棄と権威への従属を生みだし、全社会的な抑圧の構造を一段と強化するようにはたらく。性の抑圧は、支配関係の主要な支柱をなしている。したがって、性の自由の実践、性本能の充足は、単に個人の心身の健康のためのみではなく、社会革命の視点から、性の本能を断乎として解き放たねばならない――と主張するのであります。

以上、フロイトとライヒが同じ問題をめぐって全く対照的な意見を述べていることを紹介したわけですが、弁護人としてはもちろんこうした問題を特に研究したわけでもありませんし、素人にすぎませんので右の二つの考え方のどちらが正しくどちらが間違っているか軍配をあげようとするものではありません。

つまり私がここで言いたいのは、性の抑圧を合理化しようとする論理が、経済的な理由づけにしても、またフロイトの学説を援用することによる理由づけにしても、極めて一面的かつ独断的なものにすぎないものであることであります。基本的人権のもっとも重要な部分である表現の自由を奪い、刑罰という国家権力による最大の人権侵害を科する根拠としては、甚だ根拠不足で、とうていわれわれ国民を納得させるものではないということであります。

四、さきほど述べたようなライヒの思想は、現実には性抑圧の重みを最も重く受けとめざるを得ない状況におかれている若者たちに大きな共感をもって迎えられたのであります。その典型的な例としては一九六八年のフランスのいわゆる五月革命があります。五月革命の口火をきったパリ大学のナンテール分校やソルボンヌ大学の壁につぎのような文句がペンキで書かれたことはよく知られているところであります。

「羞恥心は反革命的である」
「君のズボンの前を開くように君の頭脳を解放せよ」
「快楽に強制される留保は留保なく生きる改革を挑発する」
「愛の営みをすればするほど革命したくてたまらなくなる。革命すればするほど愛の営みをしたくてたまらなくなる」

これらの文句は、いずれもいわゆる五月革命を推進した学生や若い労働者たちの考え方がきわめてライヒの思想と親近性を持つものであることを示すものといわねばなりません。

五月革命のエネルギーのなかで、性抑圧に対する反抗がいかに大きな要素となっているかを示す事例として、いわゆるプール事件というものがあります。

これは、五月革命の起こった同年の一月頃、フランスの文部大臣が、のちに五月革命のリーダーの一人になるダニエル・コーンベンディッドという学生のいるパリ大学のナンテール分校に来たとき、プールのそばで演説をしたそうですが、そのときコーンベンディッドをはじめとする学生たちは、文部大臣の発表した青年白書は性の問題をとりあげていないじゃないかと執拗に攻撃した。その攻撃のしかたが余りにもひどかったので、文部大臣は学校当局に命じてコーンベンディッドの首を切らせたが、学生たちは一斉にこれに反対運動を起こして処分撤回させたという事件であります。

また地方から出て来ている学生たちは、男女それぞれ別々の寄宿舎に入っているわけですが、女の学生が男の学生の寄宿舎を訪れて夜おそくまでいたり、泊ったりすることは認められているが、逆に男の学生が女学生の寄宿舎に夜おそくまでいたり泊りこんだりすることは認められていなかったので、これに対する学生たちの要求が非常に高まったのであります。ドゴール大統領は、この学生の要求に対し、いったい学生はどこまで要求してくるのか、いろいろな自由を要求したあとで、こんどは娼婦まで欲しいというのか、と言ってこれを冷笑していたのでありますが、数カ月のちにはこのような学生たちの要求が現代社会にとって本質的な抑圧に根ざしており、それがどのように大きい反抗的エネルギーの源になっているかを、自らの政治生命をかける危機という形でドゴール自身が最もよく知らされたわけであります。

五、ライヒは、フロイトのように性の解放について悲観的な考えはとらず、かえって人間の自律する能力を強調する。すなわち、性をわるいものとするタブーからのがれることができれば、より多くのエネルギーが解放されて「自然な性器的な欲求がめざめさせられ、あたらしい生命力をもつ」。そうやって完全なオーガスムの満足に達する能力をえて、さらにふさわしい性のパートナーをみつけることができれば、個人の行動全体は驚くべきほど変る。ここで自律する能力があらわれる。「健全な個人は、おしつけがましい道徳なんかもっていない。なぜなら、道徳によって抑圧される必要がある衝動なんてまったくもっていないから」である。かつては「かんがえることや、することは、みんなが無意識の非合理的な動機によっておさえられていたが」、「いまや合理的に行為し反応することが、どんどんできるようになる」。こうして、新しい人間が生まれる。それは、外部の規範を拒否して自律する人間であり、自由な発意と合意とに立脚する、新しい社会、直接民主主義の社会の基礎となる人間である。――と主張するのであります。

そしてこのような思想は、旧来の社会主義、マルクス主義にもなかったところであり、このことがライヒ自身、ドイツ共産党から除名された原因になっているわけであります。すなわちプルードンやレーニン以来多くの革命家によって考えられた革命行動のなかに、あらゆるエネルギーを集中するためには性生活を慎む必要があるとの主張に対する真正面からの反逆であるからであります。たとえ革命そのもののためであろうと、なにものかを犠牲や献身の対象とみなすことは、絶対的な規範を自分の外部におくことになる。それは必然的に昔の神や司祭を認めた考え方と似ている。つまりなんらかの階級関係の容認につながる。しかも性の抑圧、それは革命運動のためであろうと、なんであろうと、権威への従属を生みだす。この種の禁欲主義というのは、われわれが真に人間の抑圧のない社会、自由な自律的個人の、自由な発想と合意とに立脚する社会の建設を目ざすならば、排撃するべき対象としなければならない。そういうふうな考え方にたって、先ほどの五月革命の過程でも、ダニエル・コーンベンディッドなどは、革命運動がまもるべき原則のひとつとして、献身とか犠牲のようなユダヤ・キリスト教的誘惑を実践のなかから追放すること、革命闘争は皆がかける必要を感じた賭でしかありえないことを理解しなければいかん、と述べておるわけであります。

またライヒの考え方によれば、禁欲すればエネルギーを集積しうると考えるのは大きな誤りだというとであります。むしろ、それは生命力を萎縮させ、したがって抵抗力を減らす。人は性生活を完全に除去して力をもうけたような気になっている。ブルジョア的なものとして性欲を排除することは誤りだ。重大な誤りだ。むしろ必要なことは性の本能をとき放って生命力を拡充することである。ライヒは、若者の性的な反抗を資本主義社会に対する闘争に変えることであるというふうに述べておるわけであります。

六、どのような形でも、ひとつの抑圧、これはいま、本件では性的なものについての表現の自由への抑圧としてでているわけでありますが、これを受け容れることは全ての抑圧を人が受け容れる用意をすることになる。そして性の解放が自律的人間を生みだすことになる。権力が性を取締まるということはライヒの文脈のなかで非常によく理解できるのではないかと思うわけであります。

権力は性を管理したがるわけであります。マリファナとかLSDが本国では禁止されながら、ベトナムでは兵士の恐怖感を解消させるためにばらまかれる、という国家による精神のコントロール、管理があるわけですが、それと似た管理が性についてもあるわけです。それから青年たちが自主的に性の問題を考え、意見を交換しあう、性の体験をするということを権力はいやがる。青年たちが性を通じて自己変革することを恐れる。もろもろ性について考えたり行なったりして青年たちが、しかも一定の秩序、一定の調和に到達するんだという青年たちの自律的な能力をいっこうに信用しようとしないで恐れるのであります。その具体的なあらわれの一つが、本件の裁判であろうかと思います。

裁判所におかれても、旧来の考え方にとらわれることなく、新しい目で、この事件の本質をごらんになって、すみやかに無罪判決を下していただきたいと思います。

意見陳述　2　「フォークリポートわいせつ事件」裁判記録より

一、只今、検察官から本件公訴事実は被告人らの犯罪の証明の十分であるということを前提としてかなり長々とした最終意見の陳述がなされたのである。

私は右の意見をいま聴いたところであるので、これに対するキメの細かい反論は後続の弁護人に譲りたいと思う。ただ検察官も自ら言われるとおり、右の意見で「金科玉条」のごとく持ち出される「チャタレー事件」の判決は昭和三二年の春に下されたものであり、そのもとになった東京高等裁判所の判決は昭和二七年のものであります。

それらの時から現在に至るまでの間に長い年月の経過があり、われわれが体験して知る限りにおいても社会の風俗・世相など大きく変わっているのでありますが、しかし依然としてこのような古い判例を墨守して性に関する表現を取り締ろうとする検察官の態度を見ていると、

「検察の時計は止っている」

と言わざるを得ないのであります。

そして、聞き捨てならないのは、この「ふたりのラブ・ジュース」の作者の執筆意図について、検察官がそれをまことにいやらしくも下劣なものとして言及したことであります。

この点については、冒頭において中川被告人からそれこそ小説の全体にわたってくわしく自分はこういうつもりでこの小説を書いたのだということを説明したのでありますが、検察官は一体これをどのように聴かれたのでありましょうか。

もっとも、検察官は何回か審理の途中で交替されて、そのときのことは知らなかったと弁明されるのかは知りませんが、言うまでもなく検察官は同一体であり、そのような言い逃れは許されないところであります。

われわれはこのような検察官の言葉を聴いていると、検察官に理解してもらうためには普通の言語で話をしたのではとうてい不可能ではないかと絶望せざるを得ないのであります。

二、さて、この裁判の審理をふり返ってみますと、起訴状の朗読のあとで、われわれは、「わいせつ」という言葉がどのようにでも解釈できる刑法の条文の文言としては極めて危険なものであるので、検察官が本件においては一体どのような意味内容でこれを使っているのかについて、できるだけ具体的に詳しくお答を願うということを中心とした「求釈明」から審理に入ったわけであります。

この釈明の中で、検察官はさきに述べた「チャタレー事件」以来のいわゆる「三要件」をそのまま本件で踏襲するのだという釈明をなされたのであります。

しかし、「①徒らに性欲を興奮又は刺激せしめ、②且つ普通人の正常な性的羞恥心を害し、③善良な性的道義観念に反するもの」という三要件は、問に答えるに更に困難な問を以てするのたぐいで、全く答えにはなっていないし、その内容はもっと具体的に確定されなければ被告人としては防禦の仕様がないし、また性についてかなり詳細・具体的に表現した文章などは現実に世の中に充満しているので、一体それらと中川五郎君が書いた小説がどう違うのか、どうして一方は取締りを免かれ、他方は起訴されて刑事裁判という現在の状態に追い込まれているのか、その違いを、つまり「わいせつ」と検察官によって判断されるものと、そうでないものを区別する基準は何か——これを明らかにするよう求めたのであります。

これに対し、立証段階に移行しても一向にこれらの事は検察官によって明確にされなかったのであります。これは「罪刑法定主義」の原則からはどのようなものが取締りの対象になるか広く国民にその具体的基準を周知せしめていなければたとえ裁判にされても法律の「適正手続」による裁判とは言えないとして、公訴棄却・または無罪の判決を下さざるを得ないという根本的な問題点であったわけであります。

その他、いわゆる三要件が具体的に意味する内容についても防禦に必要な限度でいろいろと釈明を求めたのであるが、これらに対しても少しもはっきりした答えを得られませんでした。

われわれは、問題の重要性の故に、これらの問題は是非とも冒頭手続において明らかにされるべきであると主張したのでありますが、裁判所が、

「わいせつとはなにかという問題をこの段階で一義的に明らかにいうことは、なかなかむつかしい問題である。裁判所も審理の過程で段々と考えていきたい」

と発言されたので、致し方なく証拠調べに移行することに同意したのであります。

裁判所の右の発言は重要な意義を持つものであります。価値観が多様でしかも流動的な社会の中で、

なにが「わいせつ」かということを定言的に言うことは誰もが（裁判所すらも）非常に困難なことであることを裁判所が認めた発言とわれわれはこれを受け取らざるを得ないのでありますが、そうだとすれば、裁判所にさえも具体的に把握することが困難な「わいせつ」という曖昧な概念で人を罰することは、「罪刑法定主義」あるいは「法の適正手続の保障」という観点からできない筈であり、とくに本件のように憲法上保障された思想・表現の自由を侵害する場合はそうであることをここにはっきりと指摘しておきたいと思う次第であります。

三、「わいせつ」に関するいわゆる三要件の意味について、ここで少し考えてみることにしたいと思います。

①「徒らに性欲を刺激・興奮せしめ」という言葉の内容でありますが、これは食欲と同じで、心理的・生理的な人間の自然本能で、外部の物事に対する反射的な一現象に過ぎず、これこそ人が生きていることのしるしというかシンボルともいうべき現象であります。たとえば私が婦女を見て性欲の刺激を受けたということがあるとして、その婦女は「わいせつ」だという否定的な評価が与えられて然るべきでありましょうか。このような内心的状況はいかなる意味においても未だ社会的になんらの危険性もありませんし、何らかの犯行を誘発するという段階とも無関係な状態であり、このような事象は日常茶飯のできごとにすぎず、女性に対し性欲を感じることは聖人ならぬ普通人にとって時ならず所ならず起こることでありますが、そのことによって法と社会の平和は少しも侵害されていないのであって、このようなものがどうして処罰の対象を定めるに必要な一つの概念として定立される必要が

あるのでありましょうか。

②　次に「普通人の正常な性的羞恥心を害し」ということでありますが、これもどうしてこれが犯罪につながることになるのか全くわかりません。「羞恥心」という言葉は戦前の判例における「羞恥嫌悪の観念」という言葉の再現であると考えられますが、「嫌悪」という言葉が省略されたのは、戦後のいわゆる「ストリップショー」などの出現から、これらのものをわざわざ入場料を払って「嫌悪感」を味わいに行くとすることもできないので、「羞恥心」だけが残されたとの何とも馬鹿馬鹿しい解説がなされているそうであります。

「羞恥心」を害することがどれほど危険なことか、そのために刑罰を以て思想・表現の自由を抑圧する必要がどこにあるのか、その実質的理由を説明し、根拠づけることは誰にも不可能であると言わなければなりません。

③　「善良な性的道義観念に反する」という最後の要件についてでありますが、善良なということは「道義観念」にかかる言葉でとり立てて意味を詮索する必要はないと思われる。「性的道義観念」ということは人間の創造と理解のため性を尊重すること、すなわち「性を蔑んだり、侮辱したりしない」ことであり、これは「チャタレー夫人の恋人」の著者D・H・ロレンスが述べているところでありますが、つまり「性すなわちわいせつ」という偏見に断じて関与しない精神だと理解すべきであると考える次第であります。そしてそれ以外に裁判官の特殊個人的な考えや禁欲主義的思想を持ってきて「社会通念」とすりかえるような解釈をなすことが決して許されてはならないのであります。

④　以上みてきたところで明らかなように、個人的法益に属する性欲の刺激と興奮、羞恥心の損害

は、それ自体個人差が強く、いまだ犯罪的危険を問う段階にあるものではなく、それに基づく反社会的危険行為の動機設定にまで至らない内攻的な心理現象であるから、性的道義観念という一般的・平均値的な規範的価値体系の違反又は侵害という公共の危険は容易に認められがたいところであり、これらの三要件はそれぞれ事実認定が不能であり、それらを併合して三者を一体にしてみても、不能は可能に変化するものではないと言わなければなりません。

四、ここで、「わいせつ」概念の適用がいかに浮動的で時の権力の、意のままに適当になされてきたかということについて考えてみたいと思います。

① 戦前は、永井荷風の「あめりか物語」や森鷗外の「ヰタ・セクスアリス」など、今日ではその文学的な高い価値を誰しも否定することができない名作ですらわいせつ文書という認定を受けて、発禁処分に付せられました(戦前、わいせつ罪の判例が多くないのは、刑法一七五条が発動される前に、いろいろな出版に関する取締り法規のレヴェルでまかなわれておったことによると言われている)。

これらは、単に戦前という古い時代のことであるから、「わいせつ」概念の適用がきびしいものであったなどと単純に解釈してはならないと考える。むしろ戦前の軍国主義の風潮のなかで、個人の性をあからさまに語ること自体が反国家的なものとして「わいせつ」を口実として取締られたのだと思われるのであります。

戦前の刑法の判例の中では、大正年間に男女のラブシーンの接吻の場面を描写した小説が問題となった事例があります。その時の判例は、わいせつの概念は時代と共に変わるものであるからこの程度の表現は許されてよろしいという判例が下されたということでありますが、少なくともこの程度のことすら問題とされたことは見逃すことができないと言わなくてはなりません。

戦争中は、言うまでもなく戦地の兵隊さんのことを思えというかけ声で、性的なものが社会の表面に浮び出ることはすべて禁圧されたのであります。

②　敗戦後のことでありますが、私は昭和四年生まれでありますので、敗戦当時はちょうどこの「ふたりのラブ・ジュース」の大部分の読者たちと同じ年齢にあって、性がそれまでの禁圧の堰を破って奔流のように社会に溢れ出てくるのを実際に体験したのでありますが、日本映画の中にもキス・シーンが取り入れられるということもありました。まだ今でもそのときの感じをありありと思い出すことができるのでありますが、「キタ」の劇場で映画と抱き合わせでいわゆる「ショウ」というものが登場してきました。それは若い女性が身体の大部分をライトの中で露出（もちろん現在の同じものの水準からみればとても比較にならない程度ですが）して足をあげたりなどして踊るのが見られるようになったのであります。そしてその程度の踊りを見ることさえも、当時の私などにとっては、現在で性に関するどのようなものを見るよりも烈しい性的な刺激を感じざるを得なかったのです。戦争中の極端に禁欲的な時代と戦後の性の公然化の時代と二つの極端に異なった時代に自我を形成せざるを得なかった私などの世代ほど、最も性について急激な落差を経験し、そのことによって大きな刺激を受けた者たちは他にいないと思われます。しかし、それらのことも回顧的にみると、すべて貴重な人生における経験の一つであって、とくにそれらにのめり込んだために勉強がおろそかになったことがあったことも含めて、否定的にこれを評価してしまおうという気持などさらにありません。

③ 比較的最近では、たとえば日活映画のいわゆる「ロマン・ポルノ」の出現などは、確かに性に関する表現を映像メディアで画期的に拡大したものと断言することができます。同時に、性を通じて人間というものの本質が一層はっきりと映像の中に定着されるようになった（そのことが現在取締り当局の忌諱《きき》に触れて、東京地裁で本件と相前後して刑事裁判となっている）のであります。

私は、先に出た永井荷風の「四畳半襖の下張り」の映画版である「四畳半襖の裏張り」や「実録阿部定」などの作品をたまたま気が向いて見たことがあるのですが、男女が家の中で真昼間からセックスをしている。そして戸外では海外での事変を告げる号外が鈴の音もやかましく撒かれている。非常時だ、非常時だと人が騒いでいる。しかし一つの部屋があって男女が裸で向い合えば、世の中がどうあろうと、たとえしばしのものとはいえ、一つの独立した宇宙が出現する。お互いが相手を強く知ることのみ没入する世界が作れる。こういう、いわば国家権力に対する性の位相といったものを鋭く映像化しているのを見たわけであります。

私は、何故に権力が性の表現を嫌うのか、どうしてこの領域に取締りの手をのばしてくるのか、その理由がこういう映画を観て具体的にわかった思いがしました。

以上、性についての一般の考え方・感じ方が時代と共に変わる、いかに浮動的なものであるかについて、簡単に述べた次第であります。

五、そして現在という時点を静止的にとり上げてみても、性についての感じ方、考え方は極めて多種多様であり、このことは裁判所にもよくお解かりのことと思います。

①　言うまでもなく、民主主義の社会は、その構成員各自の価値観の多様性があることを相互に是認し合う前提のもとに成立している社会であります。

戦時中のように一元的な社会、一つの価値観が強く社会に浸透しており、あるものだけが正しく、それ以外は誤りであることの認識が広く共通に行きわたっている、そのような時代であれば、わいせつ犯罪というものもある種の明確性を持って認識の対象となり、処罰も可能であったと言い得るのかもしれないが、多数の国民が一つの価値観、一つの文化、一つのイデオロギーのもとに生活していないというか、むしろそうしてはならない戦後の民主主義社会においては、この刑法一七五条のような刑罰法規の保護機能・確保・罪刑法定主義の観点からみて問題があり、性についての考え方、あり方を一つのものにしばってしまうことになるような規定は機能し得るものではないし、また、させてはならないと信じるわけであります。

②　検察官は只今の意見陳述の中で、裁判所のあり方として、ただ世の中の動きを黙ってじっと見ているということではなくて、自ら道徳の守護神になるくらいの心構えでこういった問題に積極的に対処すべきであるという意見を述べられたのであります。しかし、此の様な考えは、裁判所に本来課してはならない、またとうてい荷いきれる筈のない責務を課す誤った意見と言わなければなりません。

さきほど述べたとおり、戦後の社会は価値観の多様性を許容することをその基本的前提としていま す。

その現実を見ましても、たとえば反体制思想の代表的なものであるマルクス主義一つを例にとっても、毛沢東の思想を至上のものとする者もあれば、ソ連の社会主義こそ希望の星だと言う者もあり、自主独立の日本共産党の路線以外に救いがないと説く者もあり、いわゆる新左翼系の人々の理論ありで少し以前ではとうてい考えることができないほど多様性があり、マルクス主義の他にももちろんプラグマティズム、実存主義等々の数えきれないほどの「思想」がそれぞれの存在根拠を主張して流通しているのであります。

それからまた、世の風俗や感覚的な面をとってみても、生活の様式も多様であり、私の好きな音楽の世界でも、ジャズあり、クラシックあり、ロックあり、歌謡曲あり、日本の伝統音楽ありで、それぞれの愛好家が自分の好きな音楽こそ至上のものであると信じて聴いているのであります。

③　このような現実の中で性についての感じ方考え方も当然いろいろなものが存在し、またそれらが許されていることをどうしても申し上げておかなければならないと考えます。というのは裁判所が判決を下すことは少なくともこの多様性の中でどれが悪いのかの一つの選択をし、それを排斥したということにならざるを得ないからであります。

刑法学者の言うところを聞けば、「わいせつ」という価値概念は、時間と場所を異にする場合には、同一人においてさえ同じでない。それはすべての犯罪概念の中でも最も相対的な性格を持っているし、法意識の社会的平均値という抽象的客観的基準＝評価基準を定めることは不可能に近い、と卒直に述べているのであり、これが「わいせつ」概念の問題性の本質であると理解する以外にないのでありますが、右の事情がわかっていながら裁判所に有罪判決を求めることは、とりもなおさず裁判所に、国民に対し一つの価値観を強制し、判決に際しての事後的立法者（しかもその内容は外部からは認識しようがない）になることを強制することを認めることにほかならず、とうてい許されることではないのであります。

④　この公判廷で鶴見俊輔証人が「わいせつ」文書等を、なぜ権力が取締りたがるのかという私の質問に対して、

「それは権力が民衆に対して思想表現の自由を抑圧する目的を達成するための小手しらべというか、観測気球としてこれを使うのだ、古くからある性に関するタブー、性はいやらしいもので隠しごとであるという遅れた意識の上にのっかって、ともかく性表現の領域で少々のことが起こっても、それをめぐっては大きな国民的世論という形での反対は起こらないであろうという読みのもとに、とにかくその場所で、他の分野における思想表現の自由を抑圧するための陣地を築いておきたいとしばしば考えやすいものである」

とお答えになり、なる程そうだと納得したわけでありますが、そもそも根本的に考えてみても、近代国家の基本理念はあらゆる精神的な価値からとにかくニュートラルでなければならないという点にあって、そういう「価値」は民衆こそが自ら創造するものであって、国家は民衆がそれをつくる外枠を守ってやることのみがその使命であるとされておることはすでに確定した考えであります。

従ってこのような点からも本件の裁判はそもそも裁判をすること自体許されないものと言わなければなりません。

六、国民生活を物質、精神の両面にわたってその統制下に置くことは、いつの時代のいかなる権力にとってもその究極的願望であったことは歴史の物語るところであります。

① そしてまた逆に生活に根ざした多様で自立的な文化が存在することがいかに権力の均質化の要求に対する抵抗の基礎となり得るかということは、戦時体制のなかでいかにいろいろな反体制政党や運動などが瓦解し、結局は権力の国民統合のチャネルとして再編成されて行ったかその過程や原因を探ることで一層明らかになると考える次第であります。（それらの運動も結局は「モダニズム」として広く国民の生活のレベルまで根の張ったものとして生きていなかった）。

② 私の中学二年生のときのことでありますが、敬愛する先輩の一人が出征するときに私に向かって一言「君らが死にに行かんでもいいように、そのためにわしが行くんや」という言葉を残して出て行かれ、その人は結局戦死されたのであります。あとでその人のことを調べてみますと、そのようなことを私に言われたときはすでに一個のマルクス主義者として自己を確立されておられたことがわかったわけですが、すでに当時ではマルクス主義者として世の動きを見れば、究極には日本の敗戦と大きな社会変動が必然的であると認識しておられ、そのように私にも言いたい気持があったのでしょうが、もしそういうことによって私がその人と同じような信念にとりつかれたとすれば、却ってどうにもならない所においつめられることになるのだということから、優しい配慮で、さきに言ったような一言だけを残して戦争に出て行かれたのだと今になって考えるわけであります。

一元的な価値観だけが通用し、それ以外は権力を以て排除されるという社会が帰結する所は、このような暗い時代であります。

私が本件において、被告人両名、秦さんと中川君を弁護する気持の中に（もちろんそれは弁護士としての職責の一部ではありますが）やはり二度とこうした一つの価値観が支配する社会が来ることがないよう、民主主義の価値の多様性を守りたいということが強く働いていることを卒直に申し上げる次第であります。

③　このこととの関連で残念なことを一つ言っておかなければなりません。それは日本共産党が昭和五〇年七月三一日付の赤旗で、委員長の宮本さんの「文化的退廃への必要な批判」という題の文章を発表されました。

「われわれは表現の自由は当然尊重する。しかしテレビその他公共機関に準ずるものを通して、ポルノが家庭に流されるという状況はひどく病的で異常である。だから退廃的文化現象を批判して、民族的、民主的な健全な精神と民主的秩序の確立をめざすというのがこれまでもわれわれの基本的立場である。……なにもかも公共放送で流すのではなく、そこにはやはり民主主義、こどもの教育と健全な発展についての考慮が必要であろう。こうしたものについては政党としてもちゃんと見解を言うべきで、なんでもかんでも結構だといった人気取り的態度をとってはならない……」。

この文章が載せられてから、あの政党の体質であるのかもしれませんが「一犬虚に吠ゆれば、万犬実を伝う」で「健全な文化」をいかに確立すべきかについての大キャンペーンが始まったのであります。

このような態度の一環として、いわゆる「日活ポルノ裁判」では共産党と同じ立場に立った弁護人が「退廃映画」と「ポルノ」映画をきめつけて、こうしたものはすべてアメリカ帝国主義、日本独占資本の支配の産物であるというような、個々の映画作家の主体的な努力を無視して、すべて図式的な大状況論で割り切った弁論を展開して、被告人となった作家たちの気持を踏みにじったのち、裁判から退いて行くようなこともありました。

「健康な文化」という言葉自体私はあまり好きな言葉ではありませんが、仮にこのようなものを考えるとすれば、何がいけない、何が良いとかを政治や権力が決めつけて、悪いものを捨てさせ、良いものを人為的に育てるというようなことではなく、大衆のひとりひとりが自発性を発揮して、思いのままに自己をいろいろな形で表現して、それが誰はばかることなく多様な花として社会に咲き乱れているような、そういう文化のあり方以外にあり得ないのではないかと考える次第であります。

政治は文化に口出しすべきではなく、かりにそれが善意から出たものであっても、政治が文化を指導できるし、またしなければならぬという考え方は全体主義への扉を開くものといわなければなりません。

七、検察官は論告で、「ふたりのラブ・ジュース」が掲載された雑誌が高校生も読むフォークソング関係の雑誌であるところから、いわゆるポルノ解禁の動きとは別に「肉体的、精神的にも未熟で「性的読物に敏感」な若者たちに与える影響という点を判決にあたって重視すべきである」と述べられたのであります。
① このような意見については、鶴見証人がつぎのように述べられたところを印象深く思い出すのであります。
「ある人が読むという行為を選びとった以上その人はその問題について読むということに充分成熟しているのだ。決して若すぎるということはない」

世の中に、好まざるにかかわらず性についてのいろいろな情報が氾濫しています。たとえ若者がこの「ふたりのラブ・ジュース」を読まなくとも別の「ラブ・ジュース」が読まれることは必定であります。

性の問題は人間にとって避けて通ることのできない大問題であって、特に若い人たちにとっては解決できない悩みとしてそれぞれの人を捉えて離さないのであります。自分を強く掴み激しく突き動かして行く性的衝動をどのようにして飼い馴らして行くことができるか、これは学校での性教育というキレイごとではどうにもならないことであります。世の中の変化のテンポが急で、世代の断絶ということが言われているように年上の人に相談しようとしてもそのような親密なつながりが成立していない場合が多い。

また、友人と同じ悩みを打明け合うことも受験競争がもたらすライバル意識や若者独特の自意識過剰からどうしても自分のカラの中に閉じこもってしまって、なかなか難しいのが多くの現実であります。

そうした状況のなかで、いろいろと社会に現に存在している性に関する書物（ポルノと言われているものも含め）や映画などに手や目がゆくのは、良いとか悪いとか言う次元の問題以前に極めて自然かつ必然であり、このような意味においていわゆる「ポルノ」も必要であり存在する価値があると言わなければなりません。こうしたものは若い人が自己形成の過程ですべて自分の中に呑み込んで成長して行くものであり、またそのようにあるべきです。

すぐに親や、先生や、権力などが出て来て、それはいけない、これはよいなどとあれこれ介入すべきではありません。若い人たちの人間形成にとって、読書の対象を自主的に選択させずに、権力でこれをあれこれ指図すること以上に有害で犯罪的なことはありません。

② 検察官はまたいわゆる「性行為非公然性の原則」なるものとの関連で、昭和三八年一一月二一日の東京高裁第一〇刑事部の判決を引用して、

「最高裁判所のいう性行為非公然性の原則は、単に現実の性行為に関する原則たるに止まらず、文書による性行為の表現についても認められなくてはならぬ原則である。……文書による性的行為の表現は、その表現の仕方によっては、現実に性的行為が公然に行われたと同様、あるいはそれ以上の心理的影響を見る者に与え、さらに文書の性質上、現実の性行為によるものより、影響が広範囲にわたるおそれがあることを考えれば、文書による性行為の表現も現実の性行為と同じく性行為非公然性の原則の適用があると解するのが相当である」と述べるのであります。

しかしこのような理屈は取締りのために無理に考え出されたこじつけ以外の何物でもない間違ったものであって、ここには思想・表現の自由を尊重する姿勢などかけらもありません。

そもそも小説を書き、これを読むことがどうして公然と性行為をすることと同列に置いて考えられることであるのでしょうか。

小説は約束でその意味内容が予め定められた文字という記号で書かれるわけですが、その世界は言うまでもなく現実とは全く別次元の作者や読者の頭の中で展開されるにすぎません。これを現実世界と同じように言う検察官の意見は、昔「騎士物語」を読みすぎて頭がおかしくなりロマンの世界の人物たちに自分を同化させたドン・キホーテ的な発想と言わざるを得ません。

しかも読み手にとって文字という記号によって触発されるイメージはそれぞれの知識・経験などの違いによって、その内容は千差万別であることも自明でありますが、右の検察官の議論はその辺のところが全く抜け落ちています。

そして読書こそは人間の生活の中でも最も個人的、内的な行為であり、たとえ本を読んでいる人の前に座って、その人を凝視しても、その人の頭の中で展開されている「物語」をテレビを見るように見ることは出来ないのは当り前のことであります。

「性行為非公然性の原則」というそれ自体わけのわからない「原則」を持ち出しただけでは足らず、読書の世界を現実の世界と同じであると考えよ、ということは法律家の間だけで通用している無茶であって、このような理屈をそのままいつも受け容れていたのでは法律家が「普通人」からその常識を疑われることになりはしないかと心配になってしまうのであります。

八、今日、弁護人から証拠としてベント・H・クレーソンという人が書いた「高校生の性知識」という題のデンマークの高校生の性教育の副読本の日本語訳を提出しておきました。

現実にこのような本が外国ではもちろん、日本でも出版され広く読まれているということをこの裁判が始まるまで弁護人も知りませんでしたが、検察官・裁判所はいかがでしょうか。

非常に正確にしかも平易に、性に関することがらが特別の気構えなどなく淡々と叙述されてあります。性行為というものは人間的自然に根ざすものであって、悪いものでも、悲しいものでも、心配することでもないのだということをいろいろな角度から親切に書かれたとても良い本であると思いますので裁判所に御一読を願いたいと考えて提出しました。

私たちの青少年時代にこのような本があって、自由に読むことができたならば、「性」をめぐって暗く長いトンネルの中でいつまでもマゴマゴしておったこともなかったと考えるにつけて、このような本が読めることだけでも今の世の中というものは大変良いと実感しているわけであります。

著者は本の「まえがき」の中でその執筆意図として、「本書ではいわゆる性の道徳化を主題からはずしてありますが、真面目な読者には、暴力的な行為で臨むのではないかぎり、個人的な年齢や性本能の表現形式にとらわれず、性欲を満足させる権利を持ちうるのだということが新しい道徳目標として与えられていることをよく理解してもらえます」と書いてあるわけでありますが、これは「ふたりのラブ・ジュース」についての被告人両名の立場と基本的に一致するものであります。

九、本裁判の審理の全過程を通じて、被告人両名は、自分たちが信じ、真剣に訴えてきたものが裁判所によってどのように正しく理解されるのであろうかということを、終始まことに真摯な態度で見守ってきました。

多数の傍聴人の人たちも、自分たちが直面する性の問題についてどのような態度を示すか、よもや「ふたりのラブ・ジュース」のような小説を書くことが犯罪であるとして読者から権力によって取上げてしまうような理不尽なことを裁判所が認める筈はないと考え、判決の結果に大きな期待を持って毎回継続的に傍聴をされてきました。

最後に、小林隆二郎さんという中川被告とはほぼ同じ年代のフォーク・シンガー、この人は地下鉄の西梅田駅で駅員としての仕事を続ける中から、その仕事や生活を通じての体験をもとにすぐれた数々の歌を生み出して来られた方ですが、この裁判について是非中川君＝自分たちの考えを裁判所に伝えてほしいということで、今日一文章を私に託されましたので、これを紹介させていただきます。

「『ふたりのラブ・ジュース』とフォークソング」　小林隆二郎

なぜこの小説が書かれたのか、それを考える時、当時フォークソングを唄っていた彼（中川五郎）の生活の視点に注目すべきではないでしょうか。そのためには、まずフォークソングを理解してもらわなくてはならないと思います。私のフォーク論を少々書いてみたいと思っています。

今マスコミで「フォークソング」と言われ騒がれています歌は、私の理解では歌謡曲のジャンルで青春歌謡とでも言いましょうか、専門家による唄であると言えます。しかしながらフォークソングは非専門家達によって唄われるものであり、彼らの生活の中からの詩が語られるのであります。

裁判長や検事諸氏には、そのようなフォークソングをお聞きになったことはないと思います。

ここでまずフォークソングとは何であるか正しく理解していただくために、彼（中川五郎）の唄を法廷で唄う事を許可願いたいのです。本件にはフォークソングとの深い深いかかわりがある事を再度認識していただき、貴方がたが一度も耳にされた事がないであろう私達の唄フォークソングをぜひ聞いていただきたいのです。当時大学生であった中川五郎君は、自らの生活の中からの詩を書き、唄っていました。それは若者達の文化を創るためでもあったのです。受験体制の彼ら若者達が自分達を語り合う事はまずなかった事でしょう。そんな中でギターを持ち、彼らの生活を語り、何かを確かめあう（具体的に言うなら自己存在を確かめあっていた）空間を真剣に求め創ろうとしていたのです。このときの彼の唄には有名な「受験生ブルース」があります。ぜひ聞いていただきたい。そんな時彼らがまともにぶち当たるのは異性問題だったのです。高校生、大学生諸君は異性を愛してはいけないのでしょうか。私達はすべての人間を愛する事を学び、またその中で異性に対する愛、親に、兄弟に対する愛も教えられてきました。しかしながら男女の愛はあまりにも片寄った愛し方しか受け入れられないようですね。特にSEXの伴う愛は結婚を前提としなければいけないという考え方から産まれたすべての道徳観が人間の性行為の善悪を区別するように思われます。今の高校生、大学生に関しては未熟である事は認めます。が、しかしそれは何も教えず、正しく導びかないために起こるのです。これはしごくあたりまえの事なのです。だけど彼らはそんな環境にもめげずよく勉強していると思います。なのに彼らの中で起こった事を大きく騒ぎ立てて問題にしているのはあまりにも大人達の身勝手なやり方ではないでしょうか。なぜ勇気を持って教えないのですか。もし教えられないのなら彼らにまかせようとしないのですか。もっと彼ら若者を信じなければならないのではありませんか。今の高校生、大学生達もそうですが、当時の彼（中川五郎）も性の問題で真剣に悩み苦しんでいた事は確かです。それは当時の彼の唄「おいでよ僕のベッドに」を聞いてもらえばすぐに理解できる事だと思います。ぜひここで唄わせてやって下さい。聞いて下さい。SEXはいけない事だと決めつけられ、彼女を本当に愛しているならそんな事はできない筈だ、女性が傷付き苦しむからという観念を植えつけさせ、若者達の性をゆがませ、女はいつも損をするという損得勘定の女性を軽視する考え方も同時に教えていた大人達の一般的常識論こそ誤りである事を認めなければならないでしょう。自分達の性知識を得べく本を捜せばまったく興味本意の本しかなく、彼らはまたそこでも苦しみ悩んでいるのです。さらに私達はどれだけ自分達の性行為を持って楽しんでいると言えるのでしょうか。どれだけの大人達がエロ本通りのSEXをしている事でしょうか。考えてみてほしいのです。彼が「ふたりのラブ・ジュース」を書いた裏には、彼が真剣に女性を愛し、彼女の事を深く考え、自分達の存在を確かめあうとしたか私にはいたいほど伝わってきます。また同じ問題で考え悩む人達と性の事で語りあい、考えあいたいために彼は書いたんだと思います。それは大人達が何もしなかったから彼が自分達で何とかしようと考えたんだ、それを罰するなんて、大人達の方こそもっと深く反省し、彼らから学ばねばならない筈なのに……。もう一度ここではっきり言いたいのは、「ふたりのラブ・ジュース」はフォークソングとは不可分なものなのです。フォークソングを理解していなければ断じて見る事のできぬ世界なのです。ぜひ当法廷で彼中川五郎の唄を聞いて下さい。唄わせてやって下さい。今でも彼は売れないフォークソングシンガーとして頑張っています。そして今だに悩み考え続けています。性についいて。その証拠に最近彼は「二五年目のおっぱい」という唄を作り唄っています。裁判長殿、ぜひ聞いてみて下さい。

とにかくこの裁判は、とりわけ若い人たちが、自分たちが今もっとも真剣に悩んでいる問題について裁判所がどのように理解ある判断を下すであろうかということを大いに期待している裁判であることを再び最後に申し上げて、私の弁論を終わります。

フォークリポートわいせつ裁判——裁判に可能性と希望を

中尾ハジメ

一九七一年一月、大阪にあったアート音楽出版が家宅捜索を受ける。罪状は、わいせつ文書販売だった。前年の末に出版された雑誌『フォークリポート冬の号』がわいせつ文書だとされ、雑誌の購読者リストなどが押収された。曽根崎署に出頭し取り調べを受けたのは、社長の秦政明と販売担当の社員、それにこの号の編集をしていた村元武、早川義夫、中川五郎の三人。毎週のように行なわれた取り調べは、えんえんと三月までつづいたが、すでに捜査当局はその目的を果たしてしまっていたように思われた。おそらく百名を超える各地の定期購読者のもとに警察からの呼び出しがかかり、しばらくすると、アート音楽出版には中高生の読者から「フォークが嫌いになりました」などのハガキが届くようになるのだった。

秦政明社長と、「冬の号」に掲載された小説「ふたりのラブ・ジュース」の作者中川五郎が、大阪地検に呼び出され取り調べを受けるのは、それからさらに一年と八カ月が過ぎた一九七二年一二月の末だった。検事は略式起訴をもちかけるが二人は拒絶し、年が明けた一月、起訴状が届けられ、大阪地裁から裁判がはじまる旨の連絡を受ける。こうしてようやく二人は正式に被告人となり、誰はばかることなく自分の考えを述べる機会を与えられることになった。

対立の構図は単純明快だった。何者かが捜査当局を動員し、性についての罪悪感を梃にし、ベトナム戦争や公害問題などをめぐっての体制批判的な若者の、文化創造的というべき動きを、抑えこもうとしたのだ。体制批判的な若者の文化運動とは、より具体的には、フォークソング運動のことだ。それは、民放連（日本民間放送連盟）の自主規制などからは自由に、自分たちの手で歌をうたう場をつくりだしてきた、分権主義的な運動だった。

そのフォークソング運動は、大学での学生の叛乱が鎮圧された後にも、若い世代に文字どおり草の根のごとく広がりつつあるように思えたのだが、「わいせつ」の罪を着せられ、その表層的な広がりは断たれてしまった。しかし、大阪地裁での判決がでるまでの三年間、藤田一良弁護士に励まされたフォークソングの仲間たちは集まりつづけ、期せずして、関西フォークソング運動の第二段階に足を踏み入れることになった。思わぬことに、裁判所こそが青年世代と壮年世代をつなぐ文化運動の場になってしまったのだ。

被告人の秦政明は四十代半ば、中川五郎は二十代半ば。弁護人は、四十代半ばの藤田さんと、三十代半ばの仲田隆明と熊野勝之という、それぞれに異色の三人組。そこに特別弁護人として、四十代半ばの音楽評論家三橋一夫と、まだ三十まえの中尾ハジメが加わるという構成で、これだけでも、なかなかの世代的な厚みだったと思う。さらに、五十歳の哲学者鶴見俊輔、四十前後の詩人片桐ユズルと上野博正医師、三十代の高校教師足立正治と法律学校職員の増田祐子、そして二十そこそこの大学生前田仁が、弁護側の証人となった。こういったことが藤田さんの、最初からの作戦であったかどうかはわからない。が、後に藤田さんは、自分の気持ちが、被告の中川五郎をはじめ傍聴につめかける若い人たちに向かっていたことを、一度ならず口にしていた。若い人たちに、裁判を、生気を失った冷たい法律の場ではなく、可能性と希望の見つかる場として見てほしかった、そのために、裁判所の判断能力の可能性を信じ、そこにすべてをかけて、真面目に取り組んだ、と。

一九七四年一月の第五回公判は被告中川五郎の冒頭陳述に当てられていた。「ふたりのラブ・ジュース」をなぜ書いたのかを、フォークソングとの出会いにまでさかのぼって説明する、この意見陳述は、若者世代から裁判所への呼びかけの皮切りだった。「最初にフォークソングのことをしゃべりますので、わからない言葉がありましたら、きき返してください。ぼくらの専門用語とかありますから」。五郎はこういってはじめたが、小説を書いたということと歌をうたうことが不可分であることを訴えようと、電波にのって全国的に広がった「受験生ブルース」がメロディーも変わってしまい、商品化されたものだといい、自分がつくったもともとの歌をうたいたいと申しでる。法廷は目にみえて活気づいてくる。歌をうたうことは証拠調べの段階になってからするようにと裁判長はいう。

藤田弁護士がいう。「裁判長、いま被告人に聞いたわけですが、やはり意見陳述の内容として具体的に裁判所に訴えたい。……やはり、意見陳述を、大きな声でしゃべる人、小さな声でしゃべる人、いろんな人がいて、普通の音声でしゃべってもリズムがちがい、裁判所としてはそういうもの総体として意見陳述を理解される。そして中川君は歌い手ということで……小説にどうして行きついたのかという過程を、……裁判所に……わかっていただくためのよすがとして、やはり歌をきいていただきたい、こういうことを申しているようでございます。どうかひとつ許可をいただきたいと思います」。

熊野弁護士の念入りな弁論がつづく。そもそも、本人の言葉でない調書をつくられて起訴された被告人に、自分の表現手段でものをいう権利が行使される場が「意見陳述」なのだから、前例がないからといって許可しないのはおかしいと。これを受けて浅野芳朗裁判長は「合議します」といい、陪席判事二人とともに扉の向こうに見えなくなった。一〇分以上たってだったろうか、再び席についた裁判長は「必要であれば証拠調べの段階で……」といい、さらにしばらくは、弁護団席から、こもごも、異議申立がつづく。再度「合議します」と裁判長はいい、こんどは退席せずその場で陪席判事との相談。

まもなく異議は裁判長の小声で却下され、それに小声でこたえた五郎は、「この歌は全体にマイナー短調の曲ですので、歌として聞いた場合、すごく暗い、重くるしいメロディーをもったものです」と説明し、ただ歌詞を読みあげることになる。法廷を楽しみはじめた傍聴席からは笑い声が絶えなかった。

一回では終わらなかった五郎の意見陳述は、四月の第六回公判にまでつづき、あわせて五時間におよぶことになる。それにつづいた秦政明被告の意見陳述も五月の第七回公判にまでまたがる長時間だった。公判廷は、音楽プロモーターの側から関西フォークソング運動を総括し、レコード業界と放送における、本来ならば違法な、検閲の実態を告発する、報告集会のようだった。

こんな空気で、「フォークリポートわいせつ裁判」ははじまっていった。

それから二年後、一九七六年三月二九日の大阪地裁二〇一号法廷。浅野芳朗裁判長は被告人無罪を言い渡す。被告側の言い分をほぼ全面的に肯定するその判決文は、多くの人がそこまでは想像していなかったものだった。

……被告人中川が……ピート・シーガーのフォークソングなどに影響を受けたものであるが……音楽もたんなる娯楽や趣味であるということを越えて、自分の考えや環境を表現する自己表現の手段になるものであることを知り、高校二年のころからは自作の歌などを小さな集会などで歌うようになった。その後、関西を中心にフォークソング運動が盛んとなり、同被告人も「受験生ブルース」や「主婦のブルース」などを作詞して、全国に名前を知られるようになった。そのころのフォークソングの多くは、戦争、人種差別、部落差別などに反対するといった社会的な問題をテーマにしたプロテスト・ソングが中心であったので、同被告人としては、人間にとって、特に若者にとって、愛や性の問題が避けて通ることのできないものである以上、それらをテーマにして歌うべきであると考えていたけれども、それらをタブー視する考え方や同被告人も含めた歌い手の側の自己規制などに阻まれて、思うようにはいかなかった。当時、同被告人は本来、性とは人間の自然な側面であり、むしろ美しいはずのものであるのに、既成の観念がこれを汚らしいものとして抑圧し、不当にタブー視する一方で、性を商品化することを許していると考えて……これらの性に関する誤った認識を取り除くべきであり、性の問題については、だれもうしろめたさを感じないで、あたりまえのこととして、これを話題にするべきであると思っていた。……

……本件小説のように、作者の制作意図が文書の表現内容自体から客観的に推認され、しかもそれが性的行為の表現と不可分一体をなしている場合、それを除外して判断するわけにはいかないと考えられる。……被告人中川は、その意図したところを正しく読者に伝達することに成功しているかどうかについては必ずしも疑問なしとはしないけれども、本件小説が、人間の低俗な性的興味をそそることに拠った、底意のある好色的な小説類と、その制作意図の点において異なるものであることは肯定すべきである。……

浅野裁判長はフォークソング運動の有為なありようを肯定し、かつ、『フォークリポート冬の号』は、弁護人らの展開した法律議論について適否の判断をする以前の問題として、健全なる社会通念上、わいせつ文書ではないと判決したのだ。

特別弁護人の三橋一夫さんも驚きをもって言い渡しを聞いていた。その場ですぐに検察控訴を予測したが、後に感想を求められ、何よりもこの裁判が特別であったことをこう語っていた。「法廷に入るということは、大学の大きな講堂に入ったときのような、半分は非常にたのしい気分でこの二年ちょっとの間やってきたわけです。こういうことは、非常に特殊なことではないのだろうか。（新宿西口広場の）フォークゲリラの裁判のときなどは、入るやいなや、裁判所の廷吏が発する空気みたいなものが、なんかピリピリしたものがあって、おっかないような気がしていたのが、こちらの裁判には、そういうものがあんまりなく、比較的楽に考えたりすることができた。……傍聴人の方たちの押し寄せる波……、空気としては暖かい波をいつも感じていた」。

これもまた、三橋さん独りの感じかたではなかったにちがいない。

後日、検察は当然のごとく控訴し、一九七九年三月、大阪高裁は当然のごとく逆転有罪の判決をだす。やむをえず被告側は最高裁に上告するが、一九八〇年一一月、最高裁は当然のごとく上告を棄却し、中川五郎と秦政明の有罪は確定した。

三鬼の裁判——謝罪広告等請求事件準備書面より

一　三鬼と「新興俳句弾圧事件」

1　三鬼の出発

西東三鬼（斎藤敬直）が俳句の同人雑誌「走馬燈」に加入し、本格的に俳句の世界に登場したのは昭和九年、彼が三四歳のときであった。俳人としては遅い出発である。

三鬼は二五歳で日本歯科医専を卒業し、長兄の指示に従いシンガポールで開業したが、人一倍多情・多感な三鬼はありきたりの歯科医の仕事に専念することができず、専ら乳香と没薬の国を遊行して医業を怠り、折から田中義一内閣の大陸侵略政策の強行、済南事件の勃発などを契機とする排日運動の昂りに加えて、チフスに罹患することなどあり、医業を継続することができず、昭和三年二八歳のとき日本に引きあげざるを得ない仕儀となった。

帰国後東京市大森区で歯科医を自営し、昭和七年これを廃業、埼玉県朝霞の病院に歯科部長として勤務し、昭和八年東京神田の共立病院に移った。ここで同僚医師や患者たちにすすめられて俳句にかかわりをもつようになった。

「西東三鬼」の筆名はこの頃から使われており、その由来は自ら書いたところによれば、「西東と云うのは斎藤の文字を変えたので、三鬼はサンキューから来た」とのことである。

もともと文芸の世界に強い関心を抱き、文学書を耽読して本業を怠り、シンガポール在住当時、芥川龍之介の自殺の報に接して強烈なショックを受けたほどの三鬼であったので、たちまちのうちに病院の他の雑俳《ざっぱい》仲間からは一頭抜きん出る存在となった。俳句の世界では「新興排句」の運動が大いなる昂揚を迎えようとしていた時期に合致する。

2　新興俳句の興隆と三鬼

当時の世相は五・一五事件が起こり、滝川事件、さらには陸軍の青年将校のクーデター計画が発覚した一一月事件などがあいつぎ、世界恐慌の尾を引いた出口のない不景気、倒産、株価の暴落、凶作、農村の疲弊と窮乏、人身売買、共産党弾圧、国内体制の天皇制ファッシズムへの急激な傾斜等々、言いようのない憂うつさが社会を覆っていた。

俳句界では高浜虚子の主宰する「ホトトギス」の絶対的権威が支配し、「ホトトギス」即俳壇でもあった。俳句にかかわる人たちにとっては、このような閉鎖的な時代情況の陰うつさに加えて、伝統俳句「ホトトギス」の高浜虚子の重圧がのしかかっていたのである。

しかし、鋭い時代感覚に生きる多くの俳人たちにとっては、花鳥風月を詠じ客観的写生を俳句の理念とする虚子の「ホトトギス」は、最早や現実から目をそむけ、俳句を隠居的な観照の世界の枠内に押しとどめようとする桎梏以外のなにものでもないと感じられるようになっていた。

「馬酔木《あしび》」を主宰していた水原秋桜子は、昭和六年一〇月同誌に「自然の真と文芸上の真」を発表し、「ホトトギス」の写生説を批判して、虚子に叛旗を翻し主観の拡大を強く主張した。さらには同じく虚子の高弟の一人であった山口誓子は、「ダンスホール」、「スケートリンク」、「ラグビー」、「大原社会研究所」といったこれまでに伝統俳句がとりあげ得なかったような近代的素材をも積極的に句作の対象としてとりあげるべきだ、と主張して昭和九年に「ホトトギス」を離れ、「馬酔木」に加盟した。このように虚子の高弟たちがあいついで虚子から訣別する行動に出たことは、従来の俳句や俳壇にあきたらない思いを抱いていた多くの俳人たちの「新興俳句」運動への参加をさらに促すこととなった。

「新興俳句」運動とは要するに従来の花鳥風月を詠むことのみに傾倒する俳壇の風潮にあきたらず、これまでの俳句の方法・内容の束縛を打破して、俳句を真の現代詩として蘇生させようとする運動であった。

しかし、「新興俳句」とは、いわば集合名詞であり、反伝統、アンチ「ホトトギス」では一致しても、その内実に分け入ってみると、方法の面では、無季俳句・自由律俳句を提唱する者があれば、これに反対する者あり、俳人それぞれによって発想・表現について多くの主張一理念が打ち出され、又それが実際の句作で試行され、激しい論争が相互にたたかわされるなど、正に百家争鳴の観を呈していた。

三鬼が三四歳で本格的に排句とかかわりを持った昭和九年は、「新興俳句」が最盛期に入る最初の年であり、俳句の革新を標榜する多くの俳句誌が創刊され、前年、平畑静塔らによって刊行されていた「京大俳句」もこの有力な舞台であった。

また、三鬼は同年、新興俳句の横の連絡機関として「土上」の島田的浦、東京三（秋元不死男）、「句と評論」の藤田初巳、「早稲田俳句」の嶋田洋一、「走馬燈」の三谷昭、清水昇子らと協力して「新俳話会」の結成に尽力した。このような横断的組織は俳壇としては最初の試みであった。

三鬼は翌一〇年三月上京してきた静塔から、「京大俳句」に参加の要請を受け、三谷昭、清水昇子と共にその会員となった。のちにこのことが、三鬼の受難を招くことになったのである。

その年の年末、肺結核に罹った三鬼は、高熱の中で自ら俳句開眼の作と称する

水枕ガバリと寒い海がある　三鬼

の句を得た。当時の俳句としてはその斬新さが人を驚かせた。「寒い海」は死への不安の象徴であり、「ガバリ」という擬音語がこの不安を読者にも実感となって追らせた。

三鬼はそのほかにも伝統的な俳句の束縛を脱して、みずみずしい感性と新しい手法で俳句をつぎつぎと発表し、たちまちのうちに「新興俳句」の代表的俳人の一人とみられるようになった。

聖燭祭工人ヨセフ我が愛す　三鬼
咳きて神父女人のごと優し
アダリンが白き軍艦白うせり
右の目に大河左の目に騎兵
白馬を少女瀆れて下りにけむ

3　三鬼と「戦争排句」

三鬼がこのような俳人としての生長をとげて行く過程の間も、時勢は悪化の一途をたどり続けた。

昭和一一年、二・二六事件発生、日独防共協定締結、陸軍の広田内閣に自由主義一掃を要求、講座派学者及び左翼文化団体の関係者一斉検挙。

昭和一二年、日支事変が全面戦争に突入、スペインでのフランコの叛乱、人民戦線第一次検挙。

昭和一三年、ヒットラーのオーストリア併合、張鼓峰での日ソ軍衝突、国家総動員法公布。

昭和一四年、企画院革新官僚グループ検挙、国民徴用令公布、第二次世界大戦勃発。

中国における戦争がますます拡大の一途をたどる情勢は、俳人たちに大きな課題をつきつけた。硝煙の匂いたちこめる戦場で犬のように死んで行く兵士たち、いささかも甘い感傷を許さない苛烈な戦争の現実は、新興俳句を書く人たちにとっては大きな機会であり、試練でもあった。

山口誓子は「俳句研究」昭和一二年一二月号で、「新興無季俳句はその有利な地位を利用して、千載一遇の試練に堪えて見るがよかろう」と述べたが、新興俳句運動が、戦争俳句を中心に展開されるようになったのは時代の必然であった。

新興俳句の俳人の一人として、「戦争俳句」に対する姿勢を三鬼はこう語っている。

「花鳥諷詠俳人が『時局』という言葉に従って軍部の気に入るような『国民精神総動員』俳句を何の反省もなしに作ることを予想した。従って、私が『京大俳句』大会で唱導した戦争俳句は、冷徹に戦争の本質を見極めて作ろうというのであった。それは必ずしも、戦場に在るという条件を必要とせず、私達の肉体に浸透する『戦争』を、おのれの声として発すればよいと考えたのだ。

私はおのれの意識を凝結して脳中の戦争を俳句にした。」
いわゆる「戦火想望俳句」の提唱である。

兵隊がゆくまつ黒い汽車に乗り　三鬼
逆襲ノ女兵士ヲ狙ヒ撃テ！
戦友ヲ葬リピストルヲ天ニ撃ツ
黄土の闇銃弾一箇行きて還る

しかし、「戦争俳句」は、ただ花鳥諷詠を排し、硬質な抒情をたかめ、どのような題材も俳句で表現できるという「新興俳句」の実験の場にとどまる筈はなかった。戦争という悲惨な現実は、それを題材とする俳句に必然的に戦争に対する批判の色を濃く滲み出させずにはおかなかった。

銃後という不思議な町を丘で見た　渡辺白泉
繃帯を巻かれ巨大な兵となる
鶏頭のやうな手をあげ戦死《し》んでゆけり　富沢赤黄男
一木の絶望の木に月あがるや
未亡人泣かぬと記者はまた書くか　佐々木　巽
友ら帰らず夏帽街を白く描くに　東　京三
墓標生れ戦場つかの間に移る　石橋辰之助
雪のうえにけもののごとく屠りたり　長谷川素逝

これらの戦争批判の色を濃くした作品群はもとより、新興俳句運動の基底にある現実主義、自由主義、虚無主義、社会主義は、当局にとって看過することができないものになってきていた。

4「京大俳句弾圧事件」と三鬼

昭和一五年は紀元二六〇〇年にあたり、当局は国民精神統合をはかる動きをますます強めていた。平畑静塔は「京大俳句」誌上で同人たちに当局の動向に注意を促していたが、それほど深刻に受け止められていなかったようである。その証拠に、当時の「京大俳句」には次のような作品が毎号続々と発表されていた。

我講義軍靴の音にたたかれたり　井上白文地
千人針の前にゆえ知らぬいきどおり　中村三山
憲兵の前ですべってころんじやつた　渡辺白泉
砲音に鳥獣魚介冷え曇る　西東三鬼
軍歌行進露帝のごとき痴呆らよ　平畑静塔
痴呆らの軍歌音符に我が足拍つ

「京大俳句」弾圧をはじまりとする新興俳句弾圧の条件はこのようにして整っていたのである。

「京大俳句」の同人たちにとって、弾圧は突然にやってきた。

二月一四日、関西在住の平畑静塔・中村三山・井上白文地・宮崎戎人・辻曽春・新木瑞夫・仁智栄坊・波止影夫ら八名がそれぞれ京都府警察部の特高係によって検挙された。そして、五月一三日に今度は東京の三谷昭・石橋辰之助・渡辺白泉・杉村聖林子、大阪の和田辺水楼、兵庫の堀内薫ら七名が、次いで岸風三楼が京都で検挙された。三鬼の検挙はこれらの人々より遅れて、同年八月三一日であった。この一聯はいわゆる「京大俳句弾圧事件」である。

関西勢の第一次検挙は、当時の報道統制の下では、直ちに東京の同人たちの知るところとはならなかった。しばらくたって、これらの同人たちとの連絡が途絶えたことに不審を抱いた在京の同人たちが、検挙者の家族たちに事情を確かめることなどを通じて、一斉検挙があったことを知った。

しかし、在京の同人たちは自らの身の上にも同じ危険が迫ってくることについては奇妙に楽観的であった。検挙の手が東京にまで伸びなかったことから、関西の同人たちは「京大俳句」による俳句活動ではなく、なにか別の事件に巻き込まれているのではないかという希望的な観測があった。彼らは関西の同人たちが検挙されたことを知りながらもなお、東京で新しい新興俳句各派を総合する俳句雑誌「天香」の発刊準備に没頭していたのである。

第二次検挙に洩れた三鬼は、自分が「京大俳句」に加入を勧誘した友人たちが検挙され、自分一人が残されたことに苦悩し、うしろめたい思いで検挙者の留守宅を歴訪し、また事件の実情を把握することに全力を尽くした。のちに三鬼自身が京都に連行され、特高から聞き出したことで判明したが、三鬼一人を放置したのは、特高の常套手段で、いわゆる網の目をのがれた「同志」の出現を見張るための囮として残したのであった。特高の汚いやり口を知った三鬼は、「私のはらわたは煮えくりかえった」と「俳愚伝」の中で書いている。

三鬼は、「新興俳句」の俳人でもある弁護士の湊楊一郎（久々湊与一郎）の協力を得て、共に京都に赴き事件の実情を調査し、その結果、事件は「京大俳句」を弾圧の対象とした治安維持法違反容疑によるものであることを知り、事態が容易ならざることを覚った。

三鬼の検挙は八月三一日のことである。京都の松原署内での特高の取調べの内容や、三鬼のこれに対するしたたかな応答ぶりについては、前述の「俳愚伝」に詳しいので省略する。

三鬼は起訴猶予で同年一一月五日に釈放された。「京大俳句事件」で起訴されたのは平畑静塔・仁智栄坊・波止影夫の三人で、他の一三人は三鬼と同様起訴猶予で釈放された。三鬼の留置の期間が短かったのは当局が一一月初旬に予定されていた天皇の京都行幸にそなえて房を空にしておく必要があったこと、すでに取調べずみの先に逮捕された同人たちから事件の全貌を把握しておったことなどによるものである。釈放の条件である「手記」も、三鬼は平畑静塔や三谷昭のそれを参考にして書いた。

三鬼が東京の「京大俳句」の中心的な存在であるにもかかわらず検挙が遅れたことや、留置の期間が他の同人たちよりも短かった理由は、右に述べた事情によるものであることは、今日では明らかになっており、なんらスパイ説の根拠となり得ないことも明白なのである。また、三鬼が当時闇屋であったという話は荒唐無稽であり、昭和一三年から、有名な登山家三田幸夫が経営し、戦後いろいろな会社の再建を手がけて有名になった早川種三などが勤めていた貿易会社「紀屋」の社員をしており、輸入塗料などを扱っているれっきとした会社の社員であり、翌年には同じ会社に三鬼を慕って新進の俳人三橋敏雄も入社しており、これらのことは資料を調査するまでもなくよく知られている事実なのである。

三鬼は釈放後、すぐに東京に帰ったが、特高が自分を囮にしていたことを知ったので、迷惑が及ぶことを恐れて、できるだけ東京の俳人たちには会わぬようにしていた。しかし、当局の目的が「新興俳句」そのものの壊滅にあることを取調べを通じて知っており、事件は必ず東京へ波及すると信じていたので、ときどきは会合などに出席し、又は個別に俳人の勤務先などを訪れて警告した。しかし俳人たちは三鬼の言葉を直ちに信じようとはせず、「僕はコムニストではなく自由主義者だよ」とか、「僕のリアリズムは花鳥諷詠に対するものであって、官憲が忌み嫌うプロレタリア・リアリズムではない」などと呑気な反応がかえってくるだけであった。

三鬼が取調べ情報をこのように俳人たちに伝えることは、それだけで当時の情況下では三鬼にとって危険であったが、友情厚い三鬼は、そうせずにはおれなかったのである。

翌昭和一六年は「太平洋戦争」(第二次世界大戦)が起こった年である。二月五日嶋田青峰・古家榧夫・東京三(秋元不死男)・藤田初巳・細谷源二・中台春嶺・林三郎・栗林一石路・橋本夢道・神代藤平・横山林二・平沢英一郎・小西兼尾ら一三名が東京警視庁特高によって一斉検挙を受け、ここに「新興俳句運動」は当局の手で息の根を止められた。

5　弾圧事件以後の三鬼と俳壇

三鬼は、釈放後は一切の句作や俳句活動をやめ、翌昭和一七年には「紀屋」を退社し、南方商会をおこして単身神戸に移住し、以後再び性格不一致の妻子のもとに帰ることがなかった。三鬼の俳人としての再登場は敗戦後の昭和二一年のことである。

「京大俳句弾圧事件」のあった昭和一五年一二月、内閣情報局の手で俳句界の思想統制の機関である「日本俳句作家協会」が結成され、高浜虚子がその会長となり、小野蕪子、富安風生などが常任理事、荻原井泉水、水原秋桜子などが理事にそれぞれ就任した。

三鬼が神戸を去った昭和一七年二月には「日本文学会」が設立され、五月「日本文学報国会」と改称された。「日本文学報国会」は「日本俳句作家協会」を包含して、その「俳句部会」とした。俳壇はあげて文学としての自由と独立を放棄して、国策に順応し、「皇国の伝統と理想を顕現する日本文学を確立し、皇道文化の宣揚に翼賛する」方向を邁進するのである。

「新興俳句弾圧事件」の犠牲者の一人である嶋田青峰の「滅私奉公の念を熾《さか》んにし、それぞれ俳句報国の為に働けばよいではないか」という言葉が、この時代に俳句活動を続けていた俳人たちの心情をよくあらわしている。俳句界は「戦争協力俳句」で塗り潰されていった。

そぞろ寒む武漢三鎮遂に陥つ　高浜虚子
遡行戦山岳戦に秋重畳　松根東洋城
聯隊旗軍艦旗菊薫りけり　富安風生
草庵炉を開き武漢けふ陥落す　小野蕪子
柿食ふて日本人はつよきかな
柿食ふて醜の御楯といでたつ兵　嶋田青峰
霜到る徴馬旦の晴を嘶き　山口誓子
提灯の秋夜紅きに昻れる
紅き灯を秋夜にかざし声嗄れる

被告小堺が言うように、三鬼が特高と意を通じた「スパイ」であるならば、事件後も国策順応の俳壇の中でしかるべき地位を確保し、作品を発表することに何の抵抗もなかった筈である。俳人としての信念に生き、時流に背を向けて、単身神戸へ去って行った厳しい態度をみるだけでも、このような「スパイ説」がなんら根拠のない虚偽であることを明白に示しているといわなければならない。苦しさに耐え、俳人としての信念に生き節操を曲げなかった戦時中の三鬼の姿勢が、戦後の俳壇で、三鬼が重きをなす大きな理由となったのである。三鬼の野人精神は一貫しており、その進退はみごとというほかかない。

〔以上いちいち引用個所を表示しないが、平畑静塔、湊楊一郎、三橋敏雄の各証言調書、俳愚伝（甲第二四号証）によるほか、桜楓社刊・鈴木六林男・沢木欣一著「西東三鬼」、日貿出版社刊・楠本憲吉・川名大著「新俳句への招待」、三谷昭俳句史論集刊行会「三谷昭俳句史論集」、桜楓社刊・川名大著「昭和俳句の展開」、角川書店昭和五五年四月臨時増刊「西東三鬼読本」などを参考にした。〕

二 「密告」の三鬼スパイ説は被告小堺の捏造である

1 「特高と通じていた」との記述は根拠がない

被告小堺の三鬼スパイ説についての記述は、「密告」（甲第二号証）の九八頁から一〇二頁にある。

ここで、三鬼ははじめは、

「三鬼はしかし、自分から特高のスパイになったわけではない。心ならずも特高当局の協力者に仕立てあげられた囮であった。」

として、三鬼を自らは知らずのうちに、特高の一方的監視の対象者となり、囮の役割を演じさせられてしまった者として描かれている（同書九九頁、以下頁数のみ）。

「当局が第二次検挙者のリストからかれだけをはずしたのは、俳壇の社交家でもあったので自由に泳がせようとしたからである。そしてかれの大森の自宅附近には刑事を張り込ませ、出入りする俳人たちをチェックさせていた。」

しかし、それがいつの間にか特高と意を通じた「スパイ」に変身させられてしまうのである。

「三谷昭、東京三、石橋辰之助らと創刊したばかりの、小説家横光利一、詩人の伊藤信吉、菊岡久利らにも執筆してもらった豪華な『天香』もたちまち廃刊にしなければならない。そういう腹だたしさもあり、三鬼は女と酒におぼれ、家庭はおもしろくなく心がすさんでいた。そうしているときに特高からの要請があった。」（一〇一頁）

しかし、当時の三鬼の心境——「三鬼は女と酒におぼれ、家庭はおもしろくなく心がすさんでいた」や、「特高の要請」の部分は、その内容からみて、三鬼自身が告白したのでなければ、小堺か誰かが捏造した以外には書き得ないところであることは明らかである。

小堺は右の三鬼の心境について「これは三鬼自身が書いております。また他人からも聞いております。」（小堺第二回証言調書）と述べているが、嘘であり、三鬼にこのような心境告白はどこにもなく、また他人がこのような三鬼の心境を仮りに述べたとしても、勝手な憶測にすぎないことは明白である。まして、「特高の要請」については、取材対象者の誰かが三鬼に「特高の要請」があったのだと述べた事実が仮りにあったとしても、その者にそのような事実の有無を知り得た根拠を充分に聞き訊し、その信憑性を慎重に吟味することなしに資料として用い、客観的事実として述べる根拠とすることができないものであることは、物書きの常識である。

しかし、小堺の「取材ノート」(乙第七号証)やその他の証拠(乙第八、九、一〇号証など)には、このような発言の真実性を客観的に裏付ける事実の記載はどこにもない。(もし、取材対象者からその真実性を裏付けるような発言があれば、重要なことであるので、小堺が取材ノートに記載しない筈はない。)

小堺の「取材ノート」等の証拠としての信憑性についてはのちに述べるが、その中で「スパイ」という言葉で対象者の発言として記載してあるのは、藤田初巳のところの(乙第七号証三七頁)、

「わたしは、ほんとうの人間三鬼を書くつもり、その中でスパイさせられたことも」

という書き加え部分と、嶋田洋一のところの(同号証七一、七二頁)、

「藤田さんから私は『三鬼が渡辺白泉の父親から五〇円もっていったことがある。特高と親しくしているから保釈にしてもらってやるから』というのでその話を聞いた、白泉がつかまったころすでに三鬼は特高と通じていたから、そんなことが言えるんですね。」

「これは重要なことです。かれは特高の要請を受けていたんですよ。囮で泳がされているばかりでなかったんです。『俳句人』の連中もそれを知っていたからスパイ説をささやいていたわけ。」

という個所だけである。

この嶋田の部分における記載は、藤田が渡辺白泉の父親から聞いたという、三鬼が「渡辺白泉の父親から五〇円もっていった」という話(再伝聞)に尾ヒレをつけた憶測でしかないことは明らかである。憶測はあくまでも憶測にすぎず、これをあたかも確定的な事実として取扱い、客観的事実であるように記述することが許されないことは、これまた物書きとしての基本的なモラルである。

なお、嶋田の知識のもとである藤田の個所では「特高と親しくしているから保釈にしてもらってやるから」という部分がないことに注意しなければならない。「保釈」云々は嶋田の脚色である。また、嶋田の発言として記載されている金額は「五〇円」であるのに、「密告」では「百円」となっており（乙第二号証八六頁）、「わたしは特高の幹部と親しい、まかせておきなさい。袖の下をつかませば保釈してもらえますよ」とまで、見てきたように書かれており、さらに、当時の「百円」の価値についてくどくどとした説明が加えられているのである。小堺自身がいかに三鬼スパイ説を真実らしくみせるために努力しているかは、この部分だけでも明白であり、とうてい許されることではない。

さらに、嶋田の発言として記載されているところによっても、

「三鬼——人間三鬼を書きたい。『地上』に書いたとき、泳がされていたと、三谷はそう言っていた。藤田氏も、私自身にも経験がある。」（同号証六六頁）

「泳がされていたと三谷はそう言っていた、藤田も言っていた」（乙第九号証）

とあるように、三谷や藤田の認識は、三鬼は検挙までの間特高に泳がされていたというだけのことである。とくに三谷の個所の記載では「泳がされていたのは当局だけの意図」（乙第七号証二七頁）とあり、囮としての役割を演じさせられたのは、三鬼の関知しないことであることを明言しているのである。

三鬼自身も「泳がされていた」ことは取調を受けている間に、刑事からはじめて聞かされたことであり、このことをなんら否定していない。しかし「スパイ」という表現と、知らずのうちに「泳がされていた」とではまったく意味が違うことは明らかであり、小堺は「泳がされていた」ことを巧妙に

のである。

「スパイ」という表現にすり替えて、三鬼スパイ説の根拠に、三谷や藤田の発言を利用しようとした

なお前述の藤田の部分にある記載も、「泳がされていた」ことを混同して、「スパイにさせられた」と小堺が記載しただけであることは、のちのアンケートにおける同人の回答をみても明らかである。(三鬼が意図的に「スパイ」をしたという意味で述べたのであれば、自らそう考えた理由をさらに述べた筈であるし、小堺もさらにその根拠を詳しく尋ねた筈である。)

2 新興俳句にリンチ殺人はあり得ない

さらに、中西警部が平畑静塔に、「三鬼はどんなに責めてものらりくらりで尻っぽを出さん」とボヤいたという話を、「共産党リンチ事件」の犠牲者の小畑の二の舞をさけるためのカモフラージュであるとして、特高と三鬼の結託の傍証として述べている部分については言語道断であり、小堺の捏造も極まれりといわなければならない。

いわゆる「共産党リンチ事件」の真相はともかくとして、この中西警部がボヤいたとの話は、平畑静塔が小堺に述べたとして記載されている。三鬼はその老練狡猾な対応で取調官を悩ましていたのであり、取調に対する三鬼の抵抗ぶりについては「俳愚伝」(甲第二四号証二五〇頁など)に自ら述べている。それにしても、このような中西警部のボヤキが、どうして三鬼スパイ説に結びつくのか、小堺の意図的な曲文のひどさにはあきれ果てる。

「新興俳句」の俳人たちは、当局と食うか食われるかの死闘を展開している非合法結社とはまった

くわけが違う。いたってノンビリとした善意の自由主義者たちばかりである。たとえもし三鬼が「スパイ」であったとしても、俳人たちが三鬼を殺害したりする筈のないことは常識以前のことなのである。「スパイ」である三鬼を、八百長的に検挙して、わざわざ三鬼の手強わさを、同人の前でボヤいてみせて芝居する必要などどこにも存在しない。

前記の嶋田の部分での記載は、「三鬼が特高と意を通じていた」との推測が、三鬼の検挙という事実の前で崩れてしまうので、嶋田がこの検挙を何の証拠もなく「共産党リンチ事件」の小畑の場合にこじつけて説明しようとしただけであり、このような話を嶋田がしたとき、むしろ小堺は、嶋田の三鬼に対する憎悪感を見抜き、彼のこれまでの話の全体の信憑性についても大いに疑いを持つべきが当然であったのに、さらに小堺は、これに平畑から聞いた「中西のボヤキ」をねじ曲げて結びつけ、「三鬼スパイ説」を捏造したのであるから、とうてい許し難い。

3　小堺の「三鬼スパイ説」の根拠は理由がない

イ　三鬼が「京大俳句」の東京のメンバーの中で中心的地位にあったのに、二次検挙に洩れて検挙が遅れたこと。

ロ　三鬼の釈放が他の同人にくらべて早かったこと。

ハ　白泉の父親から保釈してやるといって金を貰ったこと。

ニ　当時三鬼は闇屋をやっており、金に困っており、酒と女に身をもちくずし、気持がすさんでいたという勝手な憶測。

などを都合よくつき混ぜて創造（想像）したものであると考えるしかない。しかし、

イについて言えば、三鬼が二次検挙に洩れた当時は、仮りにそのような疑惑が一時的に俳人たちの心に湧いたとしても、結局は彼自身も八月三一日に捕われており、それによって疑惑は氷解した筈である。しかも今日では、三鬼が取り残されたのは、当局の常套手段である囮として三鬼が利用されたためであることが、三鬼自身によって明らかにされている。もし、このようなことが「スパイ説」の根拠となり得るのであれば、「新興俳句」の俳人として活躍していた嶋田洋一自身は、まったく検挙も受けずに安穏な生活を送っており、彼こそがもっとも「スパイ」であったことを疑われるにふさわしい立場にいたことになる。

ロについて言えば、三鬼が逮捕された時期にはすでに「京大俳句事件」のみならず、「新興俳句」運動の全貌については、逮捕された俳人からやそれまでの調査によって当局は把握しており、さきに検挙された者たちは、その後日ならずして釈放され、三鬼からあらためて訊き出すことはなかったこと。三鬼の上申書も、すでにそれを書き終えた平畑や三谷の書いたものを参考にすることができたため、渋滞することなく作業が進んだこと。天皇の行幸が近づき、新たな予防検束などの必要のため房を空にする必要があり、京都の特高の関心はすでに他に移っていたことなどの理由によるものであることは、三鬼自身の述べるとおりであり（甲第二四号証）、これは客観的事実についても裏付けられている。

ハについて言えば、白泉の父親の一件は、仮りに五〇円（小堺の書く百円とでは金額が大きく食い違う）を受領する事実があったとしても、当時の状況からみて、三鬼の「京大俳句」の検挙された同人

について調査活動の費用に費やされたと考えるのが合理的であり、「特高に顔がきくから保釈してあげる」云々は、嶋田の脚色である可能性が強いことは前述のとおりである。また、百歩譲って、このようなことを金を引き出す口実に三鬼が言ったことが事実であるとしても、その後白泉は保釈ではなく起訴猶予で釈放されている事実や、三鬼自身の検挙という事実によって、「特高に顔がきく云々」はまったく事実に反するものであり、単なる借金の口実にすぎないことが証明されたことになる。これを、「スパイ説」の根拠となし得ないことは明らかである。

二について言えば、二次検挙に洩れて自分一人がとり残された当時の心境について、三鬼自身は、

「それでなくとも、私は目下窮境の極にいるのだ。自首という術《て》もあるにはあるが、さて、何事を犯したと言えばよいのか。眼をあけていても、私の眼中には、しょっぴかれた友人達と、その家族が見えるのだ。——その席上で私が何をつぶやいたか、全然記憶がない。泣いたような気もする。」(甲第二四号証二四〇頁)

と書いている。彼は当時自分が紹介加入させた他の俳人たちとは別に、自分だけが検挙を免れたことや、検挙者の留守家族や他の俳人たちの白い目を意識するにつけて、酒に酔いつぶれることがあったとしても、それは「特高の要請」を受けるような心理状態とはまったく逆であり、さればこそ、獄中で「囮」にされていたことを捜査官から知らされときの気持を、「私のはらわたは煮えくりかえった」と書いているのである。

また、「闇屋」について言えば、社会秩序が乱れた敗戦間近や戦後の混乱期ならばともかく、社会統制の厳しい昭和一五年には「闇屋」などなく、又当時三鬼が「紀屋」に勤務していたことはすでに

述べたとおりである。

いずれにしても、小堺が集めた俳人たちの言葉や、資料等から書き得るのは、せいぜい「二次検挙に三鬼が免れたとき、俳人や家族たちの中には、特高との関係を疑う者が居た」という限度であり、これも、すぐ後の三鬼自身の検挙によって疑惑は消滅したことや、この間の事情について三鬼自身の説明を書き加えるのでなければ不公平である。これをせずに、三鬼をスパイと断定した小堺が、三鬼スパイ説をことさら捏造したとみなされるのは当然であると言わなければならない。

4　三鬼の「戦争俳句」についての小堺の歪曲

小堺が「三鬼スパイ説」を読者に信じさせるためにいかに無理をし、虚偽を述べているかという点についてさらに指摘する。それは三鬼と「戦争俳句」ついての記述である。

小堺は三鬼の「戦争俳句」の提唱について、

「三鬼は昭和一二年一二月の『京大俳句』の誌上で『この強烈な現実こそは、無季俳句本来の面目を輝かせる絶好の機会だ』と仲間たちを叱咤していた。生きるか死ぬかの戦場での花鳥諷詠もハチの頭もあるか。有季定型などと言っておられるか。戦場こそ無季俳句のうってつけの素材だ……と三鬼は言っているのであるが、戦争俳句を大いに推奨したと解釈されて、かれは内務省当局の弾圧をまぬがれる幸運をつかむことになる。」（二八頁）

と述べている。「戦争俳句を大いに推奨したと（当局が）解釈」したというのは、小堺の勝手な「解釈」である。「戦火想像俳句」の提唱の真意について、三鬼自身が述べているところについては、すでに本準備書面一、3において引用したとおりである。三鬼は「花鳥諷詠俳人」たちが「国民精神総動員俳句」を何の反省もなしに作ることを予想して、冷厳に戦争の本質を見極めて戦争俳句を作ろうと提唱したのである。このような三鬼の発言がひとつのきっかけとなって、当局がもっとも忌避する、無惨な戦争の本質を鋭くえぐり出す「戦争俳句」がつぎつぎと「新興俳句」の俳人によって作り出されたのである。したがって、三鬼は「戦争批判俳句」の元凶とみなされることがあっても、「戦意昂揚俳句」のアジテーターとして当局に評価されることなど、決してあり得ないことはあきらかである。しかも、「内務省当局の弾圧をまぬがれる幸運をつかむことになる」とは事実とまったく正反対である。現実に、彼は当局の弾圧によって捕えられ、俳人としての活動を禁じられた被害者なのである。小堺の捏造もきわまれりと言わなければならない。

小堺はさらに

「かつて三鬼は『京大俳句』に戦争俳句は大いに詠むべしと書いているので、これが特高当局の心象をよくしたのも事実だが、半分は協力してくれたことに対する謝意であった」（甲第二号証一〇一頁）

と書いて、同人たちに遅れて三鬼が逮捕された理由を、故意にねじ曲げて解釈したうえ、

「これはおかしい。尻っぽを出すも出さぬも三鬼の作品を見れば当局のいう反戦思想があるかないかは一目瞭然だ。」

と書いたあと、

「三鬼には『戦争』と題する、特異な感覚の戦争俳句がある。

機関銃眉間ニ赤キ花ガ咲ク
砲音に鳥獣魚介冷え曇る
泥濘の死馬泥濘と噴きあがる

戦争俳句は大いに詠むべしと言った三鬼だが、ホトトギス派がつくる戦争賛美俳句と同列のものではない。これらの作品は仁智栄坊の『戦争機バラのある野に立ち』や平畑静塔の『病院船牧牛のごとき笛を鳴らし』にある反戦思想につながっている。戦争の非人間性を憎悪している。それなのに三鬼は二カ月間留置されただけで起訴猶予になり、静塔と栄坊は起訴された。」

と書いている（前同一〇二頁）。

三鬼の「戦争俳句」が「反戦俳句」でありながら、三鬼が起訴猶予になったのは、いかにも特高の特別の扱いのように書いている。しかし、これもまったくの嘘である。「京大俳句事件」で起訴になったのは前述の二人のほかに、波止影夫の三名のみであり、他の一三人は三鬼と同じ「起訴猶予」のままの釈放である。

小堺はまた、

「戦後、三鬼は多くの人たちから、あなたの場合は、どの作品が槍玉にあげられたのかと訊かれると、憤然とした目顔で、『どんな句が引っかかりましたか、という質問は、あの弾圧事件そのものの性質を知らない愚問です』と返事していた。つまりかれのは『どんな句』も引っかからなかった――それがうしろめたくて、そのように答えていたのだ。」

と記述している。

しかし、これは多くの人たちから訊かれた三鬼の返事ではない。「俳句研究」の質問に応えた短い書簡にある言葉である。「多くの人たち」という表現で、三鬼スパイ説に信憑性をもたせようとしている（甲第四号証）。

「どんな句も引っかからなかった」とは小堺のつくり出した嘘で、俳句活動のゆえに、三鬼は逮捕されている。また、「うしろめたく」は、小堺のこれまた悪意の想像である。

三鬼が言いたかったことは、「昇降機しづかに雷の夜を昇る」といった句を、「雷の夜すなわち国情不安な時、昇降機すなわち共産主義思想が昂揚する」というような、無茶な解釈を取調官が押しつけてくるといった、弾圧の実態を経験したものにとっては、「どんな俳句が引っかかったか」という質問は、無意味であるということだったのである。

三鬼の戦争俳句とのかかわりについても、このように小堺は意図的に事実をねじ曲げて、「スパイ説」を強調しているのである。

5「新興俳句弾圧」にスパイは必要でない

しかし、そもそも「三鬼スパイ説」を、誰が、何を根拠に吹聴したかという問題の以前に、「スパイ」など、「新興俳句弾圧事件」にはなんら必要ではなく、あり得ないというのが当事者のみならず、当時の俳人たちの共通の認識である。小堺はこうした事情も故意に無視して、「スパイ説」を書いたのである。

「それは、我々の検挙にあたりましては秘密部分はなく、全部雑誌にさらけ出しているからです。

しかも当局が調べたのは全部雑誌に載った論文の作品であり、俳句会で述べたことや、あるいは友達としゃべったものは一切証拠として上がっておりません。

従って、我々については秘密の部分は全然ない訳ですし、またこの点については、東京方面の新興俳句も同じことであり、秘密を必要とせず、全部さらけ出しているのですから、当局も秘密に調べたりしなければならないことはなかった訳であります。

ですから、当局はスパイを必要としないのですから、三鬼がスパイであるということは考えられません。しかしスパイという言葉の意味を広く考えれば、スパイ行動をしたと我々が考えている人は一人居りますがそれは三鬼ではありません。」(平畑静塔証言四六丁)

「それから、私は俳句弾圧事件はスパイが介在する余地がない事件であると思っております。と申しますのは、俳壇の事情は京大俳句から全都当局へ知らされております。私が見たのは平畑の調書と藤田初巳の手記ですが、それによると、当時の俳壇の状況はあますところなく分るようになっておりました。

従って、問題になるのは俳句の解釈の問題でありまして、皆当局の都合の良いように曲げて解釈されて書かされているのです。

例えば平畑の俳句に『菊』という文字があると、菊の紋を冒とくしているかと尋ねられ、はいしておりますと書いてあるのです。ですから、スパイが介在する余地はなかったと思います。」(湊楊一郎証言調書四七丁)

俳人の活動はまったくオープンであり、公刊される俳句雑誌をみれば、誰がどのような会に属し、どのような俳句を発表しているか、人脈や傾向などを調べるには、なんらスパイの活動を必要としない。スパイ＝協力者として特高が必要なのは、捜査官にとっては難解な俳句を都合のよいように解釈し、俳人たちに対する追求のやり方を教えてくれる俳人である。

この意味での「スパイ」であれば、俳人たちの間では、今日では、その者の氏名は明らかであると考えられている。京都の「新興俳句」の俳人で、協力を代償に検挙を免れた「N」（編集部の判断で匿名）であるとするのが定説である。

不思議なことに、しかし、小堺はこの「N」のことについて、その氏名を明示せず、しかも「N」とさえもせずに、「A」としか表示していない。彼の氏名や役割を、平畑静塔から話を聞いているにもかかわらずである。その理由について、小堺は、「『N』は関西に在住し会いに行けなかったから」（小堺第二回証言調書）と述べている。三鬼についての取扱いと比べて、まことに不公平で納得できぬといわなければならない。

6「取材ノート」などの記載の信憑性についての疑問と小堺の取材の偏りについて

小堺の「一取材ノート」（乙第七号証）や聞き取り書（乙第八、九号証）は、取材対象者の話を現場でメモ的に記録したものであると小堺は言う。しかし、当然のことながら、対話は対話者相互の関係で内容が形成されるものであり、相手方＝小堺の質問の内容も同時に記録されているのでなければ、応答者の発言の記録の意味解釈は正確にはできない。これまでに述べたところからも明らかなように、三鬼に対する小堺の意図からみて、とくに「泳がされていた」という言葉を、「スパイであった」という言葉に置きかえて記入している可能性は、極めて大きい。また小堺自身が作成し、本件訴訟においてはじめて証拠に提出されたところからみて、あとで適当に訂正・加筆された部分がないという保証はどこにもない。これらの聞き取り書の証拠としての信憑性は、大いに疑ってみる必要がある。

それはさておき、小堺の取材対象者は、取扱った題材の大きさや、とくに弾圧を受けた当の本人である三鬼を「スパイ」と断定する大胆な結論を生み出すには、余りにも偏っており、また取材の範囲が狭すぎる。「俳句研究」の「はたして三鬼は特高のスパイか?」というアンケートに対する各回答者の応答をみても明らかである。

「排句研究」(乙第一一号証)のアンケートの回答者は一五名である。その中で、小堺のように「スパイ」という断定を慎重に避けながらも、強く三鬼に対する「疑惑」を打ち出しているのは嶋田洋一ただ一人であり、次に古家榧夫が、「疑わしきは罰せず」という表現ではあるが、「スパイ説」に与するがごとき仄めかしをしているほかは、全員「三鬼スパイ説」をはっきり否定している。一三対二である。

小堺の取材対象者のうち、回答に加わらなかった物故者は三谷昭ただ一人であり、三谷も小堺に対し、「泳がされていたのは当局だけの意図」(乙第七号証二七頁)と答えているところからみて、否定派であることは明らかである。アンケートの回答者は、「新興俳句弾圧事件」に連座した人か、又はその関係者ばかりであるが、その回答は、ほとんどは強く「三鬼スパイ説」をはっきりと否定するものばかりである。このような大勢の中で、小堺は、ただひたすら嶋田洋一の「スパイ説」を信じたというのであるから、この一事だけでも小堺の、三鬼の件についての記述の意図の積極的な悪意は明白である。

小堺が古家榧夫の話を聞いたのは、「密告」の執筆後、このアンケートが発表されたのちのことであり、彼の発言は「密告」の資料になっていない。

古家の「疑わしきは罰せず」の「疑わし」さの根拠がないことについて、ここで附言しておく。

古家の意見は、秋元（不死男）が「そういううわさがあるよとぼくに云ったんです」「まだ三鬼がつかまらないとき」「俳句評論の連中もそう云っている」「三鬼だけがつかまらないのはおかしいと事件があったとき新興俳句の連中はみんな思っていた。秋元もそれを云っていた」「みんなというのは『土上』の連中『俳句評論』」（乙第八号証）などといういずれも「伝聞」が根拠である。「俳句評論」は昭和三〇年頃に発刊された俳句雑誌であり、当時の噂とはまったく無関係である。古家の記憶の混濁ぶりについてはさておき、結局は、秋元が「三鬼がまだつかまらないとき、つかまらないのはおかしい」と言っていたのを聞いたことがある、というに過ぎない。三鬼の逮捕が遅らされた理由については、これまで再三述べたとおりであり、「当局だけの一方的意図」であったことは、今日では明らかになっている。また三鬼自身の検挙によって、仮に、一時的に疑惑が俳人たちの心に浮かんだとしても、すぐ氷解したことも自明である。古家の「疑わし」さは、彼の勝手であるが、まったく独断的で理由がないと言わなければならない。（しかし古家はまだしも「噂は噂」として「スパイ」の断定には慎重であるという良識を持ちあわせている。）

小堺が、しきりに、自分に有利にその発言を援用する藤田初巳の回答は、右の古家の回答内容との対比のうえでも重要である。彼は言う。

①「京大俳句」東京会員の検挙（昭和一五年五月三日）から四カ月ちかく、そのなかの音頭とりだった西東三鬼だけが一人野放しにされていた。
②しかも、京都での留置期間がほかの会員に比べてきわめて短かった。
――この二つの事実が三鬼スパイ説を生んだのだろう。しかし、このうち①については、御当人が「俳愚伝」のなかで、その理由を述べている。〈網の目をのがれた「同志」の出現を見張るための囮〉にされていたことを、京都の特高から聞いたというのである。狂った時代の狂った連中の考え出しそうなことだ。その記述を信じたい。

きわめて健全で常識的な判断である。これをみるだけでも、小堺がいかに意図的に藤田の述べるところを歪曲して利用したかが、決定的に明らかになる。藤田は、小堺側の証人としての出廷要請に対し、「密告」の「三鬼スパイ説」に怒り、「あんなちかくさいことを書くような、行けるもんか」とこれを断ったのである（湊第二回証言調書九丁）。

藤田流に言えば、このような三鬼をめぐる事実が明確になっていながら、現在も「スパイ説」を吹聴する嶋田洋一や、これに共鳴する古家は、「狂った時代の狂った連中の考えそうな疑惑」を、今なお持ち続けているということになる。

7　嶋田洋一の「三鬼スパイ説」は妄想の産物である

嶋田洋一の回答は、あらゆる事実を、悪意に満ちた歪曲を加えて、「三鬼スパイ説」の根拠に利用しようとしていることが一目瞭然であり、なんら説得力がないというより、彼の精神構造そのものをさえ疑いたくなるような内容である。その推論や断定の乱暴さについて、もはやくどくどと批判を加える必要もないであろう。勝手な想像や憶測で「スパイ」にされたのでは、三鬼も浮かばれまい。それにしても、嶋田洋一の、三鬼に対するこのような異常な憎悪の発生原因はなにか、という問題は一考に価いする。

「嶋田は『新俳話会』が発展的解消を遂げて、『十土会』という会ができたとき、三鬼に俳人としての能力を評価されず、これに加えられなかったのが原因で彼に対して悪感情を持つにいたった。」

これは三橋敏雄の推測である（同人証言調書二八丁）。

それのみならず、小堺や嶋田の論理にしたがえば、三鬼は、他の俳人たちに遅れて検挙され、又留置場に置かれた期間が短かったことが「スパイ説」の一つの根拠というのであるから、まったく検挙を免れた嶋田こそ、もっとも「スパイ」として疑わしいことになる。他の俳人たちにそう思われていないかどうかということに、嶋田がこだわりを持たぬ筈がない。それに加えて、彼の父嶋田青峰は、弾圧を受け、「『滅私奉公』の念を熾んにし、それぞれ俳句報国の為に働けばよいのではないか」（日貿出版社、楠本憲吉・川名大著「新・俳句への招待」一二七頁）という言葉で翼賛俳句への道に転向したのち、この世を去った。

自らの節を曲げなかった三鬼が、戦後の俳壇で大いに評価され、重んじられていくのと、父青峰のみじめな死と比べて、三鬼に対し屈折した思いを抱くようになったとしても不思議ではない。嶋田の「三鬼スパイ説」もこのような嶋田の心情に発するものではないかとも考えられる。但し、これはあくまでも一つの「推測」に過ぎないことは言うまでもない。

小堺は具体的事実に基づかず、想像や憶測だけで三鬼スパイ説を語る嶋田を、ことさら三鬼研究の専門家として祭り上げ、自分はその説を信じただけということで、本訴において自らの責任を免れようとしている。

しかし、「昭和俳句史」・「新興俳句」・「西東三鬼研究」では、山本健吉・鈴木六林男・川名大・楠本憲吉・松井利彦などの著作もあり、広く知られている。しかもこれらの人たちはいずれも現に活躍中である。

島田洋一は右にあげた人たちとは異なり、なんらの研究業績の発表もなく、小堺があえてそのように評価する（ふりをする）以外には、研究家・専門家としては誰にも知られていない存在なのである。

島田の「新興俳句弾圧事件」に対する著述は、かつて「地上」に掲載された「新興俳句弾圧事件体験記」（甲第二六号証）と「密告」が刊行されたのちの、昭和五四年八月号の、早稲田大学関係の俳人たちが発行している「西北の森」における「青峰はまだ成仏していない（昭和俳句弾圧事件余録）」の二編だけである。

「体験記」には、三鬼についての叙述があるが、ここでは当時の弾圧の実態を紹介しながら、釈放直後に三鬼が訪ねてきたときの様子が、生き生きとした筆で描かれている。しかし、どこにも、「三鬼スパイ説」はおろか、それを匂わせる記述はない。

「昭和俳句弾圧事件余録」は「密告」が刊行されたのち、俳壇に、小堺の「三鬼スパイ説」に対する非難がたかまっていたころ（甲第三、四、六、七、八、九、一〇、一一、一二、一三、一七、一八、各号証）の作品である。にもかかわらず、これに対して一言の言及もないことは不思議である。あたかも自分が「スパイ説」の火元であることを隠そうとするかのようである。この文章を、事情を知らぬ者が読めば、小堺の「三鬼スパイ説」は、島田の証言によったというのは嘘で、小堺一人が捏造したものではないかという感想を抱くであろう。どうして嶋田は、ここでも「三鬼スパイ説」を堂々と開陳しなかったのか。この文章は、いかに嶋田自身が、「スパイ説」は自分でもあやふやな想像に基づく根拠のないものであるかを自覚していたことの証明である、と言わなければならない。

8　小堺の言い逃れは許されない

小堺は自分の「三鬼スパイ説」のでたらめさが暴露されてくると、その責任を嶋田らに転嫁しようとする。

「それは嶋田さんが長年調べられたことなんです。」（小堺第一回証言調書三二丁）

「しかし、信じなければ書けません。疑ってばかりいちゃ物は書けません。」（前同三三丁）

「私は嶋田さんを全面的に信じ、嶋田さんは自分の見解を私の文体として書いてよろしいと言われたのです。嶋田さんのが想像だから私の方も想像だと言われるのは、ちょっとおかしいのではないでしょうか。」（同人第二回証言調書三六丁）

「三鬼の方からではなく、圧力があってと嶋田さんは証言している訳です。つまりブローカーとしての裏取引を戦時物資統制令違反としてひっかけられたという言い方でした。」

この最後の「ブローカーとしての裏取引を戦時物資統制令違反としてひっかけられた」という事実は、嶋田についての「取材ノート」のどこにも出てこないので、本人尋問のときの小堺の即興的な創作とみるほかない。このように、小堺は、自分の記述は「嶋田」の証言を資料とし、これを信じただけだと主張する。

嶋田を取材するまでの対象者の中には、嶋田のように積極的な意味での「三鬼スパイ説」を言う者は居なかったことは、「取材ノート」の記載によって明らかである。小堺はどうして、「弾圧事件」の直接被害者でもない嶋田の、それも「伝聞」、「再伝聞」から、自分が想像しただけにすぎないことが明白な嶋田の「証言」を、客観的事実のように信じることができたのか不可解というほかない。しかもその内容は、たとえもし真実だとしても、「三鬼と特高」だけしか知り得ないことである。他の研究者や、弾圧を自ら経験した俳人のみならず、その他の関係者の誰も、これまで一度も発表したことのない事実である。どうして他の「京大俳句事件」の被害者や、三鬼に近かった人に、この嶋田の証言の真・偽を確かめようとしなかったのか。山本健吉など著名な研究者たちの意見を聞かなかったのか、これまた不思議というほかない。何よりも、嶋田の言葉は信ずることができても、どうして当の三鬼の「俳愚伝」などの記述を信用しなかったのか。

これらの疑問に対する答はただ一つである。小堺は嶋田が語る「三鬼スパイ説」を聞いて、「昭和俳句弾圧事件」に関する著述の三鬼についての部分は、真偽はともあれ、「その線」で行こうと決心したからである。それ故に、嶋田洋一を以て取材を打ち切り、執筆を開始したのである。（古家榧夫に対する聞き取りは「俳句研究」のアンケートがあった後である昭和五五年八月四日で、「密告」の資料とは関係ないことはすでに述べた。）

「京大俳句弾圧事件」の当の被害者の一人であり、また著名な俳人であり、多くの人に敬愛された三鬼が、こともあろうに、人間としてもっとも卑劣な、仲間を売る「特高のスパイ」であったという話をはじめて聞いたのであれば、普通の人ならば、嶋田に、このショッキングな判断について、その客観的な証明を求め、さらには他の関係者のこれについての意見を充分聞いて、慎重に判断するのでなければ、とうてい執筆できない筈である。小堺には、死者三鬼の名誉を顧慮する一片の心もないことは明らかである。小堺は、嶋田証言の根拠の薄弱さを承知しながらも、あえて、世のセンセーショナリズムに訴える効果を期待して、「密告」の執筆・刊行に踏み切ったのである。小堺がたとえいかに、本訴訟において「嶋田の言を信じただけだ」と言い逃れようとも、嶋田の説として述べるのではなく、自分の名で自分の文章として世に問うかぎり、嶋田の誤りは小堺の誤りであり、その文章の責任を嶋田に転嫁して免れることはできないのである。

なお、小堺も、「密告」刊行の二カ月前の、昭和五三年一二月号の「文藝春秋」に、「弾圧と密告者」という文章を発表しているが（甲第五号証）、その中では、「三鬼スパイ説」を「三鬼は特高のスパイだと疑うものがいた」という限度でしか記述していないことを附言しておく。小堺も、もともとは、この限度で記述するのが妥当であると判新していたのである。単行本の売れ行きを配慮して、「密告」では表現を故意にエスカレートさせ、それを合理化する理由を捏造して、無理につけ加えたとみるほかない。

三　三鬼のひととなりと俳壇の評価

小堺は「三鬼は女と酒におぼれ、家庭がおもしろくなく心がすさんでいた。そうしているとき特高からの要請があった。」(二〇一頁)と書き、三鬼が「スパイ」となった理由を説明している。しかし、三鬼をよく知る者たちの、三鬼の人となりについての評価や、三鬼自身の俳人としての活動の軌跡は、このような小堺のいやしい想像を完全に打ち砕くものである。

「三鬼という人は、非常に友情厚く、自分を捨てても他人に尽くす人で、非常に他人の面倒見がよく、人の境遇とか地位に関係なしに、他人に尽くす人でした。

そういう人間が何故、友人を裏切らねばならないのか、そういうことは到底考えられません。それが三鬼の人柄であると私は考えておるのです。」(平畑静塔証言調書八〇丁)

「三鬼は歯医者の職を投げ出して、排句にのめり込んだ人間ですから、そういう芸術家は世の中の人事より、文芸や芸術を厳粛に考え、芸術を売ることはしない筈です。俳句を曲げて考えることとは俳句の冒瀆につながることになると私は考えます。

三鬼から私の作品に対し悪口を言われましたが、三鬼は作家として厳粛ですから、俳句を売るとは私には到底考えられません。」(湊第一回証言調書四八丁)

「私が嘘をついたとき、ひどく叱られ、『お前は俺の子ではない、出て行け』と言われたことがあります。それは常日頃、父は私に対し、『嘘はついてはいけない。友達は裏切ってはいけない』と言っているにもかかわらず、私が言うことをきかなかったので、情なくなったのだと思います。」

「また父は、俳句についても妥協することはできない人でした。

それからとにかく警察官とか軍人とか、それから派生する戦争を非常に嫌っておりまして、私が子供の頃オモチャを買ってくるようねだったときでも、ピストルや刀等の武器類は絶対に持たせてくれませんでした。また三鬼は軍人嫌いで、同じ車輌に軍人が乗っていると別の車輌に乗り換えたということは母から聞いております。

三鬼は性格的に申しますと純粋な人です。」

「父三鬼は明治の人間でしたので男として非常にプライドが高く信念を持っておりました。」（原告本人証言）

「そういう性格ですから、女性にもまた好まれるわけで、三鬼自身は女の人を好きだったかも知れませんが、女癖が悪いというような表現で書かれてある三鬼とは、全く違います。モダンなわけです。裏切ったりだましたりしませんから、むしろ難しい問題の相談にのってやる。そのへんにおせっかいなところがあって、余りに相談にのらしてくれというようなな態度をとりますから、かえって、もう結構ですというくらいのところがあったんじゃないかと思います。親切というか、おせっかいやきの印象が強かったです。」

「（女色に）おぼれるというタイプでは全くありません。そういった点では先程先生がおっしゃったクールという点があてはまるかも知れません。」

「お酒は余り沢山飲みませんですから、人前で酔っぱらった姿は、見せたことがございません。

で話題がにぎやかになって、楽しい座談がはずむというような形で、酒ぐせが悪いと小堺さんが書いておりますが、それにはまったく該当しません。むしろ、周囲の酔っ払いを助けて介抱するほうに、常にまわっていたようです。いたようではなくそれはまさにそのとおりでした。酒ぐせは悪くなかったと、飲む量も少なかったということです。」（三橋敏雄証言調書一八、一九丁）

三鬼は芸術家肌の人間であり、ときに、そのいささか風狂、偽悪趣味のところが、人の誤解をまねくところもあったが、俳人として、権力に屈しない自由な精神、高い志や厳然たる姿勢は、終生かわることがなかった。三鬼は、俳句を第一義として生き、そのためには家庭を犠牲にすることも惜しまなかった。常に相当な収入がありながらも、しばしば経済的困難に陥ったのは、おもに俳句人としての交際関係に出費が嵩んだためで、俳句第一に生きた生活態度のためである。

金策のため仲間を売ったり、節を曲げたりするような人物ではなかった。いささかでもこのようなことを言う者は、自らの下司根性を三鬼に投影して、自らを語っているのであり、恥ずべきである。されぱこそ、「京大俳句」の会員たちや、共に苦難の道を歩んだ「新興俳句」の俳人たちの、三鬼に対する親しみと敬意の念は、その没後の現在に至るまで変わることがないのである。いちいち引用をさけるが、これらの人たちの三鬼に対する心情は、三鬼の人柄について語った、本訴訟に提出された多くの書証（しかもこれは、これまで発表されたものの一部にしかすぎない）によって明らかである。また三鬼が、戦後俳句活動を再開し、山口誓子を擁して「天狼」を創刊したとき、「京大俳句」の旧会員や、かつて「新興俳句」で苦労を共にした人たちをふくめ、多くの俳人たちがその下に馳せ参じたのも、このような三鬼の、一貫した俳人としての姿勢が、共感と尊敬の念をもって評価されたからである。俳人たちの目は「節穴」ではない。

三鬼の葬儀は、「角川書店」の社屋をもちいて、「俳壇葬」というかたちでとりおこなわれた。いまだかつてこのようなかたちで、その生前の功績や労苦が酬いられた俳人はいない。葬儀には各流・各派の垣根をこえて大勢の俳人が参列し、その死を惜しんだ。このようなかたちであらわされた俳壇全体の、三鬼の功績や人柄に対する評価こそ、小堺の「密告」で記述された「特高のスパイ」という中傷が、いかに卑劣でいわれなきものであるかを、もっとも明らかに示す証拠なのである。

四　原告らの損害と被告両名の違法行為と責任

1　死者西東三鬼に対する名誉毀損

俳人西東三鬼はかつての「新興俳句運動」の代表的俳人の一人であり、「俳句」の革新のために、大いなる功績があったと讃えられ、「京大俳句事件」の受難者として、また戦前・戦後を通じて節を曲げず、俳句一筋に生き抜いた俳人として広く知られており、その名誉は、三鬼の死によって影響を受けることなく、高い評価を受け続けてきた。

「密告」は、「新興俳句弾圧事件」の実態について知識のない多くの一般読者に、著名な俳人であったこの西東三鬼が、実は親交のあった俳人仲間たちを特高に売った、人間としてもっとも卑劣な「特高のスパイ」であったとの強烈な衝撃を与え、三鬼に対して、強い侮べつの感情を抱かせるに充分な内容を持つものである。本書の刊行によって、死者三鬼の名誉が、広く、著しく傷つけられたことは多言を用いるまでもなく明らかである。

しかも、本書の「密告」という題名は、中身を読むと、三鬼の特高のスパイとしての裏切行為を指すものであることの強い印象を与えるものであり、本書における、「三鬼スパイ説」の比重と影響力は、きわめて高いと言わなければならない。

小堺は、本書は「小野蕪子を中心に書いた」と弁明するのであるが、小野蕪子については、「密告者」というより、むしろ、堂々と正面きって当局に「新興俳句運動」に対する弾圧を求める動きをしたことが書かれているので、読者には「密告者」とは受けとられない。

「嶋田さんの挙げたスパイ類似のものは『N』氏と西東三鬼の二人か」

という坂本裁判官の質問に対して、小堺が

「はいそうです」

と答えているように、「密告」という題名で、小堺やダイヤモンド社が読者に印象づけたかったのは「三鬼スパイ説」であることは明らかである。三鬼は小野蕪子や「N」氏などとは違って、その名声は格段に高く、俳人たちのみならず、一般大衆にまで広く知られているので、「密告」は「三鬼スパイ説」を書いた本ということで、評判になることを狙って、このような題名がつけられたと考えるほかない。

2　原告直樹の損害

原告直樹は三鬼の次男であり、現在会計事務所の事務員として勤務している。俳人としての三鬼に理解のある母と共に、原告が四歳であった昭和三二年以来同居し、その死に至るまで生活を共にし、直接三鬼の養育・薫陶を受けて成長してきた。自分自身は句作活動をすることはないが、原告が三鬼の息子であることは、俳人仲間にはよく知られており、死後「天狼」の記念大会や、その他の俳人たちの会合にも、三鬼の遺族としてしばしば招待を受けている。又勤務先の会計事務所も俳人が経営し、事務所ではもちろん、得意先などにも所長が誇らしげに、三鬼の息子として紹介しているので、原告が三鬼の息子であることは広く知れわたっている。

原告は、「密告」が刊行されるやいち早く、東京の俳人高柳重信から知らされ、まず原告の母が読んだが、内容が事実無根で、しかも、多年労苦を共にし、もっともその人間性を知る三鬼が、友達を裏切った「特高のスパイ」であったというひどいものであったため、激しいいきどおりを覚えると同時に、強烈なショックを受け、血圧が上昇し、吐き気をもよおし、以来二カ月間にわたって床に臥せってしまった。母はまた、ショックによる急性緑内障を併発し、眼科の治療を受けた。原告自身もこの本を読み、「突然うしろから頭をなぐられたようなショックを受け、血の気を失う思いがした」と証言している。その精神的打撃ははかり知れないものがあったことは容易に理解できる。

本書の刊行後、自宅に「三鬼はスパイだったのか、見損なった」などという電話が一〇回ばかりかかってきたこともあり、原告がこれに応対したが、世間に対するこの本の影響力の大きさを思い知らされた。また勤務先などでも、「本が出たよ」、「読んだよ」と言われるたびに、「どのような目で自分が見られているのか」と考え、「やり切れない思いがした」などと証言している。「密告」の刊行によって、原告自身の名誉が「スパイ三鬼の息子」として大きく傷つけられ、また、原告の三鬼に対する敬愛・追慕の情が、著しく侵害されたものであることは、原告の供述によって明らかである。節を曲げず、俳人としての人生を厳しい姿勢で歩み続けてきた父三鬼を尊敬してきた原告にとって、本書に述べられている「三鬼スパイ説」によって受けた精神的損害が、いわゆる「受忍限度」をさえもはるかに越えるものであることは明らかであろう。

3 被告小堺の違法行為と責任

被告小堺は、「実録小説」として「密告」を執筆し、被告ダイヤモンド社よりこれを刊行した。

右の著作には、訴状請求原因四、記載の各記述など、治安維持法違反容疑で逮捕された故西東三鬼が、「特高のスパイ」であったとする衝撃的な事実が、断定的に記述・記載されており、この部分が、「密告」の記述において重要な部分をなしていることは明らかである。しかし、これらの記述は、なにひとつ信憑に値する証拠によるものでないのみか、故意に事実を曲げて、死者西東三鬼の名誉のみならず、その子供である原告自身の名誉、並びに父三鬼に対する敬愛追慕の念を著しく侵害したものであることは、これまで述べてきたところによって、すでに明らかであると確信するものである。

小堺は、「密告」を、関係者から取材し、またこれまで発表された資料などを参考にして執筆したと述べ、とくに「三鬼スパイ説」は、嶋田洋一の述べるところを信じて書いたのだと、弁解して、自らの責任を免れようとしている。

しかし、すでに述べたように、嶋田の話の根拠は、結局のところ、他の俳人たちが検挙されたにもかかわらず、三鬼一人がまだ捕われていなかった時期に、俳人仲間で「三鬼は特高のスパイではないか」という噂をささやく者がいたという程度の、一時的な噂話と、藤田初巳から聞いた（伝聞）渡辺白泉の父親から五〇円もって行ったという話や、当時の三鬼の生活状況などと、勝手に憶測した内容とをほしいまま結びつけて、「三鬼は特高の要請を受けていた（に違いない）」と自分の推測を述べただけであることは、その話の内容からみて明らかである。（嶋田の話しぶりが、仮に、断定的で強い調子のものであったとしても、それが単なる憶測にすぎないことは、話全体の内容から、小堺には容易に理解できた筈であり、小堺はそのように理解した筈である。）

しかし、小堺はこのような嶋田の憶測を、（それと知りながら）「特高の要請があった」と、客観的事実として記載したのであるから、小堺の記載は、故意によってなされたとみるのが当然である。すくなくとも重大な過失は免れない。しかも、当の弾圧の犠牲者本人が、「スパイ」であることは常識上とうてい考えられないことであるので、これを覆して「スパイ」と断定的記述をするものは、よほどの確証をもってするのでなければ、その記述が虚偽・虚妄を以てなされたとみるべきであることは当然である。小堺の、「特高の要請があった」「三鬼は自ら特高のスパイになったわけではない」という記述は、虚偽・虚妄を以てなされたものであることは動かせない。しかも、すでに述べたように、小堺はさらに、それを聞くものは誰でも嶋田の妄想の産物とわかる、「共産党リンチ事件」の小畑と三鬼を同列においた、「当局が三鬼を捕えたのは他の俳人たちから危害を加えられないよう守るためである」という話を、その知り得た理由や証拠を確かめず、またそのうえさらに、すでに述べたような自分の想像や捏造を加えて、（憶測としてではなく事実として）記載したのであるから、小堺の記述が意図的に「虚偽・虚妄を捏造したものであること」は、ますます明らかであると言わなければならない。

また、小堺は、「密告」の「三鬼スパイ説」の部分の記述を、「嶋田の言うところでは」という註釈をつけずに記述しているので、その文章の責任を嶋田に転嫁することはできない。嶋田の推測や妄信を、小堺はそのまま自分の見解として書いているのであるから、嶋田が真実を確かめようとせずして、想像・推測した結果の誤りは、そのまま小堺の誤りとなるのである。

小堺らはまた、「密告」は歴史的事実を明らかにするために書かれた著述であり、「表現の自由」は、歴史研究の成果の発表のためにとくに配慮されなければならないと主張する。

しかし、表現の自由も無制約に許されるものではないことは明らかである。他人の名誉などを侵害することのないように配慮すべきものであることは言うまでもない。

ところで、小堺の歴史的考証であるが、そもそも小堺は、自ら供述するような、

「社会派作家を目指しておりまして、特に昭和史の知られざる部分を発掘することに生命を賭けております」（小堺第一回証言調書）

というような作家ではない。最近はもっぱら、「初体験研修会」「不倫願望」「肌の匂い」（甲第三五、三六、三七号証）といった「本格的官能小説」といった分野にも手を広げ、あまり良質ならざる商業ジャーナリズムの場で活躍している作家であることを附言しておく。

「歴史的研究」や「歴史的考証」は、これまでに確立された厳密な方法によるものでなければならない。その対象が確定困難な歴史的事象であるので、資料の収集をできるだけ広範囲におこない、また、資料の取捨選択を厳格にし、資料の信憑性の有無については公正かつ慎重な判断を加え、資料が物語る事実と資料から推測されている事実や、それに基づく自己の判断とは、叙述にあたって厳密に

区別して、誤解を与えないように注意することが要求されるものであることは言うまでもない。被告らの「密告」は、「歴史的真実を明らかにする」という美名のもとに、戦争中の言論弾圧の当の被害者である三鬼を、「死人に口なし」を幸いとして、乏しい伝聞証拠や、根拠のない推測をもとに、しかも当の三鬼本人が残した貴重な記録を無視し、また、三鬼をよく知る関係者や研究者たちにそのことの真偽を充分確かめることなく、「特高のスパイ」と、虚偽・虚妄の断定をし、それを真実らしくみせかけるために種々捏造を加えたものであるから、これを他の一般の名誉毀損文書と別異に扱うべき理由はなんら存在しない。

死者は、自己についての言説に対し自ら反論することはできない。したがって、「歴史的研究」や「歴史的考証」は、生者に対するそれにもまして、真面目で厳密な態度が要求されることはこれまた言うまでもないであろう。それでなくては、後世に真実を伝えるどころか、虚偽の事実を真実と誤解させ、正しい歴史の伝承を妨げる結果となるのである。「密告」記述の小堺の態度や方法は、これらとまったく無縁というより、正反対のものと言うべきである。

小堺らの行為は、言論弾圧事件の当の被害者で、多年にわたって苦難の道を歩んだ三鬼を、なんの明確な根拠もなく、そのまったく正反対の人間像を示す「特高のスパイ」という断定を下したのであり、しかも、「実録小説」というふれこみで、ことさら、より読者に、虚偽を真実と思い込ませやすいかたちをとって売出したのである。このような行為は、死者三鬼の人格はもちろん、遺族たちの感情をいささかも思いやる配慮もない、きわめて悪質なものであることは動かしがたく、赦すことができないものである。

4　被告ダイヤモンド社の違法行為と責任

被告ダイヤモンド社は、名誉毀損文書である被告小堺の「密告」を、その内容を知りながら出版・販売したのであるから、原告らに対する共同不法行為責任を免れることはできない。良心なき者、他人の人格に対する配慮のない者のペンは、容易に危険な暴力となる。およそ著作物等を刊行しようとする者は、自らの刊行にかかる出版物については、事前に慎重かつ厳重に点検・審査するなどして、いやしくもその内容が名誉毀損など他人の人格権を違法に侵害することがないよう、万全の対策を講じる注意義務があることは言うまでもない。本件の場合、たとえ、被告会社の代表機関が直接そのような任に当ったものでないにしても、担当者の会社業務執行につき、第三者（原告ら）に加えた損害について、（それが故意であれ過失であれ）使用者としての責任を免れることはできないのである。

五　死者の名誉侵害をめぐる法理についての若干の考察

1　保護法益としての死者の名誉

死者の名誉権ないし人格権については、刑法二三〇条二項および著作権法六〇条などはこれを肯定しており、直接規定を欠く民法においても、とくに法律上保護されるべき権利ないし利益として、これに対する侵害行為につき、不法行為成立の可能性を否定すべき理由はない。（東京高判・五四・三・一四・判タ、九一八号）

「人間の尊厳や生存中における人格の自由な発展そのものも、人間の生活像がその死後も少くとも粗野な名誉毀損的歪曲から保護されることを信頼し、その期待の中で生存し続ける場合にのみ、充分保護される」（斎藤博「人格法の研究」二一一頁）ものであることは、誰しもこれを認めるであろう。ひとの人格についての社会的評価である「名誉」は、死後も人格の残影として生き続ける。これを保護することは、個人の尊重を保障した憲法一三条にその根拠をもつ。西独の連邦通常裁判所（BGH）はいわゆる「メフィスト判決」や「コジマ・ワグナー判決」などではつとに「人格権は本来権利の担い手の死を超えて存続する。それは著作者人格権については判例学説において一致して認められている。このことは同じく一般的人格権にも妥当する。けだし、人格の保護すべき価値はその主体の死によって消滅してしまう権利能力よりも長く存続する。」として、死後の死者の名誉権の保護を肯定してきた。最近では、我国の判例や学説においても、死者の名誉権の保護について、解釈論としても積極的に肯定しようとする立場が主流を占めてきていることは、周知のとおりである。

死者は、名誉毀損の言説に対して自らこれに反論し、名誉を守ることができないのであるから、保護を否定する立場は、結局、死者を無制限に冒瀆し、ひいては死者についての記述の歪曲を通じ、歴史の歪曲を放置することにもなり、とうてい是認することはできない。個人の尊重を謳った憲法一三条は、死者の名誉権の場合においても、その主旨は貫徹されるべきでは当然であり、必ずしも実定法上の根拠なしとはいえないのである。

もちろん、死者の名誉を、それ自体独立に保護すべきものとしても、その権利主体はすでにこの世に生存しないわけであるから、その保護の内容は、生者のそれと比べて一定の制約を受けることは否定できない。したがって、本訴では、死者三鬼については、生者におけるように感情侵害や、それを慰籍するための金銭的損害賠償を求めようとするのではない。死後も客観的に厳然として存在する人格や、業績に対する社会的評価である名誉に対する、小堺らの侵害行為の結果について、「名誉ヲ回復スルニ適当ナ処置」（民法七二三条）としての謝罪広告の掲載を求めるに止めたものである。

2 死者の名誉と表現の自由

さきの高裁判例は、本件のような著作物などによる名誉侵害の場合、死後の年数が経過するにつれ、芸術作品創作の自由や、歴史的真実探求の自由が優先して考えられなければならないことなどを考慮して、その要件として、「死者の名誉を毀損する行為は虚偽・虚妄を以てその名誉毀損がなされた場合にかぎり違法行為になる」と判示している。これは刑法二三〇条二項と符節を合わせているが、要件をこれに限定せず、侵害行為の態様が（本件のように）余りにも悪質で、被侵害利益が大きいような場合は、虚偽・虚妄の場合に限らず、その名誉を保護すべきであるとの学説の見解は妥当である。（もちろん本件の場合にあっては、前述の高裁判例虚偽・虚妄の要件をも満たして余りあることは、すでに述べたとおりである。）

3 出訴期間について

実定法上、死者の名誉毀損についての出訴期間の制限はないが、死者への社会的感情は年々薄れていくことは否定できないし、表現の自由・歴史研究の自由との関連で、一定の制限が考えられるべきであるとの意見があり、種々の解釈・提言がなされている。著作者人格権の場合の、死後五〇年が参考になるが、遺族の生存期間に限るとか、故人の法要は三三回忌で打切られるという習慣を考慮して、三〇年くらいにすべきではないかという意見などが出されている。三鬼についての、俳界を主とする社会的関心が、依然としてホットであることなどを併せ考えると、いずれの見解にしたがっても、本訴において、三鬼の名誉が保護されるべきものであることは明らかである。(三鬼の死は昭和三七年)

4　出訴権者について

死者の名誉を、独立の保護法益として認めるとして、死者自らがこれを護ることができないので、誰がその法的救済を求め得るかが問題となる。BGB改正法案によれば、故人の近親者に順位付がなされているようである。また、故人の利益と近親者の感情や考えが一致しない場合や、近親者が居ない場合もあるので、近親者のみに限定するのは適切でないとして、それ以外の者についても、黙示のそれも含めて故人の指定にかからせるべきだとの意見さえも出されている。本件のように、故人の実子が、故人を代行して提訴したような場合にあっては、当然故人の生前における指定があったものとして、有効に訴訟活動をなし得るものと解されるべきである。

5　原告固有の損害

原告は、本訴において、死者三鬼の名誉毀損のほかに、遺族としての原告固有の被侵害利益として、「亡父に対する敬愛追慕の情」を侵害されたことを請求の原因としている。前記高裁判例のほか、静岡地裁の判例(昭和五六・七・一七、判例時報一〇一一号三六頁)も、右の遺族の損害を根拠とする損害賠償の可能性を肯定している。

被告はこれに対し、「遺族の心情は生のままの主観的感情にすぎない」「そのままでは不法行為の保護法益となるものではない」と主張している。亡父に対する敬愛追慕の情は確かに、子の感情という意味では主観的である（あらゆる感情は生で主観的である）、しかし、単なるそのときどきの偶発的な喜怒哀楽の情などとは異なり、「親子の情」として人類の歴史とともに普遍的に存在し続けてきたものであり、この意味で客観的なものである。これを主観的という一言で片づけて、保護に価いしないとする被告らの見解は、「親子の情」の尊さを踏みにじる暴論と言わなければならない。

また被告は、「亡父の名誉が毀損されようとされまいと亡父を敬愛追慕する情に何ら影響があるとは思えない」とも主張している。しかしこれは、まともに反論するに価いしない厚顔無恥な主張と言わなければならない。敬愛追慕の情も、親子のつながりということと、子が親の生きざまや業績並びにそれに対する社会的評価などを意識することによって生じるものであり、死んだ親の名誉を違法に侵害することは、当然子の親に対する敬愛追慕の情に対する侵害となるのである。なお、前記判例は、その侵害が、社会的に妥当な受忍限度を超えた場合であるときは、被害の遺族に対して、これによって生じた損害を賠償すべきであると判定している。このような場合に、「受忍限度論」を適用することは誤りであり、反対であるが、本件の場合にあっては、苦難の道を歩んだ弾圧の被害者本人を、何の正当な根拠なく、まったく正反対の「特高のスパイ」と断定して、その名誉を毀損した極端な事例であるので、何人も（仮に受忍限度論をとったとしても）これに対する損害を賠償すべきことを否定しないであろうことは疑いないので、これに対する反論はここに述べないでおく。

なお、原告の父三鬼に対する敬愛追慕の情に対する被告らの侵害は、三鬼の「名誉ヲ回復スルニ適当ナ処置」である「謝罪広告」以外にその治癒ははかられないのであるから、原告に対する慰藉料としての金銭的損害賠償と並んで、謝罪広告は不可欠なのである。

六　結論

以上述べたとおり、被告らの侵害行為の違法性は明らかであり、被告らは、訴状請求の趣旨記載の謝罪広告・損害賠償の支払いを、死者西東三鬼並びに原告になすべきものであることは明らかである。歴史をつくってきた、三鬼を含むもろもろの死者たちの思いを、小堺らのようではなく、敬虔な心で受けとめ、歴史の教訓から真剣に学ぶ気持が今ほど必要なときはないと思われる。そうでなければ、かつて三鬼が詠んだ暗い時代への回帰をさけることができないであろう。

河黒し暑き群衆に友を見ず　三鬼

以上

「三鬼裁判」を支えたもの

音谷健郎

新興俳句の鬼才で、ＮＨＫ連続ドラマのモデルにもなって親しまれていた俳人西東三鬼《さいとうさんき》（一九〇〇～六二）が、戦前の新興俳句弾圧事件の「密告者」だったかどうかの名誉毀損事件として争われた裁判は二年八カ月後の一九八三年三月に結着をみた。

「西東三鬼裁判勝訴」の朗報は、溜飲を下げる思いで接した。文字通り胸のつかえが取れた。その時に活躍した弁護士として藤田一良さんの名前を知った。新聞では、「故西東三鬼の名誉回復」「俳人三鬼のスパイ説晴れる」の大見出しの活字が踊っていた。八三年三月のことだ。

これは七九年に出版され注目された、ノンフィクション作家小堺昭三による実録小説『密告――昭和俳句弾圧事件』（ダイヤモンド社刊）で、特高のスパイとされた西東三鬼の次男が、俳誌「花曜」の主宰者、鈴木六林男さんの支援を受けて、父親の名誉回復を訴えた裁判だった。小説は、副題にあるように「京大俳句」弾圧事件を中心に戦前に起きた特高による俳句弾圧事件を追ったもので、主として俳人小野蕪子《ぶし》の密告の行跡を掘り起こしているが、合わせて「京大俳句」同人で新興俳句の花形で、戦後は「断崖」などを主宰した西東三鬼も特高のスパイだったという新説を打ち出していた。藤田さんたちは、これに真っ向から反証した。

西東三鬼には、「おそるべき君等《ら》の乳房夏来《きた》る」の飄逸な句がある。七七年に「冬の桃」として放映された自伝風のNHK連続ドラマでは、世話好きで飄々としたちょび髭のおじさんだった。どう見ても〝非権力的〟な人だった。そう簡単にスパイに仕立てられては納得できなかった。また、『密告』の表紙カバー絵は、監獄の鉄格子を手に悲嘆にくれる貧乏神のような男の顔が描かれている。人間の弱さを描いて見せたかったのだろうか。見たくない絵だった。

判決では、「『特高のスパイ』と断定した文章は著者（小堺）の憶測による虚偽のもので、三鬼と直樹さんの名誉を傷つけ、直樹さんの父親に対する敬愛追慕の念を侵害した」として原告の直樹さんらの言い分が全面的に認められている。被告の小堺昭三氏は、控訴を断念した。小堺氏は、完膚無きまでやり込められたと言っていい。それまで日本では、この種の死者の名誉毀損回復事件で原告勝訴はなかったと藤田さんは言う。

この経緯を、故鈴木六林男さんは『証言・昭和の俳句（上）』（角川書店、二〇〇二年刊）のインタビューでこう語っている。

「弁護士は藤田さんというて、刑事裁判を専門にやっている方で、国なんかが相手の裁判ばかりですよ。金が入るか入らんような仕事ばかりをやっている人で、ものすごい優秀な弁護士さんです」と。その藤田さんに依頼の電話をした時は即答ではなかった。風呂敷に包んだ資料を持って訪ねて、一カ月後に「やる」との返事をもらったという。

私が話す機会の多かった鈴木さんは、何度も三鬼裁判を回想した。「このままでは新興俳句が抹殺されるし、西東三鬼という俳人も人間として抹殺されることになる」と、裁判に賭けた気構えを話していた。原告の斎藤直樹氏は三鬼の次男。鈴木さんは、三鬼とは師弟の関係とはいうものの、「ずぼらなところが似ている」とウマが合い、親しく行き来していた。三鬼亡き後は広い自宅の一隅を直樹さんに居所として提供していた。

一方、伊方・反原発裁判の主任弁護士を努め、フォーク歌手中川五郎のフォーク・リポートわいせつ事件裁判を手がけてきた藤田さんは、なぜ、勝訴の前例のない裁判を引き受けたのだろうか。一口に名誉回復裁判と言うが、これまで手がけた裁判とは肌合いが違う。文学の世界に深く分け入らなければならない。その心構えを藤田さんはこう語る。

「『三鬼裁判』の『死者の名誉毀損事件』も、かねてから一度は手がけてみたいと考えていた裁判であった。なにがしか心の準備がなければ突然頼まれても引き受けられるものではない」（「三鬼の裁判」から）。弁護士は受身の仕事ではあるが、自分がこんなことをしたい思いを持ち続けていればいつの間にかその願いはかなうということのようだ。「新しい裁判をやってみたい」という覇気を感じさせる。

この「三鬼の裁判」の一文は、若い友人が主宰する小さな文芸誌『纜《らん》』（責任編集・野口豊子）に寄せたものだ。掲載は、同誌の二号から八号まで（七号は休載）、〇二年三月から〇四年十二月にかけてだった。三鬼裁判から二〇年近くになるが、この裁判についてもっと知って欲しいとの思いからだった。裁判所に出した「準備書面」を骨格にしながら、随所に所感が入っている。

藤田さんにとっても、決して展望のある裁判ではなかった。死者を立てての裁判で勝った例はひとつしかないと見ていた。しかも西ドイツでだ。準備書面で、「死者の名誉」について、西ドイツで勝訴したメフィスト判決を持ち出している。同判決の「人格権は本来、権利の担い手の死を超えて存続する。人格の保護すべき価値はその主体の死によって消滅してしまう権利能力よりも長く存続する」との主旨、三鬼裁判弁護の論拠のひとつとして示している。慎重な勉強ぶりをうかがわせる。

さらに特筆すべきは、この三鬼裁判への藤田さんの感想である。「裁判の途中で痛感したのは、俳人たちの三鬼に対する誹謗をはね返すことへの関心や熱意の低さであった」（前掲「三鬼の裁判」）としていることだ。その例として、この問題を取り上げたのはわずかに「俳句研究」昭和五四年八月号のアンケートだけだったとして、その結果を記載している。一五人の著名な俳人への「三鬼は特高のスパイか？」の問いに対し、一人だけが「情報提供者」と答えている。他はスパイ説に否定的だった。にもかかわらず、裁判への資金提供や応援の意思表示では、「一審で勝訴すれば控訴審ではそうする」との答えが大勢であった。「些《いささ》かならず唖然とした反応であった」と感想を述べている。藤田さんは、裁判の勝ち負けを超えて、俳人たちの社会感覚の鈍さを嘆く。俳句界の俳人たち以上に、俳句の行く末に気を揉んでいるのだった。

少し人間くさいエピソードを披露すると、藤田さんは三鬼裁判の話が出る度に、鈴木六林男さんのことに触れ、「あいつは、僕が俳句を知らん弁護士だと言った。けしからん」と、不満いっぱいの口吻になったことだ。

事のきっかけは、朝日新聞の文化欄の五回連載のコラム「出あいの風景」（九五年八月）に鈴木さんが、「京大俳句」事件に一回分を当て、「斎藤直樹氏（三鬼の次男）が原告、弁護士藤田一良氏が原告代理人となり、訴訟を起こした。原告も代理人も俳句とは無縁の人」としたことだった。文面では、「これの資料・文献の蒐集提供を私が分担し」、裁判は全面勝訴したと、藤田さんの奮闘ぶりをそっちのけにして、裁判に勝訴したかのような書きっぷりでもあった。

鈴木さんは、「法曹界でいちばん俳句のことを知ってたのはあの人じゃないですか、この裁判を通じてね」（前掲『証言・昭和の俳句（上）』）と言っており、俳句を知らないと言ったわけではない。俳句の門外漢なのに、よくぞここまで勉強をしてとの発言だったはずだ。藤田さんにとっては、にわか勉強ではなく、文化への造詣がなせるわざとの強い自負があったように思える。素直には受けとらない藤田さんの、血の気の多い一面をのぞき見る思いだった。

そういえば、藤田さんの弁護士事務所を訪ねると、応接セットの机の上には、いつも本が三列くらい並べて積んであった。専門の法律の本ではなく、文化がらみの本だったように思う。「音楽とイタリア」に目が行くのだ、とのことだった。

先の一文「三鬼の裁判」では、藤田さんは不気味で不穏な現実を取り上げていないのが俳句界の現状のようだと前置きして、こう結んでいる。

「俳句は新しい『花鳥諷詠』に再突入してしまっているのか。戦前に三鬼ら新興俳句俳人たちが叛旗を翻した『ホトトギス』の主宰高浜虚子の、『俳句は、天下無用の閑事業としておくのが一番間違いない』という教訓はまだ今日のものであるのか」

この裁判は、『表現の自由・著作権・名誉毀損――やさしく引ける判例総覧』（日外アソシエーツ、九三年刊）に、名誉毀損の項で簡単に取り上げられている。「実録小説『密告』名誉毀損事件」として、「父に対する敬愛追慕の情が違法に侵害された」ことを認める半面、「子が死者を代行して謝罪広告を求めるのは実定法上の根拠を欠く」として否認された事例としてである。つまり、「謝罪広告等請求事件」として注目しているのである。藤田さんらが訴えた主眼は死者三鬼の名誉毀損の回復であり、そこが認められた裁判であったが、裁判の特異性としては、子が「死者の代行」が出来るかという傍系の論証に目が向いている。心血を注いだ裁判はこうして、本質からずれたところで人々の記憶に残っていくのかと思うと、いささかうんざりする。

ちなみに、ネットで古書販売サイトの「日本の古本屋」を開いて『密告』を探してみたら、全国の古書店のうち二五店が『密告』を売り出していた。そのうち定価格九八〇円以下の値をつけていたのは七店。最低価格は二〇〇円、次いで五〇〇円。逆に、定価以上は一八店もあり、最高価格は四一〇四円。三一五〇円というのもあった。古書店の見識と商売っ気がせめぎ合っている感じであった。価値のない本とみるのか、価値のある本とみるのか。新刊書のサイトには、さすがに『密告』の掲載は見あたらなかった。

こんな近年の事情を藤田さんに伝えたら、「フン」と苦笑されるだろう。何と言っても、あれから三十余年、『戦争俳句と俳人たち』（樽見博著、一四年刊）といった本が出たものの、権力を動揺させた「京大俳句事件」の関係者の戦争俳句は真正面から取り上げられることはなく、弾圧に無傷な俳人の戦争俳句ばかりを論じている状況である。不幸にして、藤田さんが危惧した、俳句を「閑事業としておくのが一番間違いない」とする風潮はぬぐえていない。

狭山事件判決の全体像
――これでも石川一雄は有罪か――

一　はじめに

狭山事件は平成十一年七月八日、東京高裁第四刑事部において第二次再審の棄却決定がなされ、現在貴裁判所に右決定に対する異議申立事件が係属中である。

弁護人らは本稿において、これまでなされた第一審以来の判決・決定の内容は、提出された数多くの証拠に照らして、請求人が有罪であるとの結論をとうてい維持できないものであることを、以下述べるものである。

本件は第一審において、請求人が自白を維持したまま推移し、控訴審に至って犯行を全面的に否定し、無実を主張し、以後多くの論点をめぐっての争いがなされてきたことは御承知のとおりである。

今この一審における審理過程をみるとき、弁護人らは、請求人の自白にもかかわらず、無罪を主張し弁護活動を行なってきたのであるが、その内容は率直に言って自白に引きずられて全く充分なものとは言えず、個々の物証の収集過程の不自然さや鑑定書等の証明力の疑問に迫らず、とくに請求人の自白の不自然さや虚偽性について、被告人尋問の機会に厳密な検討を加えることをしないままで終わった。

裁判所もまた、自白事件であることに拠りかかり、死刑という極刑を言い渡した事件であったにもかかわらず、自白内容自体の不自然さや補強証拠とされた物証や鑑定書、供述調書などの証拠価値の判断を正確にせず、結局自白中心の誤った有罪判決を下したものである。

控訴審においても、弁護人らは数多くの新証拠を提出し、さらに精密な論議を展開したが、それにもかかわらず裁判所は基本的には一審判決を踏襲して控訴棄却の判決をした。

以下、この控訴審判決（確定判決）の誤りや第一次・第二次再審棄却決定等の誤りを、その後弁護人らが提出した新証拠を中心にして具体的に明らかにするために論述する。

二　動機の非現実性について

言うまでもなく、「動機」は犯意形成の原因であり、また犯罪遂行の原動力・推進力である。従って本件における身代金要求のための誘拐という重大犯罪の動機は、それなりに充分世人を納得させるものでなければならない。

この犯行の動機について、一審判決では、罪となるべき事実の前に、

「……埼玉県入間郡武蔵町の、土建業Nの土工をしていた当時の昭和三十七年四月頃から同年六月頃までの間に、軽自動二輪車二台を代金合計十八万五千円で、月賦で買い入れ、その修理費、ガソリン代の支払を滞らせたり、月賦金を完済しない中に右軽自動二輪車を売却または入質したことによる後始末のための負債がかさんだため、右N方の土工をやめた後の同年九月頃、父富蔵から約一三万を出

して貰ってその内金の支払をした。そのようなことから被告人は家に居づらくなり、翌十月末頃から狭山市の養豚業Ｉ方に住み込みで雇われ働いたが、長続きせず約四カ月でやめ、昭和三十八年三月頃自宅に戻ったのであるが、前記の如く父に迷惑をかけたことや、被告人の生活態度などが原因で、兄六造との間がうまく行かず、同人から家を出て行けといわれ、父富蔵も被告人をかばって六造と仲違いするなどとかく家庭内に風波を生ずるに至ったので、被告人は、いっそのこと東京都へ出て働こうと思い立った。しかしそれについては、父に迷惑をかけた前記一三万円を返さなければならないと思っていたところ、その頃たまたま同都内で起った吉展ちゃん事件の誘拐犯人が、身の代金五〇万円を奪って逃げ失せたことをテレビ放送等を見て知るに及び、自分も同様の手段で他家の幼児を誘拐し、身の代金として現金二〇万円を喝取したうえ、内一三万円を父富蔵に渡し、残りの金を持って東京に逃げようと考えるに至り……」

と認定し、確定判決もこれに従っている。

裁判所の右の動機に関する認定は、請求人の自白に基づくものであるが、第一に請求人が、果たして発覚・逮捕されれば重罪を課せられる危険を冒してまでこのような犯罪を実行せねばならないような切迫した金銭的窮境に追い込まれていたかどうかがまず検討されなければならない。

請求人の身代金要求についての自白は、三人共犯による犯行自白においての、被害者を仲間が殺害したあと、

「此れではしょうがねいから逃げべいや」

ということになり、その逃亡資金としての金員の必要となったことが出発点である。脅迫状も請求人

は現場で字を教えられながら書いたことになっている。

だが肝心の、何故そのような金が必要だったかについての自白は、変転を繰り返す。「競輪に使う金」のためなどといっていたのが結局は、

「オートバイの事で、おとっつあんに七万円位金を出してもらい、その後オートバイの修理代や、ガソリン代も入れると全部で一三万円位はおとっつあんに迷惑をかけていると思います。私が脅かしの手紙を書いて金を取ろうと考えたのもおとっつあんに迷惑をかけたその金を払ってやりたいと思ったからでした。」

という話に落ち着いた。

判決の動機についての認定も、基本的にはこの供述に基づいてなされたものである。このようなことが誘拐・身代金要求の動機であるとすればその説明は余りにも理由薄弱であり、他の誘拐事件と比較するまでもなく、余りにもそれだけで自白が非現実的なものであることを示すことは明らかであると言わなければならない。父親との金銭問題はどこにでもある、ありふれた家庭内の問題である。

請求人に対し、父親から返金の催促がやかましかったということは何一つ証拠にない。本件のような犯罪を犯してまで金の必要な切迫した理由など請求人には何もない。

犯行の動機は、家に居づらくなり、「おとっつあんに迷惑をかけている」ことの解消のためというのである。しかし発覚逮捕されれば、自分自身が処刑されてしまうという親不孝はさておいても、家族ぐるみ世間の厳しい非難を浴び、現に居住する農村的な地域社会で生活を続けていくこともできなくなり、家族全員を不幸のどん底に突き落としてしまうことになる。若干の金銭を父親に立て替えて

もらっている「迷惑」と較らべものにならない破局をもたらす。

このような成り行きは、請求人にも当然理解できることは明らかであるだけに、自白のような動機で、一か八かの本件のような犯行を犯すようなことは、世の常識から考えても到底あり得ないことである。

また「東京への家出」についても、何処へ誰を頼って、どのような仕事につこうとしているのか、その当てはあるのか、についてなどは一切触れられていない。このような点をみるだけでも、「家出」を目的とする動機が、実体のない架空の物語であることは誰にでもわかる筈なのである。動機が右のように変転することも問題であり、判決が認定する動機は到底受け容れることはできない。

三　判決が認定した「罪となるべき事実」の事実誤認

「犯行動機」が右のように極めて不自然・薄弱なものであるので、それを出発点とする事実認定も極めて奇妙かつ不自然なものとなっている。

認定された「罪となるべき事実」を要約すると、

「五月一日午後四時頃の被害者との出会いから始まって、四本杉への同行。強姦と殺害。芋穴近くへの死体の運搬。芋穴への逆さ吊りのための荒縄等の用具の物色と調達。逆さ吊りのための作業。被害者の自転車に乗って脅迫状を届けるための出発。その途中での鞄・教科書・荷台のゴム紐・牛乳ビン等の投棄。自転車を納屋に置いた後の脅迫状の戸口への差し入れ。死体埋没用のスコップを窃取するためのI養豚場への立ち寄り。芋穴に戻ってからの死体埋没用の穴掘り作業。芋穴からの死体引き上げ。穴への死体の投げ入れと埋没のための穴の埋め戻し。自宅へ帰る途中でのスコップの麦畑への投げ捨て。これらの作業を終え、請求人が自宅へ帰ったのは九時過ぎであったとされている。さらに請求人は、次の夜の零時一〇分頃佐野屋付近に行って、要求した身代金を受け取ろうとしたが、張り込みの捜査官の気配を察し、何も取らずそのまま逃走して家に帰った。」

というのである。

しかし、自白や証拠に照らして具体的に検討すれば、到底実際にあり得ない架空のお伽噺であることが誰の目にも明らかであるにもかかわらず、判決は認定を誤ったのである。

四　自白どおりであれば、到底実行不可能な本件誘拐事件

(一) あり得ない雑木林への被害者の同行

確定判決は、請求人と被害者は午後三時五〇分頃、加佐志街道のX型十字路（出会地点）で出会い、「とっさに同女を山中に連れ込み人質にして、家人から身の代金名義のもとに金員を喝取しようと決意し、同女の乗っていた自転車の荷台を押さえて下車させたうえ、原判示の雑木林（四本杉）に連行した」

と認定している。

出会地点から四本杉までは、約六〇〇メートルも距離がある。午後四時頃はまだ日没まで二時間半もある。加佐志街道や四本杉までの道路には通行人もあり、付近の農地では農作業が盛んに行なわれている時間帯である。

このような場所・時間にたまたま出会った高校生を脅して抵抗を抑圧して誘拐するなど、犯人にとって危険極まりなく、また至難のわざであり、到底あり得ない話である。ピストルや刃物を突きつけて脅せばまだしも、脅しのため、多少の暴力を振るったとしても、抵抗されたり、あたりの人に大声で訴えたり、逃げられたりされることは必定である。このような自白は少し考えるだけで、その架空性は明白である。

ましてや、被害者は「気の強い性格」で、体格がよく、ソフトボールの選手までしている人物である。

請求人が連れて行く先には林があり、人通りは淋しくなる。被害者もこの辺の地理はよく知っている筈であり、性的な乱暴をされる危険は容易に察知できる。一般に警戒心の強い若い女性が見知らぬ人に声をかけられ、六〇〇メートルの道のりをのこのこついて行くことなどあり得ない。ましてや被害者は、そのような危険にもっとも敏感な年頃である。いずれの点をとってみても、被害者が要求に応じて素直について行くなど、到底あり得ない。

しかも、請求人と被害者は見ず知らずの関係である。請求人の自白内容は、それ自体で架空のものであることは明白であると言わなければならない。

請求人が被害者に向けた言葉は、「用があるからこっちへ来い」、「いいからこっちへ来い」などである。別に大きな声を出したり、恐ろしい顔さえしていない。山（雑木林）の入り口の手前で、「自転車を俺が持つよ」と言って、自転車を請求人が持ったが、これは自転車を押さえておいて被害者に逃げられないために持ったのだそうである。また被害者に家や親父の名前を尋ねたところ、これに素直に答えたとも供述している。いささかも被害者を畏怖させるような言動ではなく、これでは全く合意による「道行き」であったとしか言いようがない。しかも、この出会いにも「道行き」にも一人の目撃者もいない。自転車をたとえ押さえたとしても、身の危険が予測できる被害者にとっては、何でもない。自転車など気に掛けず逃げてしまえばよいことである。本件を実行していない請求人による自白は、四本杉への被害者の連行についても、誰にも直ぐ見破れる現実性のないものであることは明白なのである。

(二)「少時様」について

請求人の身代金要求についての供述は、三人共犯による犯行自白においての、被害者を仲間が殺害したあと、前述のとおり、

「此れではしょうがねいから逃げべいや」

ということになり、その逃亡資金としての金員が必要となったことが出発点である。脅迫状も請求人は現場で字を教えられながら書いたことになっている。

しかし、これでは脅迫状の宛名が「少時様」を「中田江さく」に、本文の一部が、「前の門」を「さのヤ」に変更されていることなどの説明がつかない。そこで自白は、五月一日以前から身代金を奪う犯意が請求人にあり、脅迫状も事前に準備されていたことに変更される。

脅迫状の封筒の宛名や内容を見れば、「少時様」と書かれていた部分を犯人が「中田江さく」に訂正している。

請求人の自白では、「少時様」をとくに誰を誘拐の対象とも決めずに書いたが、被害者を姦淫・殺害したのち、その家族から身代金目的で金をとるために訂正したというのである。

しかし、誘拐して身代金を奪うという犯罪は、事前に多くの点についての具体的手順の決定や、そのための準備が必要なものであることは言うまでもないであろう。例えば、

① 対象となる人物を、どのようなことを重点に選定するのか。
② 対象となる人物の日常行動の把握。
③ どのような機会に、どのような方法で危険なく誘拐することが可能かの検討。
④ 誘拐した人物を身代金をとるまでどのように扱うか。
⑤ 殺害をしておいて、生きたまま身柄を確保しているように装って金を要求するのか。
⑥ その際、死体の処理の方法。
⑦ 生かしておく場合も、他人に気付かれることのない監禁場所をどこに選定するのか。
⑧ 誘拐した者の逃亡防止策をどのように講ずるのか。
⑨ 家族等への金の要求の方法をどのようにするのか。
⑩ 身代金を安全に受け取る具体的方法。

等々が事前に決められていない犯行などあり得ない。

この点からだけでも請求人の自供の架空性、と言うより荒唐さは明らかであろう。請求人は犯人ではないから、誘拐計画に必要な具体的な点については、脅迫状を書いたという点を除いては、一片の説明もできないのである。

また誘拐対象も定めず、何故「少時様」と書いたのであろうか。当然宛名は空白にしておく筈である。とくに「少時」という姓が（仮にそれが姓であったとしても）ありふれたものではなく、稀少なものにもかかわらず、請求人はこの点についても何の説明もできていない。「少時」だけでなく、金を持ってこさせる日時・場所までも特定してあるので、脅迫状を書いた犯人は、実在の特定人物を対象として、具体的な犯行計画の一環として、これを書いたと理解するほかない。捜査官たちもそのような見解のもとに、請求人に供述を迫ったと考えられる。たまたま請求人の知人の金子という家の近くに、江田正司という人が実在し、その子（幼稚園児）を請求人が誘拐の対象としたのではないかとの捜査官の追及に対しては、請求人は一貫して「関係がない」と否認しており、それが「正司様」の子供であったとの証拠はまったくない。

身代金奪取の日が、四月二九日（脅迫状の記載は二九日であるが、捜査官らはこれを二八日と誤って読み、二八日と誘導して請求人に供述させた）となっているのであれば、誘拐実行の日であるとみられるその前日頃には、その準備のために請求人は何らかの特別の行動に出た筈であることが容易に想像できるのであるから、捜査官らはその点を当然追及すべきであるが、記録上はその形跡が一切ない。

捜査官らも脅迫の対象となった具体的個人の特定についての供述を請求人に求めても無理だと判断して、現実にはあり得ない「誰とも決めないで」脅迫状を書いたが、これをたまたま出会って殺害に及んだ被害者の父親に振り替えたことにして自供させたのである。

しかし、誘拐の対象を誰とも決めないでということと、脅迫状を事前に作成し、名前を書くことは誰が見ても両立しない矛盾した事実である。

脅迫状や封筒の宛名は、はじめは「少時様」と書かれ、のちに「中田江さく」に訂正されていることは客観的事実であるが、何故このような記載がなされたのかは請求人でない真犯人のみが説明できる事実である。

この点については、最初から「中田江さく」と書いておけば誘拐の対象は当初から本件の被害者であったとされ、犯人は中田家と特定の関係にある者であることが容易に推定されてしまうので、「少時様」と一旦書いておいて、のちに「中田江さく」に訂正して、自ら正体をかくすための偽装工作をしたのだと考える方が合理的判断であると考える。

しかし、確定判決はそのような判断をしなかった。確定判決は請求人はその事情を知っていたが、「とぼけている」として請求人が犯人だとする認定をしたのである。

右の確定判決の請求人が「とぼけている」との判断は、何らの証拠によらない判断であり、典型的な予断と偏見に基づいたものと言わなければならない。およそこのような認定は、「事実の認定は証拠による（刑訴三一七条）」という刑事裁判の基本原則を踏みにじるものであることは明らかである。

言うまでもなく、請求人は被害者や家族とは日頃から何の付き合い関係もないのであるから、請求人がかりに事前に本件被害者を対象にして事件を企てようと考えた場合は、脅迫状の宛名を「中田江さく」と最初から書いておいても何の支障もなかった筈である。

以上のとおり「少時様」という記載は、請求人が本件犯罪と無関係であることを明白に物語る事実である。

また、最初はどこの誰とも特定しないでいたが、被害者とたまたま出会ったので、突然本件の被害者を対象にしたという話も、極めて不自然であり得ないことである。

(三) 雑木林は犯行現場でない

雑木林での犯行についての請求人の自白は、(一) の連行以上に複雑であるので、その架空性がますます露呈される。

請求人の自白では、被害者を雑木林に連れ込んだのち、

「身代金要求のため被害者の家へ脅迫状を届けにいくことをまず考え、被害者に目隠しをして松の木に縛ったが、急に姦淫することに気が変わって、目隠しはそのままにして松の木から離して両手を後手に縛った。」

旨供述している。

松の木に、被害者を目隠しをしてくくり付け、家に脅迫状を届けに行くということも奇妙である。請求人が立ち去ったことを気配で感じた被害者が大声で泣き叫び助けを求めることは必至であるからである。雑木林に戻ってきた請求人が捕らわれる危険は、誰も予測する筈である。

もっとも右のような自白も、最初からのものではなく、多くの変遷を重ねている。

当初の自白では、請求人が姦淫を迫ったがこれを拒絶されたので、手拭いかタオルで被害者を後手に縛ったことになっている。しかし最終自白では、

「縛る前から、縛っておいて金目の物を取ろうという気持ちもあったと思います。」

と当初からの金品奪取の目的が強調されている。このような変遷の過程を辿っていくと、犯人でない請求人が自白内容の不自然さを、取調官らによってつぎつぎと修正させられていく様子がよくわかる。しかし、どこまでいっても矛盾や不自然さを、解消させることはできないのである。

雑木林の中の強姦・殺害の場所や方法についても、自白はつぎつぎと変わっている。

最初の自白は、雑木林に入ってすぐ請求人が被害者を押し倒し、強姦・殺害したことになっている。しかし、すぐに変更され、松の木にくくりつけた被害者を松の木から解き放ったのち、後手に縛って強姦・殺害したとなる。その場所は、当然松の木のすぐ近くと考えられる。そして結局は、その場所が雑木林の一番北の杉の根元付近と変更される。

場所移動の理由は、

「松の所では、その辺に小さいカタ木の木がたくさん生えていたので、おまんこやるのに痛たそうだと思ったので、杉の方へ移ったのです。」

と検事調書で述べている。松の木の近くの地表がいかにも姦淫の場所として不適当であるので、請求人の供述が修正させられたのである。しかしこの杉の木は、被害者が声を立てれば、通行人にすぐ聞かれてしまう山道に近い場所にあり、この場所もまた姦淫にはそれ以上に不適当である。

殺害についても、請求人の自白は変転している。請求人は自己の経験を語ることができないので、取調官の言うがままになっている姿がここでも浮き彫りになっている。

殺害の方法についても、請求人の自白は、

「右手の親指と外の指を両方に開く様にして、手の平をYちゃんの喉に当てて、上から強く押さえました。」

と述べている。

一審判決は、自白の「扼殺説」をとっている。これに対し確定判決は、死因が扼殺による窒息であることは疑いないとしながらも、請求人は、

「被害者の死を確実ならしめようとして、細引紐で絞頸したものと判断せざるを得ない。」

とし、請求人は、

「細引紐の出所はもとより、被害者の頸部に細引紐を巻きつけたことを、情状面において、自己に不利益であると考えて否認しているものと認めざるを得ない。」

とまで、何らの証拠に基づかずに認定しているのである。独断と偏見もきわまれりと言うほかない。

しかし、そもそもこの細引紐は自白では、雑木林での犯行段階では請求人はまだ入手していない物なのである。死体を芋穴近くへ運んだ後、近所を物色し、荒縄と共に入手したことになっている。

「被害者の死を確実ならしめるため」に（雑木林での犯行時に）使用したなどと言う確定判決の認定のお粗末さには、呆れて言うべき言葉もない。

また、もし強姦・殺害の現場が雑木林内であれば、その犯行の痕跡、犯人の遺留品等の証拠がここから発見されない筈はない。

死体を解剖した五十嵐医師の鑑定書の添付写真には、被害者の後頭部には頭皮損傷があり、「柳葉状に多開し、その大きさ約一・三糎長、約〇・四糎幅にして……創洞の深さは帽状腱膜に達し」と同

医師が記載している。また、「創底並びに創壁には凝血を存す」との記載によっても明らかなように、この傷から出血があったことは明白である。しかし写真で見るかぎり、傷の部位は後頭部の出っ張りよりも上の頭頂部付近にあり、被害者を地面に押し倒したとの自白によって生じたと考えられる場所とは違う。

右の写真の傷痕からは、右凝血以外の血痕を観察することはできないが、これは傷を確認し、その大きさを測定するに先立って泥にまみれた頭髪を剃るために頭部を水洗いしたためと考えられる。

一般に頭部外傷は、他の部位のそれと較べて出血が多いとされていて、生活人の常識でもある。法医学書をみても「頭皮には血管が多いため、開放性損傷においては出血量が多い（金芳堂刊若杉長英著『法医学第四版』三四頁「鈍器による頭部損傷2頭部外傷の特徴と法医学的重要性」）とされ、これ以外の法医学書にも同様の記載がされている。

出血が多い原因は、「頭皮の血管は皮下結合組織の中を走り、外頸動脈の分枝として浅側頸動脈、後耳介動脈及び後頭動脈などが頭部を包むように分布している（金原出版社『現代の法医学』七一頁注）ためであり、「頭皮は他の部分の皮膚と比べて血管に富んでいる。そのため出血量が多く短時間で多量の出血を起こす。」と同書にも記載されている（右同頁）。

しかし、この雑木林からの被害者の血液痕についての報告書は、これまで一切開示されていない。もしここが犯行現場であれば、捜査の常道からみて、捜査官たちは雑木林の全体についても、綿密にルミノール反応検査などを行なったことは間違いない筈である。

そこで弁護人らは、第二次再審の審理中に担当のＩ検事や、埼玉県警鑑識課検査技師Ｍ等に面談し、雑木林の中で検査を実施したか否か、したとすればその検査報告書は存在しているかについて、直接の回答を求めた。その結果両氏の回答によれば、「ルミノール反応試験は、自供によって被害者を後手に手拭いで縛ったと思われる松の木の幹において実施したが、何の反応も得られなかったので報告書を作製しなかった。また自供による強姦場所と思われる個所についてはルミノール反応を実施せず、従って報告書の作製もなかった」とのことであった。しかしながら、右のような両名の回答は、それ自体奇異なものである。

すでに死体が掘り出され、手拭いで後手に縛った被害者の両手首の手拭いは解かれているのであるから、これを一見すれば、何ら手首付近に外傷はなく、出血もなかったことは捜査官にとってはすでに明白なことであった。従って手首付近からの出血の有無を松の幹に求めても、本来血液痕を検出できる筈はなく、検査自体がそもそも無用の試みであった。そしてしかしまた、検査が真実なされたとすれば、血液痕が出なかったとしても、報告書においてその旨を記載しておくのが捜査の通常の手法であり、記録も残さないというのは、あり得ないことと言わなければならない。

さらに奇怪なのは、殺害現場とされた場所付近でも、ルミノール反応の有無についての試験は一切せず、従ってこれについて報告書は存在しないという回答である。強姦場所で、被害者の頭部からの出血が疑われる場所で、検査も実施しないという捜査があろう筈がない。検査官らはこのように答えることによって、報告書の存在を弁護人らに秘匿しているものと考えざるを得ない。

さらに言えば、後に述べる現実にはあり得ない請求人と被害者との道行きの奇妙さや、雑木林から両者の遺留品とみられる証拠物が何一つ発見されなかったことなどからみて、捜査官たちも雑木林を犯行現場とは心底から考えておらず、その結果、右に述べたような、およそ考えられない粗雑な捜査や検査となったと考える方が納得的と考えられる。

さらに本件捜査の奇妙さについて言えば、本件捜査においては、自白内容に即して現場で被疑者に具体的に犯行態様を説明させておいて、これを録取する、いわゆる「引き当り」が一切なされなかったことも、極めて異例である。

この点について捜査官は、「引き当り」を実施すれば、多数の報道関係者が集まって混乱を招くことを、しなかった理由にあげている。しかし、本件のような重大な犯罪事件の場合において、引き当りをするのが通常である。

自白どおりの犯行が、被疑者によって現場で再現できるかどうかを捜査官が確かめて、被疑者の自白の信憑性を検証し、これを証拠として裁判所に提出するのが常道であって、このような言い逃れは何ら理由がない。真実は、捜査官らは取調べの過程から請求人が真犯人ではないという疑いを強く持っており、報道関係者の見守る中で「引き当り」を行なえば、請求人は説明に困り犯行の再現をさせることが不可能になり、それを報道関係者に見られてしまうことに強い危惧を抱いたため、これを行なわなかったものと考えるほかない。雑木林での犯行は、そもそも架空だったことを捜査官たちは知っていたと考えざるを得ない。

(四) 被害者の死体の運搬について

請求人の自白によると、被害者を杉の木のところで強姦・殺害したのちそこから約三〇メートルも離れた檜の木の下で、被害者の家へ脅迫状を届けて身代金を取ることや、一旦穴ぐらに死体を隠しておき、最終的には土中に埋没してしまうこと、などを考えた、とのことである。

しかし、山道に近い杉の木のところに死体を転がしたままにしておき、すぐそばの山道には、女性用の自転車が置かれたままの状況は、通行人があれば何事かの異常があることにすぐ気付かれる可能性が大きく、請求人にとって危険である。死体をそのままにして三〇分間も放置しておくことは無警戒すぎると言わねばならない。

芋穴に死体を隠す行動に移ろうとしたのは、

「あたりが薄暗くなった頃ですから、大体午後六時頃と思います。」

と供述している。人の気配が次第に少なくなり、暗闇が迫ってくるこの時間に、わざわざ二〇〇メートルも離れた芋穴付近に死体を運び、死体を芋穴に吊るして隠す必要があるのだろうか。時間の経過とともに、死体を隠さずとも、人に発見される可能性は少なくなってくるのである。

「死んだYさんの頭を私の右側にして、仰向けのまま私の両腕の上へのせ、前へささげるようにして、そこから四〇米から五〇米位はなれた畑の中のあなぐらのそばまで運びました。」

という死体運搬は、犯人にとってはもしその途中で人に見られるようなことがあれば、そこで万事休すの危険な作業である。午後六時頃といえば、五月一日では降雨の状況にあったといえ、まだあたりが充分に見渡せる時間帯であり、人に発見される危険性は大きい。

犯人の立場にたって考えると、運搬作業に入る前にはどうしても一度あたりの状況を確認するため、芋穴付近まで事前に偵察するという行動が不可欠であることが、誰にも容易に理解できるであろう。

しかし、請求人の自白にはこのような点が一切述べられていない。犯人の心理を考えると、あり得ない話である。

請求人の右自白内容で、芋穴までの距離を、実測では二〇〇メートルもあるのに、四、五〇メートルと述べている点も重要である。自白のような方法で、体重五四キログラムもある被害者を運ぶ困難性を考えると、この距離の点についても、実際とはかけ離れた供述しかできないことも、請求人が本件の犯人でないことの具体的な証拠になるのである。

また請求人の死体運搬についての供述は、前述のような内容で、何の困難もなく行なわれたことになっているが、実際は当再審において提出した再現実験報告書でも明らかなように、何度も途中で休まなければ不可能なのである。この点も再現実験の結果を待たずとも、およそ普通の社会生活をしているものには自明なことであり、自白内容それだけでその架空性は明らかであったのである。

総じて、強姦・殺害や死体運搬を含めて請求人の自白には、犯人としての現場状況に応じた警戒心を少しも感じることができない。雑木林の中の犯行にしても、被害者が悲鳴をあげれば、近傍の農地で作業する人々や通行人が、すぐに気がつく犯人にとっては極めて危険な場所・状況における犯行である。現に犯行時間頃、近接した桑畑ではO氏が消毒作業中であった。このような周辺の状況について何の確認・警戒もしないで、強姦・殺害の犯行をはじめるなどということはおよそあり得ない。これらの点からみても、雑木林での犯行という請求人の自白それ自体、その虚偽架空性は明らかであると言わなければならない。

五　請求人の自白と死体埋没現場の状況との不一致は、請求人が犯人でないことの明白な証拠である

（一）死体の芋穴への吊下げの架空性とビニール風呂敷、木綿細引紐の自白について

1　ビニール風呂敷

請求人の自白は、被害者の死体を芋穴近くに運んだ後の行動についてまず、「Yちゃんの両足を開かないように、ビニール風呂敷でしばったように思います」という。それから、脅迫状の封筒の宛名を「中田江さく」と、また内容を「前の門」とあったのを「さのヤ」に訂正したとされている。その後請求人は、薄暗くなるまで待ったのち、「五〇米位離れた北側の新築中の家の周りにはってあった縄と梯子のそばに置いてあった麻縄のような縄を取って来ました。」と供述している。「麻縄のような縄」が本件で「木綿細引紐」と呼んでいるものとされている。

なお、死体を吊り下げたという芋穴には、被害者のものとされているビニール風呂敷と得体の知れぬ棍棒が発見されただけで、当然存在しなければならない被害者の血痕や、穴の壁面や底に作業に伴う擦れ跡など全く残っていない。また、復元力のない死体の足首のところに、吊り下げ吊り上げによって必然的に残らなければならない傷痕もない。芋穴への逆さ吊りも、また架空と断言できる。

棍棒については、請求人が何のために使ったのか、どのような機会にそれが芋穴の底に落ちたのかについては、一切説明されていない。

芋穴の底から発見されたビニール風呂敷も、請求人の自白の虚偽架空性を明らかに示す重要性がある。

ビニール風呂敷はさきに述べたように、被害者の死体を芋穴の近くに運んだのち、両足が開かないように、これを縛る目的で使用されたという。しかしそのままに放置しておいても死体がひとりで動き両足を開く筈はない。請求人の自白によると、次に予定していたのは、縄などをとってきてからの芋穴への逆さ吊りであるから、ビニール風呂敷で両足をくくる必要があったとは到底考えられず、両足を縛るという自白の意味を理解することは不可能である。

ビニール風呂敷は、一旦ほどかれたのち、死体逆さ吊りに際して、

「Yちゃんの足を縛るときに足してつないで使いましたが、切れてしまったのでポケットに入れておきました。」

と使用の目的が説明されている。

しかし、ビニール風呂敷の二つの端は切れており、切れ端は足を縛った細引紐の結び目に通されたまま発見されている。そして請求人はこの点について、

「ビニールの風呂敷を使おうと思って縄につなぎYちゃんの足に巻いて強くひっぱったら切れてしまったのです。」

と供述している。

弁護団の実験によると、このような状況で、ビニール風呂敷が切れるには、平均五三キログラムの荷重が必要であることが明らかになっている。単純に強く引っ張った程度で切れるようなしろもので

はないのである。

ビニール風呂敷を強く引っ張って切れた場合は、必ず塑性歪が永久に引っ張った方向に残ることになる。しかしビニール風呂敷にも、切れ端の方にも、このような歪みは少しも見られない。このような切れ方は、刃物で切断されたものであることを強く物語っている。自白の虚偽架空性がここにも示されている。なお「実況見分調書」にも、ビニール風呂敷の対角がそれぞれ「不正三角形に切りとられている」と記載され、写真にもそのように写っている。

ビニール風呂敷は、被害者を殺害した場所のすぐ近くの山道に置いたままにしていた被害者の自転車の前輪のところの荷台かごにあったことになっている。しかしこのビニール風呂敷をいつ、何の目的でとって、芋穴近くまで持ってきたのかについても、請求人の供述は曖昧のままである。結局は、「何のためにこのビニール風呂敷を取って来たのか思い出せません。」で終わっている。

しかし、取るに足りないビニール風呂敷を殺害の後、わざわざ荷台かごから取り出し、芋穴の近くまで持ってくるには、それなりの目的がなければならないことは明白である。

そしてビニール風呂敷の切れ端の二片は現実には、足のところの木綿細引紐の結び目に通されている。

しかし、死体を逆さ吊りに使うためにもってきたとすれば、これまた説明ができない。請求人は雑木林の中にいて、逆さ吊りの荒縄も木綿細引紐も見つけ出し手にいれてない段階で、ビニール風呂敷を被害者の足首に直接結び付け、これを細引紐に結び付けようなどと発想し得る筈はないからである。

また荒縄や細引紐を手に入れた後であれば、細引紐の丈夫さはビニール風呂敷以上であることは常識であるので、わざわざ足首と細引紐を繋ぐため、ビニール風呂敷を自転車置き場に取りにいくなど、なおさらあり得ないのである。ビニール風呂敷は、請求人が使ったという自白の目的以外に使われたことは間違いなく、本件犯行が請求人の自白する雑木林以外で行なわれたことを示すものなのである。その真相は犯人でなければ説明できないが、いずれにしても、請求人の犯行に関する自白の虚偽架空性を示しているのである。おそらく捜査官も複雑な現場の死体状況からは、犯行の経緯を整然と解明することができず、請求人に合理的な自白のガイドラインを示すことができなかったため、混乱をきわめた自白調書しか得られなかったというのが当たっているであろう。ビニール風呂敷の使用について、何ら具体的に請求人が供述できないことも、請求人が犯人でないことを物語る重要な事実なのである。

2 木綿細引紐

木綿細引紐についての請求人の自白についても同様である。

請求人は、死体逆さ吊りのために、縄を近所から取ってきたが、荒縄は、

「長さは長いもので五米位、短かいもので三米位のものをむすんでつないでありました。」

「梯子のそばに麻縄のような縄が落ちていたからそれも取りました、その長さは大体三米位でした。」

と供述している。請求人は一貫して麻縄と表現しているが、これは木綿細引紐を指すと考えるほかない。しかし、現実には麻縄と木綿の紐では手触りも扱いも大いに異なり、両方が混同されることはな

い。この点からも請求人が犯罪実行者ではないことがわかる。

木綿細引紐の使用方法については、請求人は、

「ビニルの風呂敷が切れてしまったので、私は拾ってきた縄の二本の内の一本へ麻縄の端を縛りつけ、麻縄のもう一方の端をもう一本の縄へしばりつけました。そうすると結び目が二つできますが、その結び目を二つ一カ所に揃えると麻縄は二重になって、その先が半分輪のようになります。……半分の輪のようになった麻縄の間へ、揃えた二本の縄を通すと輪が出来るからその中へYちゃんの両足を揃えて入れて輪を小さくするとしっかり緊がります。」

と供述させられている。

この供述でみるかぎり、細引紐を近所の家から請求人がとってきたのは、約三メートルの長さのものの一本である。

しかし死体発掘現場における死体の状況を記載した「実況見分調書」によれば、木綿細引紐は同じ太さの首に絞めてあった一・四五メートルのものと両足を縛った二・六メートルのもの、の二本が死体に付着していることが報告されており、請求人のさきの供述とは異なっている。

特に、首に巻かれた細引紐については、請求人はこれに触れた供述など何もしていないのである。請求人の供述によれば、一本であったものが何故二本もあるのか、二本に切り分けたのなら（請求人によれば、取った紐の長さは約三メートル、死体の紐は二本合わせると四メートルと食い違う）それはいつ如何なる必要のために、又どのような方法で（刃物による以外にない）一本を二本に切り分けたのか、などを確定することは、本件犯行の実態解明に極めて重要なことである。

しかし請求人は、この点についても何ら供述をしていない。請求人が刃物を所持していたという証拠はどこにもない。請求人の自白の架空性は、従って請求人が真犯人でないことは、この重要な事実に何一つその自供内容が触れることができないことだけで明らかなのである。

ちなみに言えば、確定判決は、五十嵐鑑定のみならず弁護団の提出した上田鑑定をも、その一部を恣意的に援用して、

「被告人は、被害者の死を確実ならしめようとして、細引紐で絞頸したものと判断せざるを得ないのであって、被告人がこの点について否認するからといって、被告人が犯人ではないとはいえないのである。」

と判断している。

しかし、請求人の自白に従って本件の犯行の経過をみると、雑木林の中で被害者を扼殺してから芋穴へ死体を運んでくるまで、すでに数十分の時間が経過している。その間の死体の状況は、請求人がつぶさに観察しているところである。芋穴近くで「死を確実ならしめる」必要を感じたり、決意することなど、まったくあり得ない状況であることは明白である。そのための用具をわざわざ探しに行くことなど、まったくあり得ない。確定判決のお粗末さは、この点だけからも誠に呆れ果てたことと断定できる。

被害者の首に巻き付けられた木綿細引紐の出所や、その具体的使用方法・使用場所は、真犯人のみが知る事実であり、素直に考えれば、この細引紐は本件犯行が雑木林ではなく他の場所で、全く請求人の自供するのとは別の態様で実行されたことを、物語る明らかな物的証拠なのである。

(二) 死体の埋没について

請求人の自白は、死体埋没のための穴をスコップで掘ったあと、

「死体を穴の中に落としました……それから被害者を吊るしておいた縄はそのままくっつけたままで埋めました。」

と述べている。

しかし、荒縄の状況を「実況見分調書」の現場写真八号などで見ると自白とは全く違っていることがよくわかる。実際は「実況見分調書」を作成した大野喜平が、

「被害者着用のスカートの一部および死体に巻きつけられていた荒縄の一部が出た状況」

と説明しているとおりである。

荒縄は「死体にそのままくっつけ」てあったのではなく、「巻き付けられ」てあり、請求人の自白内容はここでも事実と大きく食い違い、その虚偽架空性をはっきり示している。

「巻き付けられていた」という大野喜平の表現が必ずしも正確でないにしても、死体発掘時の荒縄の状態がもっともよく観察できる。現場写真一〇号でよく観察してみると、その複雑なからみ具合や、特に頭の外周をよく取り巻くようにかかっている状態からみても、絶対に「そのままくっつけて埋めた」ものではないことがよくわかる。

右写真一〇号で見るかぎり、縄は横たえられた被害者の上に頭から足にかけてできるだけ万遍なく表面を覆うように置かれており、また現場写真一一号では、穴底の被害者の顔が地面に直接触れるのを避けるように、ビニール片が敷かれてあったことが写されており、埋没に際して、被害者の死体に

直接土が接触することを極力避けようとしていることが見られ、犯人が死体に対する特別の配慮を払っていることが示されている。行きずりの犯行ではなくて、犯行と被害者の何らかの人間関係の存在を窺わせるもう一つの事実である。荒縄の写真は自白のように、「そのままくっつけたまま埋めた」というようなものでは絶対にないことを示しているのである。

確定判決やその後の再審棄却決定は、この点についても弁護人の主張を無視したままである。事実を無視すれば、恣意的にどのような判決も書けるが、それがおよそ判決の名に値しないことは多言するまでもないであろう。

（三）玉石

死体埋没現場の客観的状況について言えば、請求人の自白が架空のものであることを示す事実はまだある。

被害者の死体の右側頂上部に、いわゆる「玉石」が存在し、捜査官はこれを、死体発掘現場において被疑者が遺留したものと認められるものとして押収した。

請求人の自白はしかし、この「玉石」について何一つふれることがなかった。

死体埋没場所を含むこの付近一帯は、いわゆる「関東ローム層」に覆われており、本件「玉石」のような河川床に存在する四・六五キログラムの大きな石が、現場付近には自然のままでは存在し得ないことは、和光大学教授生越忠氏の鑑定書記載のとおりである。

確定判決は、「玉石」について、

「土木建築の基礎工事に使われる程度の何の変哲もないやや丸みのある児童の頭位の大きさで、重量約四・六五キロのものであるが土が付着している状態を観察してみても、……この石塊が以前から土中にあったものか、それとも茶株の根元辺りにあったものが、死体を埋めるために農道を掘り起こして埋めもどす際転がりこんだものか、何とも判然しない。」

「被告人が死体を埋没するため現場で土を掘ったのは、暗闇の中のことであり、懸命に急いで作業をしたと推認されるから、作業に夢中のあまり、石塊の存在に気付かなかったか、気付いても記憶に残らないということもあり得るから、被告人が捜査段階でこの石塊のことに触れた供述をしていないからといって、請求人が犯人でないとはいえない。」

と判示し、また原決定も同様の理由で、「玉石」ついての弁護人の主張を退けている。

しかし、ローム層生成過程の確定した地質学の見解からも、「玉石」そのものの大きさ形からみても、付近一帯の状況や、農道の所有者Aの証言からみても、付近の土中には、直径四センチメートル程度の礫は散含されていても、自然状態で通常は河川敷にある本件のような「玉石」のような石塊が存在する筈のないことは明白な事実なのである。

また、「玉石」が発見された状況を示す写真九号を見ても、「玉石」は死体の右側頭上部にあり、その上に荒縄がかかっていることは明白である。犯人が意図的にその場所に置かないと、頭と荒縄の間に石が位置することなど決してあり得ない。埋め戻しは、死体や死体に巻き付けられた荒縄が置かれた後の作業であるからである。貴裁判所において、もう一度右写真を観察されてこれを確認されることを願いたい。

「玉石」をその場所に置いた目的は真犯人のみが知ることであるが、（弁護人は、狭山地方の墓制の一つである「拝み石」ではないかという和歌森・上田鑑定書を「玉石」の意味を示すものとして提出している）請求人は犯人ではないから、「玉石」の持つ意味についても、一切自供することができないのである。このことも請求人の自白の虚偽架空性を示す重要な事実なのである。

他方、本件の「玉石」のみならず、一般に大きめの石は、鍬や鋤等を用いる農作業の敵である。農夫は見つけ次第必ずこれを取り除くのであり、畑のあちこちにこのような石が散在していて当然であるかのような前提での確定判決の認定は、全く畑や農作業の実体を知らない者の言うことと言わなければならない。ましてや、前述の関東ローム層の生成論からみても、自然状態のままで、このような大きさの玉石が存在するとは考えられないのである。死体発掘現場において被疑者が遺留したものと認められると判断して押収した捜査官の処置は、地域の実情を知る者としては当然のことであり、正しかったのである。

（四）脅迫状の中田家への差し入れについて

自供によれば、請求人は、最初は被害者を松の木に縛りつけ目隠しをしたまま、脅迫状を被害者の家へ届けようと考えていた。しかし、このような自白内容の不自然さについては、すでに指摘したとおりである。

被害者殺害後は、一旦芋穴に死体を隠した後、死体を最終的に埋没するまでの間に脅迫状を被害者宅に届けることに変更し、実際にそれを行なったとされている。

しかし、犯行の継続中に、また脅迫状を届けた中田家の比較的近くの場所で、芋穴から死体を引き上げたり、農道に埋没したりする行動を残している最中に、姦淫・殺害をした当の本人が脅迫状をわざわざ自身が届けたり埋没用のスコップを取りに行ったりすることは、極めて危険なことである。

家人による脅迫状の発見によって、直ちに警察に通報され、大規模な捜査網が張られ、不審な行動をとる犯人が捕まる危険は大きい。誘拐犯は自らの身を安全な場所においてから、身代金要求の通知をするのが通例であり、本件のような場合は極めて異例であり得ない行動である。

ましてや、犯人自ら本件のような、男性が普通には乗らない被害者の女性用自転車に乗って、近所に被害者の家を尋ねながら、脅迫状を届けるということはあり得ない。家人が、もし家から出てくることがあれば直ちに怪しまれ、その場で捕らえられてしまう。また、後をつけられてしまう危険性は明らかである。見馴れぬ人物が、被害者の自転車に乗って家の近くに来るだけで、近所の人にも不審に思われる。被害者の家はとりわけ掘兼の集落の中なのであるから、危険はなおさらである。請求人のこの点に関する自白も、あり得ない虚偽架空のものと考えるのが普通である。

身代金要求の脅迫状は、しかし、現実に中田家の戸口に差し入れてあった。被害者の自転車が、いつも被害者が置いていた場所である納屋の中に置かれてあったという事実は、偶然ではあり得ない(日常を知らないものでは、こうはいかない)などを併せて考えると、犯人像としてはこのようなことをしても少しも怪しまれることのない者が、容易に浮かぶ。請求人の行動とは、どうしても考えられない。

六　スコップ付着土壌について

本件上告審決定は、一審以来判決が認定してきた星野鑑定にもとづく「本件スコップは死体埋没に用いられたものである。」との認定を改め、

「星野鑑定は……その証明力には限界があり、もとより同鑑定をもって直ちに本件スコップが死体を埋めるために使用されたと認定することは相当ではなく……」

「その他の証拠と総合して認定したものと認められる」

とした。

ここでいう他の証拠とは、請求人がスコップを保有していたI経営の豚舎で働いていたことがあり、「飼犬に吠えられずにスコップを持ち出せる可能性のある者の中に請求人がいる。」

という事実をあげている。

しかし、「犬はかつて顔見知りの人に対しては決して吠えない」という推認は極めて不確定かつ珍奇なドグマであり、このような推認を「総合的推認」の資料とされては、困惑の余り言うべき言葉もない。

星野鑑定は、スコップの内外に付着した大部分の付着土壌である黒褐色の均一の土は、死体穴付近、及びスコップを置いてあった麦畑の表土、及び死体穴付近の麦畑表土、同茶の木の下の土は言うに及ばず、狭山地方一帯に地表に普遍的に存在する黒ボク土であるため、これらの類似性を鑑定しても、全く意味がない（そのスコップで死体穴を掘ったと認定する資料となし得ない）ため、スコップの内・外

側にそれぞれ比較的少量付着しているに過ぎない特異性のある赤茶色粘土様土壌（a、b、c）及び赤茶色粒状土壌（c（1））黄褐色粒状土壌（c（2））に着目して、これらの土壌と死体埋没穴土壌から採取されたものの中に、類似性あるものが存在するか否かに鑑定の狙いを定めて行なっていることは、鑑定書の記載自体によって明らかである。

しかしながら、鑑定の焦点となったa、b、d、c(1)、c(2)等の色合を有する土壌は、すでに述べたとおり、実況見分調書の記載、A証人の証言、八幡敏雄の鑑定書の記載、及び玉石の存否についての検察官の反論の内容等によっても明らかなように、死体穴現場には存在しないものであり、この意味で、スコップに前記の土壌が付着していたことは、却ってスコップが死体埋没に用いられなかったことの証拠になるものと言わなければならない。

原決定の判示は、「星野鑑定書の検査が、採取資料間の土質比較のために必ずしも十分なものではなかったことは、既に第一次再審請求の特別抗告棄却決定が指摘するとおりである」としながら、「スコップ付着土壌の一部が、死体埋没穴付近から採取された土壌サンプルの一つと類似する」ことが明らかにされたとして、この事実は生越鑑定書も否定していないことを主とした理由として本件スコップが犯行に使用された「蓋然性」は高いと述べている。

しかし「右のサンプルの一つ」が何を指すのか不明であり、また、付近一帯が広く関東ローム層が積み重なり覆われているものであり、特異性のない土壌が相互に類似していても、判示のスコップが死体埋没のために使用されたものとは、とうてい言えないものであることは、もう一度言うまでもないところである。

また、星野鑑定の手法は、スコップ付着土壌や死体埋没付近の土に種々の検査を実施して、その結果の記録はあるものの、肝心の類似性、異質性の判断のメルクマールについては何らの基準を示さないもので、無意味な作業報告であった。

他方生越鑑定書は、土壌分析の結果、異質性の判断の最重要の基準は、砂・シルト・粘土の混成割合であり、この点からみると、スコップから採取されたPの土壌は、死体埋没場所付近から採取された他の如何なる資料とも著しく異なっているので、スコップが他の場所を掘ったときに右の土壌が付着したものと考えるほかなく、かえって本件スコップは、死体埋没に使用されたものでないことを示すことになることを明らかにした。

以上、この点について原決定に、明白な誤りあることを指摘しておく。

七 「被害者の死亡時期」に関する原決定の誤りについて

（一） 死体の死後経過時間についての請求人の主張

「本件死体の死後経過時間日数は、五十嵐鑑定書記載の角膜の混濁の度合い、死斑の出現の具合、死後硬直等々の早期死体現象の所見より推定すると、昭和三八年五月四日午後七時から九時にかけて行われた五十嵐鑑定人の剖検の時点から遡ること二日以内であることが明らかであるから、被害者が殺害され農道に埋められたのは同月二日以降であって、同月一日に殺害されてその日のうちに埋められたことはあり得ない。」

というのであり、五十嵐鑑定書の死体解剖時の死体の各部位の所見と、新証拠として提出した多数の法医学書の早期死体現象からの死後経過時間推定に関する記述を根拠に論述したものであった。他方五十嵐鑑定書においても、死後経過時間の推定結果は「ほぼ二～三日位」であり、二日であった可能性を何ら否定していない。

言うまでもなく、死後経過時間が二日であれば、五月一日犯行説は完全に覆ってしまう。原決定は、右の五十嵐鑑定書にも記載された「二日」を全く無視して当然のように三日説をとり、「死体現象の変化は、様々な条件によって左右され、死後経過の時間を日単位で何日間と確定することは困難であり、その推定には相当の幅を持たせざることにならざるを得ないことは、所論援用の文献も認めるところであって（塩野三〇頁、勾坂一八頁、若杉第四版二〇頁、何川三五頁、富田・上田一九六頁、船尾三〇頁等）、所論にかんがみ検討しても、五十嵐鑑定の死後の推定経過日数の判定が疑わしいとするいわれはない。」と述べて請求人の主張を却けた。

しかし、もとより請求人の主張は、死後時刻の鑑定は、「死体の置かれた環境その他さまざまの条件で左右される」ものであることを否定して述べているものではない。

新証拠として提出した多くの法医学書に記載された死後硬直、死斑をはじめとする各死体現象の発現やその後の変化についての記述は、いずれも右のさまざまな条件を考慮に入れての幅、最低値・最高値等が記載されているものであり（例えば塩野三〇頁）、「死後経過時間の推定には相当の幅を持たせることにならざるを得ない」の「相当の幅」は、すでに提出の新証拠の各記述の数値のうちに折り込まれているのである。従って、原決定の批判は誤りである。

右に述べたとおり、請求人の死後経過時間についての主張は、証拠に記述された条件の変化による最短・最長の数値のうち、いずれも最長のものを基礎として述べられているのである。判示のようにこれらの幅を前提として掲げられている数値の意味を無視して、ただ「相当の幅」という定性的な言葉だけを振りまわして論じても無意味であり、請求人の主張を否定する何ら理由にもならないことは明らかである。この点についての判示の誤りは明白である。

請求人の主張を裏付ける各死体現象に関する記述のなかで、とりわけ例えば、死体が閉眼状態で経過した場合の角膜の混濁からの死後経過時間による変化は、外界の条件の変化を受けることが少ないので重要視されているが、いずれの証拠における記載も、「閉眼している場合は、死後一〇〜一二時間から微濁し（開眼の場合は死後一〜二時間からはじまる）、二四〜二八時間で最高に達する」というのである。

他方、五十嵐鑑定の記述による死体の角膜は、「微混濁を呈するも……瞳孔を容易に透見せしむる」というのであり、条件の変化による幅を前提とした前記の法医学書の「二八時間で最高に達する」という記載から程遠い「微混濁」であるので、この点から死後経過時間は最高二日以内と推論した請求人の主張は極めて合理的なものであることは明らかである。

なおさらに、死後経過時間推定のもう一つの柱である、被害者の胃の内容物、その消化の度合いからの推定について請求人は五十嵐鑑定の記述にもとづき、

「被害者の死体の胃内容物、その消化の度合いから推定される、生前最後の食事摂取時から死亡時ま

での経過時間は、約二時間以内と認められるところ、被害者が同年五月一日午前中に調理の実習で作ったカレーライスの昼食が生前最後の摂取とすると、被害者はそれから二時間以内、すなわち、下校前に死亡したことになり、被害者が実際に下校した時間と矛盾をきたすから、殺害されたのは、昼食後に更に摂取した後であったと認められる。」

と主張したが、これに対して、

「小豆は、五月一日の朝食に自宅で摂った赤飯の中の小豆が消化しないで残っていたもの、トマトは昼食時にカレーライスと一緒に摂ったもの、その余は、調理の実習で作った昼食のカレーライスの具と米飯と考えられる。」

と証拠もなく断定したうえで、

「被害者の朝、昼の食事内容に照らしても、五十嵐鑑定に格別不自然あるいは不審な点は見当たらない。」

と判示して、請求人の「カレーライス以後の被害者のもう一度食事説」を却けている。

しかしこの問題の核心は、胃内に残存する「軟粥様半流動性内容物二五〇ミリリットル」が何を物語るかという点にある。

判示は、

「（請求人の）所論は、本件の場合、胃腸の内容物、その消化具合などに照らし、最後の食事から死亡まで、約二時間以内しか経過していないはずであると主張し、五十嵐鑑定を誤りと断定するのであるが、食物の胃腸内での滞留時間や消化の進行は、食物の量や質、咀嚼の程度などによって一様ではなく、個人差もあり、更には精神的緊張状態の影響もあり得るのであって、胃腸内に残存する食物の種類や量、その消化状態から摂食後の経過時間を推定するには、明確な判断基準が定立されているわけでもなく、種々の条件を考慮しなければならないのであるから、幅を持たせたおよそのことしか判定できないことは、所論援用の文献も認めているのである（前掲勾坂一八頁、高取五一頁等）。死体剖検の際に、胃腸の内容物を直接視認して検査した五十嵐鑑定人が『摂食後三時間以上経過』と判定したものを、五十嵐鑑定書記載の所見を基に、一般論を適用して、『摂食後二時間以下の経過』と断定し、五十嵐鑑定の誤判定を言うことが当を得ないことは明らかである。」

と認定したが、ここに書かれている食物の量や質、咀嚼の程度などによって、消化の進行が一様でないことを何ら請求人は否定していない。新証拠が示す多年の経験や統計の積み重ねによって、しかも右に述べられている消化の進行が一様でないことも考慮に入れたうえでの幅の最長時間をもとに、「最後の食事から遅くとも二時間」と請求人は主張しているのである。

右の判示の中で、「胃腸内に残存する食物の種類や量、その消化状態から摂食後の経過時間を推定するには、明確な判断基準が定立されているわけでもなく」というのは明らかな歪曲である。「五十嵐の解剖時の所見に基づく判定は、争われるべきではない。」という主張もまた明白な誤りである。このような見解が許されるならば、解剖した警察医の意見がすべてであり、裁判でその当否を争うことは許されないということになってしまう。

右鑑定は、「最短三時間は経過」と述べているが、「最長」が何時間の経過までのことなのかは全く触れられていないし、またどうしてこのような判定をしたのか、その根拠も理由も述べていない。五十嵐であろうと誰であろうと、解剖時の所見をもとにして、多数の事例から集計・抽出された前述の判断基準等によって判定する以外に、法医学上の鑑定はなし得ないのである。

判示はさらに、個人差や精神状態までもを挙げて請求人の主張を否定しようとしているが、被害者は強壮な高校一年生のスポーツ・ウーマンであり、その個人的特性を考えると、消化時間は促進的に考えられても、その逆ではないことも明白である。

また被害者の「精神的緊張状態」も挙げられているが、請求人の自白に従うにしても、確定判決が認定したカレーライスを食べてから殺害にあうまでの過程のどこを見ても、殺害直前数分間は別として、「精神的緊張状態」が存在したようなことはどこにも窺われない。裁判所は出まかせを書かずに、記録に基づいた丁寧な判断を示すべきである。

原決定はまた、

「様々な条件によって左右され、死後の経過時間を日単位で何日間と確定することは困難であり、その推定には、相当の幅を持たせることにならざるを得ない。」

と述べている。しかし、死後数カ月や数年を経過した死体の晩期死体現象からの推定の場合ならいざ知らず、本件は五月一日の午後四時過ぎの殺害とされている死体を、五月四日の七時から解剖を開始したという僅か三日間の死亡時刻の推定の問題であり、このような短期間の出来事について（時間単位ではなく）日単位の推定すらも法医学ができないと判示は主張していることになるが、これは法医学がこれまで蓄積したデータや、多様な経験に基づく成果を無視しうることを公言していることにほかならず、驚くべき暴論と言わなければならない。法医学を馬鹿にするにもほどがある。

また判示は、五十嵐医師の解剖時の所見による判断を絶対視しようとしているが、同医師としても、これまでの法医学の成果を考慮に入れずして死後経過時間の判定ができる筈はなく、もしこれらの成果が示す経過時間をあえて否定して別の結論を出そうとするならば、当該死体現象において通常導かれる判断を否定する根拠を示すのでなければ、単なる恣意・独断による根拠のない記載と看做さざるを得ない。判示の五十嵐医師の示した判断の押しつけは、法医学の成果を無視したものであることは疑問の余地はない。

なおもう一度付け加えると、五十嵐鑑定書における死後経過時間の推定結果も、死後「ほぼ二〜三日位」というものであり、二日を否定していない。

(二) 死体埋没時刻について

判示は証人SやAの証言を援用して、五月二日の朝には「農道上に大きく土を掘って戻し平にならした跡があった」ことを認定しそれまでに被害者の死体が発見された農道に埋められていたことを認定した。

同証人の最初の農道上の土の変異について気付いたとする発見時刻が果たしていつであり、また正確な記憶に基づいて述べられるものであるか否かについての疑問は請求人が具体的に詳しく述べてきたところである。五月二日の朝の何時頃に右の異常に気付いたのかは明確ではないが、Sの言うところに従えば、「農協で開かれた総会が九時四〇分ころ終了したあと現場に行った」とのことである。そもそも繁忙期における農協総会が朝の九時四〇分に終了するものとして開かれることは常識上あり得ず、同人の証言がまずこの点において咀嚼《そしゃく》しがたいものと言わなければならない。
しかし判示はこの点について、「農協総会を朝のうちに行うこと……があり得ないこととはいえない」と判示して請求人の主張を却けた。

通常、農協職員の出勤は朝の九時頃からであり、繁忙時にこの時間帯から多数の組合員が参加して総会を開くことなど、余程の緊急事態の発生以外にはあり得ないことは世の常識である。判示が言うように、通常行なわれる筈のない総会を「あり得ないこととはいえない」という一言だけで開催を認めるという論法が認められれば、裁判所の認定は「何でもあり」ということになり、「真夜中の総会」でさえあり得ないこととはいえない、と言うことになってしまう。「ない筈はない」などというのは、非常識を押し通す典型的な論法であり、およそ裁判所のとるべき態度ではない。

又降雨後の牛蒡《ごぼう》の種蒔きについてのS証言の信憑性についても、「ごぼうを雨降りの翌日に播種することがあり得ないこととはいえない」という判示にしても、これまた常識に反する「雨の翌日の種蒔きもないことではない」という論法で切り捨てようとするもので、赦すことができない。

裁判所は、雨のあとの関東ローム層地帯の畑に、一度でも足を踏み入れた経験があるのであろうか。この付近に住む農民は、ぬるぬると粘り、土さばきが困難になった畑に、種蒔きの実行はおろか、そうしようという考えすら起こさないのである。裁判所のお公家さん的物知らずが、世の物笑いになるだけの判示と言わなければならない。

なお死体発掘時に現場を写した航空写真等には、牛蒡の種蒔きをしたような畑は、現場付近には一つも写っていないことを付言しておく。

八　おわりに、予断と独善の確定判決

以上述べたとおり、請求人の自白が虚偽架空であること、自白と現場状況が一致しないこと、犯行の核心部分に証拠が存在しないこと等が明白であるにもかかわらず、確定判決はこれらの点を無視して、有罪判決を下した。

判決を通してみられるのは、誤った判決を下した裁判所の予断と独善である。しかも判決はそのことを正当化しようとして、次のとおりの意見を開陳しているのである。

判決は「第三事実誤認の主張について」の「事実誤認の主張について」の「事実誤認の主張一について」のところで、弁護人らの、

「被告人の捜査段階における自白には、その間に数多くの食い違いがあること、もし犯人であるとすれば当然触れなければならないはずの事柄について知らないと述べ、供述に多くの欠陥があること――その最たるものは、被害者の首に巻かれていた木綿細引紐について何ら触れられていないことである――及びこれらの供述と客観的証拠（証拠物・鑑定結果その他信用するに足りる第三者の証言等）とが食い違っている。これは、捜査段階において、被告人が体験しない事柄について、捜査官の方で他の証拠等から組み立てた被告人とは無関係な事件に合わせて被告人の供述を誘導したからにほかならない。」

という主張に対して、

「被疑者や被告人が捜査官や裁判官に対して述べるのは、神仏や牧師の前で懺悔するようなものでは

ない。否、懺悔にすら潤色がつきまとうものであって、これこそ人間の自衛本能であろう。大罪を犯した犯人が反省悔悟し、ひたすら被害者の冥福を祈る心境にある場合にすら、他面において死刑だけは免れたい一心から自分に不利益と思われる部分は伏せ、不都合な点は潤色して供述することも人情の自然であり、ある程度やむを得ないところである。しかるに、所論は自白とさえいえば、被疑者や被告人は事実のすべてを捜査官や裁判官に告白するものだ、これが先験的な必然であるというかのような独断をまず設定したうえで、そこから出発して被告人の供述の微細な食い違いや欠落部分を誇張し、それゆえに被告人は無実であると終始主張している。これは全く短絡的な思考であって誤りであるといわざるを得ない。」

と述べ、「事実誤認」存否を判断するための基本的態度として、裁判所は「憲法に適合した法令の従僕であるとともに証拠の従僕でもあらねばならない」としながらも、

「実務の経験が教えるところによると、捜査の段階にせよ、公判の段階にせよ、被疑者若しくは被告人は常に必ずしも完全な自白をするとは限らないということで、このことはむしろ永遠の真理といっても過言ではない。殊に現行の刑事手続においては、被疑者ないし被告人にはあらかじめ黙秘権・供述拒否権が告知されるのであり、質問の全部または一部について答えないことができ、答えないからといってそのことから不利益な心証をもってはならないという趣旨であって、もとより虚偽を述べる権利が与えられるわけではない。また、実務の経験は、被疑者または被告人に事実のすべてにわたって真実を語らせることがいかに困難な業であり、人は真実を語るがごとくみえる場合にも、意識的にせよ無意識的にせよ、自分に有利に事実を潤色したり、意識的に虚偽を混ぜ合わせたり、自分に不都

合なことは知らないといって供述を回避したりして、まあまあの供述（自白）をするものであることを、常に念頭において供述を評価しなければならないことを教えている。」
と述べている。

もちろん、弁護人らも被疑者や被告人が常に真実のみを語るものであるとは考えていない。しかし重要なことは、裁判所が「実務の経験」が教えるところと述べている、被疑者や被告人が嘘をつくのをたまたま経験したことがあるという事実を絶対化してはならないということである。裁判は個々別々のものであって、裁判所は予断に陥ることなく虚心に被告人の述べることを聴く態度を最も心掛けるべきであることは言うまでもないであろう。裁判所はどうして一貫性や脈絡ない、また重要な点で欠落の多い供述をみて、被告人は本当は犯人ではないのではないかと考えないのであろうか。

さらに裁判所は、

「そもそも、刑事裁判において認識の対象としているものは、いうまでもなく人間の行動である。人間の行動は、その感覚や思考や意欲から発生するものであり、その発現の態様は我々自身が日常自らの活動において体験するところと同様である。この一般的な経験を根底に持っている人間性は同一であるという思考が、過去の事実の正しい認識を可能にする根本原理であって、人が人を裁くことに根拠を与えている刑事裁判の基礎をなすところのものなのである。過去の人間行動（事実）はただ一回演ぜられてしまって観察者の知覚から消え去った後は、記憶の影像としてのみ残るに過ぎない。しかも、その観察者の知覚・表象・判断・推論を条件付ける精神過程は極めて区々《くく》であるうえに、さきにも触れたように、人間は意識的・無意識的に自己の行動を潤色し正当化しようとするものであることをも考え合わせると、このような不確実と思われる資料（証人や被告人の供述など）を基礎として、確実な認識を獲得することはなかなか困難な作業ではあるけれども、しかし、それらの互に矛盾する資料であっても、その差異を計算に入れて適切な批判や吟味（この思考過程は直線的でなく円環的であり、弁証法的なものである。分析的であるとともに、総合的なものである。）を加えるならば、かえってそれ相当の価値ある観察が可能なのであり、このことが刑事裁判における事実認定の基礎であるとともに、控訴審である当裁判所が事後審として原判決の事実認定の当否を判断することを可能にする根拠でもある。そして、この心的過程は、窮極的には、裁判官の全人格的能力による合理的洞察の作用にほかならないのである。」

とも述べている。しかし端的に言って、ここで何を言おうとしているのか全く不明確で、甚だしく理解に苦しむ。「円環的」とか「弁証法的」とか言う言葉は些かならず衒学的で、自己陶酔的な筆の走りとみられる。せめてもう少し解りやすく意見を述べることができる筈である。

そして、結局右のような実体のないおおげさな表現は、つぎに述べる、証拠を無視した事実認定を正当化しようとするためのものであることがすぐに判明する。

このことがもっとも端的にあらわれているのが、木綿細引紐についての認定である。判決は、請求人が木綿細引紐について具体的に何一つ述べていないにもかかわらず、

「ところで、被告人は取調べに当たった検察官に対して死体の頸部に巻き付けられていた細引紐については記憶がないといって否認の態度をとり、原審公判廷においてもこの点について何も供述していない。しかし、先に触れたように被告人は捜査段階において真相を語らず、又は積極的に虚偽の事実

を述べていることを考え合わせると、被告人は細引紐の出所はもとより、被害者の頸部に細引紐を巻きつけたことを、情状面において自己に不利益であると考えて否認しているものと認めざるを得ない。そうだとすれば、両鑑定の推認しているように、被告人は被害者の死を確実ならしめようとして、細引紐で絞頸したものと判断せざるを得ないのであって、被告人がこの点について否認するからといって被告人が犯人ではないとはいえないのである。」

と認定している。

しかし、請求人は細引紐については一貫して具体的な供述をせず（なし得ず）に終始しているにもかかわらず、これを逆に「捜査段階で真相を語らず」とか、「積極的に虚偽の事実を述べている」「とぼけている」と一方的に決めつけ、これを根拠にして、「細引紐の出所や、頸部に巻き付けたことは情状面に不利益であると考えて否認している」と認定するのは、余りにも無茶苦茶である。

裁判所の請求人が犯人であるとの予断なしには、このような認定はあり得ない。

「請求人が真相を語らず」ということが重要な有罪事実の認定の根拠になるのであれば、裁判所は被告人の権利である供述拒否権をどのように考えているのか。また裁判所がさきに述べた、

「被疑者ないし被告人にはあらかじめ黙秘権・供述拒否権が告知されるのであり、質問の全部または一部について答えることができ、答えないからといってそのことから不利益な心証をもってはならない。」

という言葉とどのような関係に立つのかを知りたい。

裁判所が請求人の供述不在にもかかわらず、これを死体や犯行現場の状況に即して使用したことを

認定するためには、別の客観的証拠にもとづいて事実を認定し、これによって請求人の供述の不在の不合理性を認定しなければならないことは、事実認定の余りにも基本的な原則である。供述がないことを理由に、請求人に不利な事実を勝手に認定してよいというのであれば、どのような恣意的裁判も裁判所は勝手に出来ることになる。多くの裁判で裁判所の自白偏重が論じられるが、客観的証拠や自白すらないところでの右のような判断は、裁判ではなく、裁判所が自由自在に事実をねじ曲げた餡細工にすぎない。裁判所の請求人嘘つき論は、畢竟、冤罪事件製造の打ち出の小槌にほかならない。

確定判決は、細引紐の出所を「確たる証拠はないと言わざるを得ない。」と証拠の不存在を自認しながらも、

「思うに、脅迫文にみられるように、幼児誘拐の機会を窺っている犯人としてみれば、幼児を適当な場所に縛り付けておき、その間にかねて用意した脅迫状を届けようと考えて、あらかじめ木綿細引紐を持ち歩いていたことも考えられないわけでない。殊に、脅迫状、足跡その他これまで述べてきた信憑性に富む客観的証拠によって、被告人と『本件』との結び付きが極めて濃厚となり、被告人が『本件』の犯行を自供するに至った後においても、木綿細引紐をあらかじめ持ち歩いていたというようなことは、そのこと自体明らかに被告人に不利益な情状であり、ひいてそれが死を確実にするためこの木綿細引紐で首を絞めた紛れもない事実にも結び付かざるを得ない以上、被告人としてその出所を明らかにしないのは、それなりの理由があるのである。」

と述べている。

脅迫状や足跡の問題等が裁判所の言う信憑性のないことは、すでに弁護人らによって明らかにされ

ている。

「あらかじめ木綿細引紐を持ち歩いていたことも考えられないわけではない」などという判示は、余りにも露骨な証拠によらない「請求人が犯人である」という予断にもとづく推測であり、「事実認定は証拠による（刑訴三一七条）。」という裁判の基本原則の否定である。

裁判所は、請求人は「情状面で不利益であるので」細引紐について明確に自供しなかった、などとこれまた請求人を犯人と決めつけたことを前提として判示しているが、請求人は右のようなことが判決の情状面に影響するなどということまで考えが及ぶような人物ではないことも明らかであり、裁判所の予断も極まれりと言わなければならない。

当裁判所におかれては、本書面で弁護人が繰り返し述べてきた以上の事実を、記録・証拠によって今一度検討し、結論を出されることを切に望む次第である。

「狭山事件判決の全体像」について

笠松明広

狭山事件とは、一九六三年五月一日、埼玉県狭山市内で下校途中の女子高校生が行方不明となり殺害された事件。同日午後七時半頃、被害者宅に脅迫状が届けられ、家族が警察に連絡した。脅迫状に書かれていた二日の深夜、埼玉県警は四〇人もの警官を身代金受け渡し場所周辺に張り込ませたが、身代金を取りに来た犯人を取り逃がした。女子高校生は四日、農道から遺体で発見された。警察にとっては、直近におきた東京の吉展ちゃん事件同様の大失態で、世間からの非難をかわすためにも、なんとしても生きた犯人を捕まえる必要があった。事件当初から、警察は「そんなこと（誘拐殺害）をするのはよそ者（被害者の住む集落とは異なる——被差別部落のことを指す）」との予断と偏見に乗っかかり、近くにある被差別部落民が経営するI養豚場、市内二カ所の被差別部落に集中的に見込み捜査を展開した。こうしたなか、かつてI養豚場で働いたことがある石川一雄さん（当時二四歳）が五月二三日、別件逮捕された。

警察は、捜査にあたって部落差別を利用した。警察は五月三日（犯人を取り逃がした翌日）、I養豚場に出向き使用人、元使用人の名前、住所を聞き出し、捜査を開始。部落への見込み捜査もあわせ、一二〇人の筆跡を集めた、という。五月四日に国家公安委員長は「犯人は土地勘のあるもので二〇万円を大金と考える程度の生活で教育程度の低い者である」と発言し、被差別部落民が犯人であると示唆した。当時の『週刊朝日』は、「重い市民の口から集まった情報は、なぜか『よそもの』と呼ばれた、ある特定の人をさすものが多かった。いわれのない差別にもとづくものかも知れなかった」と書いている。

目撃者の供述の変遷にも部落差別が巧妙に利用されている。たとえば、五月四日段階では「その二人の男は誰だかわからなかった」としていたものが、六月五日段階（石川さんが逮捕されたあと）には「その途端……石川一雄とJであることがわかりました」となっている。変遷の理由として、「警察にこの事を云えば、四丁目の人たちが集団で押しかけて来るかも知れないと思い隠すようにしておりました」と書かれている。もっとも、石川さんの単独犯行自白がはじまると、この供述は六月三〇日の調書で、「石川とJであったことははっきりしない」と、こんどは理由もなく変遷している。有罪の根拠の一つとされるUKの目撃証言は、事件から一カ月以上もたってから届けられている。その点についても、「四丁目の人達は団結して多勢で押掛ける事がありますので萬一にこの事をしゃべったためにおどかされるような事があってはと心配したからです」と書かれている。

犯人とされた石川さんは一カ月間、否認を続けた。しかし、警察による、いったん釈放後に即、再逮捕し、取り調べ場所を孤立した川越署分室に移すなどの策動で、六月二〇日から三人共犯自白（当初、警察は石川さんが、文字を書けない、文章をまともに書けないことが分かり、共犯者に脅迫状の書き方を教わったというストーリーを描き、さきの目撃者の供述変遷でも取りあげたように共犯者を想定していた。警察は共犯者とする被差別部落の青年を逮捕し調べたが、結局、アリバイが証明され釈放せざるをえなくなった。石川さんは、妹が借りてきたマンガ雑誌から漢字を捜して脅迫状を作成した、とされている）を開始し、二三日からは単独犯行自白を行ない、七月九日起訴された。九月四日に浦和地裁で裁判がはじまり、裁判中も自白を維持し続けた石川さんにたいして、わずか一五回の公判で翌六四年三月一一日、死刑判決が出された。しかし、六四年九月一〇日、東京高裁での第二審第一回公判で、石川さんは無実を訴えた。ここから、いまに続く、じつに半世紀以上にわたる石川一雄さんの裁判闘争がはじまった。別件逮捕直後から行なわれた部落解放同盟による支援——救援活動、差別裁判糾弾のとりくみも半世紀をこえるのである。

その後の裁判の流れを、ごく簡単に書けば、つぎのようになる。

1974年10月　第二審判決（寺尾判決、これが確定判決になる）で無期懲役
1977年8月　上告棄却　石川さんは千葉刑務所に移管。その後、再審請求
1980年3月　再審請求棄却
1981年3月　異議申立棄却
1985年5月　特別抗告棄却（これで第一次再審請求が終わる）
1986年8月　第二次再審請求
1994年12月　石川一雄さんが三一年七カ月ぶりに仮出獄で故郷、狭山の土を踏む

1999年7月　再審請求棄却
2002年1月　異議申立棄却
2005年3月　特別抗告棄却（これで第二次再審請求が終わる）
2006年5月　第三次再審請求

「狭山事件の全体像――これでも石川一雄は有罪か」は、二〇〇〇年三月三一日に狭山事件再審弁護団が第二次再審の異議申立審で提出した補充書の一部分。全一四章のうち、第一章が証拠構造の分析と自白との関連について、第二章が捜査に関する総括的批判にあてられている。第三章の狭山事件の全体像は、それに続く重要な部分を占めている。第三章からあとは、狭山事件の有罪根拠の主軸とされる筆跡鑑定についての説明が続いている。

狭山弁護団会議のなかで和島岩吉・主任弁護人（当時。加藤老事件、徳島ラジヲ商殺し事件の冤罪と闘った）が強調したのが、市民的感覚から事件全体をとらえることの重要性だった。あまりにも市民的感覚からかけ離れた、荒唐無稽なストーリーが裁判所によって事実として認められているからだ。逆にいえば、市民的感覚が石川さんの無罪をあぶり出す、ということだ。

藤田弁護士のこの文章が書かれる前年の一九九九年、狭山事件の再審を求める市民の会が結成された。事務局長になったルポライターの鎌田慧さんが強調したのが、当時、文字を奪われ、非識字者であった石川一雄さんが脅迫状という手段をとるのかどうか／とりえるのかどうか、という指摘だった。部落差別のために義務教育すら満足に受けることができず、文字すら十分に書けず、文章を書けなかった石川さんが、脅迫状という手段をとるはずはない、ということの一点だけでも、無実は明らかだと著書（『狭山事件の真実』鎌田慧著、岩波現代文庫）のなかで訴えた。

補充書では、藤田弁護士の文章のあと、筆跡関係の説明が続くので、第3章には筆跡以外の論点が書き込まれている。

第3章では、▽事件にいたる「動機」の理由が薄弱▽犯行現場とされる雑木林への被害者の同行はあり得ない▽誘拐の対象を決めていないのに、脅迫状を事前に作成し名前を書くという矛盾▽雑木林が犯行現場ではない▽遺体運搬の不自然性▽遺体埋没現場と自白の矛盾▽被害者の死亡時刻、などの論点が、説得力を持って展開されている。

文中には、裁判所にたいする辛辣な批判が見える。まるで、目の前で藤田弁護士がいつもの、あの調子でしゃべっているような節回しで。たとえば、「裁判所は、雨のあとの関東ローム層地帯の畑に、一度でも足を踏み入れた経験があるのであろうか。この付近に住む農民は、ぬるぬると粘り、土さばきが困難になった畑に、種蒔きはおろか、そうしようという考えすら起こさないのである。裁判所のお公家さん的物知らずが、世の物笑いになるだけの判示と言わなければならない」「裁判所の請求人嘘つき論は、畢竟、冤罪事件製造の打ち出の小槌にほかならない」。

父親が農民組合を基盤にした議員だっただけに、農業に詳しく、種蒔きや農協総会の日時をめぐる問題でも説得力があり、「『ない筈はない』などというのは、非常識を押し通す典型的な論法であり、およそ裁判所のとるべき態度ではない」という批判も、ずしんと胸に響く。

「裁判所が請求人の供述不在（木綿細引紐に関すること。警察も木綿細引紐が何のために、どのように使われたかわからず、自白を誘導できなかったことを示している——引用者注）にもかかわらず、これを死体や犯行現場の状況に即して使用したことを認定するためには、別の客観的証拠にもとづいて事実を認定し、これによって請求人の供述の不在の不合理性を認定しなければならないことは、事実認定の余りにも基本的な原則である。供述がないことを理由に、請求人に不利な事実を勝手に認定してよいというのであれば、どのような恣意的裁判も裁判所は勝手に出来ることになる」「『あらかじめ木綿細引紐を持ち歩いていたことも考えられないわけではない』などという判示は、余りにも露骨な証拠によらない『請求人が犯人である』という予断にもとづく推論であり、『事実認定は証拠による（刑訴三一七条）。』という裁判の基本原則の否定である」という結論部分は、裁判所のこれまでの判断が予断にもとづくものであり、刑事訴訟法にある原則の否定であることを鋭く説いている。藤田弁護士の真骨頂発揮の場面である。

藤田弁護士は、第二審の井波裁判長結審阻止闘争のときに（一九七一年の五五回公判から）狭山弁護団に加わり、最後まで弁護人として裁判にかかわりつづけた。

狭山事件は、現在、東京高裁に第三次再審請求中で、二〇〇九年からはじまった三者協議が継続中。一四年八月現在、三者協議は一九回を数え、一三六点の証拠開示をかちとっている。しかし、いまだに検察は犯行現場が雑木林とする根拠を示す証拠（犯行現場を示すのは石川さんの自白だけ。ルミノール反応検査報告書などを開示していない）、遺体の鑑定書添付以外の写真など、石川さんの無実を示す重要な証拠を隠し続けたままだ。

開示証拠では、事件から四八年ぶりに開示された石川さんが別件逮捕された当日（一九六三年五月二三日）の上申書が、あらためて脅迫状の文字との違い、文章作成能力の違いを示している。また被害者を後ろ手に縛った日本手拭いは、米穀店が得意先に配った一六五本のうちの一本であることは疑いのない事実であるが、石川さん宅は、この手拭いを警察に提出したにもかかわらず、姉宅から都合をつけたとして、有罪の根拠とされてきた。ところが、警察の捜査報告書には、つじつまを合わせるため、姉宅には一本しか配布されていないと記されている米穀店の配布表の「1」という数字を、別の筆記具で「2」とねつ造していることが証拠開示で明らかになった。秘密の暴露とされている、車の駐車の件でも、この車の駐車時間を石川さんの自白に合わせるためにずらしていたことが、証拠開示から明らかになっている。

狭山事件は、部落差別にもとづく冤罪だ。冤罪としての狭山事件に取り組むなかでわかってきたことは、社会的な差別・排外・抑圧を受ける人びとが冤罪者にされているという現実だ。そして、冤罪は代用監獄（警察署内の留置場＝二四時間の生活が警察の管理下に置かれ支配される。本来は警察署内でなく、拘置所に被疑者はとどめ置かれることになっているが、この施設が足りないという口実で、警察にとって都合のいい代用監獄が常態化されている）で生まれる。署内の密室の取調室のなかで、弁護士もつかず、長時間におよぶ取り調べがおこなわれている。しかもいまだに、ほかの罪名をつけて再逮捕を繰り返すという手法で、超長期の勾留・取り調べを可能としている。こうしたなかで発生する冤罪をふせぐために、全取り調べ過程の可視化や全証拠の開示などを求める運動にも、狭山をたたかう人びとはかかわっている。

藤田弁護士が、狭山差別裁判糾弾闘争について「無実の人を救うため多くの人が立ち上がり、努力する姿が時代のモラル状況の指標であり、『万人は一人のために、一人は万人のために』という解放運動の基本精神の実践なのです」と評価し続けたことを、最後に記しておきたい。

第三部　折々の発言

御堂筋のジョン・ケージ

あのときもこれという目的もなく、ぶらぶらと歩いていただけだったと思う。ただ、御堂筋の銀杏並木の葉の緑が、今よりもっと色濃かったことだけは確かである。

南御堂会館の前を北から南へ何気なしに通り過ぎようとして、その前に立て掛けてあった「二十世紀音楽研究所主催・第四回現代音楽祭」の立看板が目にとまった。丁度その夜、アメリカから帰った一柳慧らが、ジョン・ケージや、彼の仲間である、E・ブラウン・M・フェルトマン、C・ヴォルフなど、アメリカの俊英たちの「不確定性の音楽」を日本で紹介する最初の音楽会が開かれようとしているところであった。このような機会の誘惑に抵抗力のない、いつに変わらぬスノッブの私は、もちろん切符を買うことにした。

「不確定性の音楽」は、ジョン・ケージらの「音楽をあるがままの状態に還そう」という思想にもとづく試みである。例えば、彼の有名な「四分三三秒」という作品では、ステージでピアニストが聴衆に恭しく一礼したのち、ピアノの前に腰をかける。しかし、彼は楽譜をじっと見つめているだけで、一向にピアノに指を触れようとはしない。そして四分三三秒たつと立ち上がり、再び一礼して舞台から立ち去る。一九五二年ニューヨークの近郊、のちにロックのメッカとして知られるようになったウッドストックでこの作品が初演されたとき、聴衆が呆気にとられたのも無理からぬことである。

しかし、ケージがこの作品で言いたかったことは、演奏されるピアノの音だけが音楽ではない。その間、聴衆が聞いた環境の音のすべてが音楽であるということである。「あのとき、第一楽章のあいだは、ホールの外の木々を渡る風の音が聴衆には聞こえたはずだ。第二楽章では屋根にバラつく雨あしの音がきこえたし、第三楽章では聴衆のざわめきがそれに加わった」、とケージはのちに語ったそうである（秋山邦晴『現代音楽をどう聴くか』一八頁、晶文社）。

音楽と環境に自然のままで遍在する音たちとを等価として考え、音楽からあらゆる意図的な構造化を斥けようとする不確定性の音楽は、予め選ばれた音響・音階等の図表から、ダイスを投げることにより、偶然的な音響的配列を得たり、偶然にできた点や線を五線譜によらず、図形や絵画的模様などが「楽譜」の代わりに用いられる。図形や模様を見て喚起されるイメージによる演奏者の即興に委ねられる。五線譜では作曲の過程に不確定性を導入できても、演奏者はその結果としてでき上がった楽譜に厳密に規定されてしまうので、図形を楽譜にかえ、演奏者の即興性を介在させることで、不確定性はさらに徹底される。

このような作品は、必然的にそのたびごとに違った演奏となる。ケージ自身も題名を知らされなければ、自分で聞いても自分の曲かどうかわからないことがしばしばあるという。

さて、私にとっても、こうした作品と接するのはこれがはじめてである。私たちは音を聞くときも、ゲシュタルト心理学の「プレグナンツの法則」のようなものに支配され、それがまったくはじめての音体験であっても、すでに学習された既知の音楽の秩序になぞらえて、できるだけ簡潔で単純なまとまりとしてこれを捕らえようとする傾向が先験的に備わっている。しかし不確定性の音楽は、私たちのこれまでの音楽体験の蓄積にもとづく予測や期待をことごとく裏切りつづける。

西洋の伝統音楽の構成要素であるメロディ、ハーモニイ、リズムを持たず、したがって時間的構築性と無関係な音たちは、聴き手にどのような情況にも素早く対応できる緊張と柔軟性を同時に要求する。

この音楽会でもケージの作品の演奏中、ある者は耐えきれず「もう沢山だ」と声をあげた。しかし、このような緊張の連続するマゾヒスト的時間の中で、ときとしてロートレアモンの「ミシンと蝙蝠傘とが解剖台の上で出会ったとき」の美しさが通り過ぎる。私たちにとってこれまでまったく未知であった音たちの関係――つまりこれまでに存在していた音たちの関係すべての不在によって、息を呑むような効果が生み出されたのである。

作曲家としてのジョン・ケージはしばしばその作品によってではなく、外界のあらゆる音を受容することによって、音楽の時間を消滅させてしまった思想家として評価され、M・デュシャンや、鈴木大拙を通じての東洋思想、なかんずく禅の影響が論じられる。しかし、便器やガラクタの類に美を発見し、美術の世界にオブジェの概念を持ち込んだデュシャンはいざ知らず、東洋思想の影響に関するかぎり、私たち個々の存在はもちろん、この世界の成り立ちそれ自体も不確定性＝偶然の産物であり、個々の作曲家がその作品の中で、どのように綿密な謀りごとをめぐらそうとも、それらもすべて広大な偶然性の掌の上に乗っていることには変わりはない。むしろケージのように、ことさら積極的に不確定性を追い求める態度の中に、かえって私は西洋の近代的合理主義の袋小路をみてしまうのである。
——手袋のうらもまた手袋——（ジャン・コクトオ）

そのとき私がケージを評価したのは、あくまでも彼の作品の演奏の中で、これまで経験したことのない思いがけない効果を感得できる瞬間を味わえたからというだけの理由からである。

この音楽祭では、次の夜に武満徹、一柳慧、入野義朗、黛俊郎などの日本の作曲家の作品や、シェーンベルクの合唱〈心のしげみ〉などが演奏されることになっており、私もこれを聴くことにした。武満のフルート、テルツギター、リュートのための〈リング〉という作品の精妙な美しさ（彼はここで初演されたこの曲で西ドイツ大使賞を受けた）や、一柳の〈ピアノ音楽第四・第六〉によって受けた圧倒的な感動は、今も私の心に残っている。

しかし、私がそのとき最も強い衝撃を受けたのは、これらの解釈・技巧的にも困難の多い初演の作品を、きわめて楽々と弾きのける一群の年少の演奏家たちの存在を目の当たりにしたことであった。

黛の〈弦楽四重奏のためのプレリュード〉の演奏のとき、第二ヴァイオリン奏者が、途中で譜面台から楽譜を誤って床に落としてしまうという珍しいハプニングがあり、それからの演奏がしどろもどろとなってしまったことを除いて（前夜のケージなどの作品の演奏を通して、こうした偶然性の介入に聴衆が丁度訓練されたばかりの出来事であったのが、なんともおかしかった）、彼らの能力は、これまで知っている日本人演奏家たちに期待できる水準を、はるかに上まわるものであった。

彼らのうちに、その後さらに努力して、今では世界の楽団で一流と評価されるまでに成長した人たちが加わっていたことは言うまでもない。彼らのほとんどは、私よりも五、六歳以上は若い一九三五年以降に生まれた人たちである。戦後十数年の平和の期間が、すでにこのように着実に技能を習得し、世界へ向けて大きく羽ばたこうとする沢山の若い演奏家たちを育てていたのである。

彼らにひきかえてその間私は何をしていたのか。

私たちの属する世代は、物心つく頃にはすでに天皇制ファッシズムの体制は確立されており、あらゆる異端から遠ざけられて、「忠君愛国」や「八紘一宇」のイデオロギーだけを純粋培養されて育てられた。しかしすべては誤りだった。

戦時中の記憶でもっとも強烈なのは、大阪大空襲の翌日、焼け出されて行方知れずになった叔母一家に届ける握り飯入りの風呂敷包みをぶらさげて尋ね歩いたとき、焦煙の中で見た、無惨な死に方の展示会のような光景。さまざまな様相のおびただしい数の焼死体は、その後何度も思い返すたびに、未来に希望を架託するような甘い考え方を、その都度断念させるのに役立ったような気がする。

戦後多くの友人たちを虜にした社会変革の政治運動にも、とてものる気になれなかったその頃の私の精神状態の底に、このようなちゃちな平和の時間も、いずれもうすぐやってくる破局への束の間の猶予期間にすぎない。何をやっても所詮は無駄さといった、少年期からを通して戦争や動乱の中だけを生きてきた「動乱世代」特有の、ネガティブな願望と傲漫が全くなかったと言い切る自信はない。

化学療法と長期の安静の効果がようやくあらわれ、この音楽会のあった一九六一年九月頃は、リハビリと称して、これといった目的もなく大阪の街なかをうろつき回る毎日であった。

大学を卒業して、三年半勤めていた神戸の保険会社から貰った僅かな退職金も、とっくに底をついて、この切符代も「天牛さん」の御厄介である。ただ市民病院の二階の病室の窓から満員の通勤者を乗せて、線路を軋ませながら走る阪急電車を眺めながら、もう二度とあの生活に戻らないでおこうという決心だけは固かった。それではこれからなにをするのか。

音楽会で今聴いた、若い優秀な人たちの演奏したジョン・ケージの音楽の響きは、そのまま私にはこれ以上傲慢な怠惰が許されないときがきていることの警告でもあった。

居たたまれず途中で会場を出て、難波の方へ歩いたが、何やら急に自分の将来が心配になって足を急がせた。「埋没の世代」という言葉が湧いてきて頭の中で拡がった。高島屋の前あたりで地下鉄の階段を下りようとして大きな息をしたとき、まだ痰のからむ喉が鞴《ふいご》のように鳴った。

（一九八二年四月）

青木先生が居られた日々

青木先生(注)が入院される前の二年間、ある事件で大阪―高知を何度となく飛行機で往復した。先生はどんなにYSが揺れても、平気の平左である。人一倍怖がりの私が、「何ともありませんか」と尋ねても、「戦時中のスマトラで、いつ墜ちても不思議でないひどいやつで、あちこちと飛びまわっていたときのことを思うと、何でもない」と澄ましておられた。先生と話しても、こんなときは気休めにもなにもならなかった。

多分に旧制高校風の書生気質を保存しておられた先生は、機内でも、時勢を論じて談論風発。つい声が大きくなって、気がつくと、あたりの人に聴き耳を立てられていたりして、照れくさそうに口をつぐまれることも何度かあった。先生は、私の知る人で言えば、ジャズピアニストのマル・ウォルドロンと並ぶ重度のチェーン・スモーカーであった。それにコーヒー。いったい、日に何杯飲めば気がすまれるのか。

「ご老体、いささか不養生ではないですか」と意見がましいことを申し上げても、一向に気にとめられないどころか、私が禁煙を宣言すると、「意志薄弱だな、君がやめられるはずがないんだから、もっとマジメに吸え」と変な激励をして下さった。

　しかし、あるとき、仕事が終って喫茶店で一休みということになっても、コーヒーに口をつけず、「ルナ」にも点火されない。「少し調子が悪い」とおっしゃった。悪い予感がした。

　仕事を先生と一緒にさせていただくようになったのは、一九六八年「仁保《にほ》事件」の上告審からである。「岡部君に面会して彼の目をじっと見てきたが、彼は無実だ。ぼくはやるよ」と言われた。先生と目を合わせると、私の目が濁っていることを見抜かれそうな気がして、伏目のまま弁護人になることを引受けてしまった。

「仁保事件」の無罪が確定して、弁護団の誰もがホッと一息つきたい思いのときも、先生はまたすぐ動きはじめられる気配であった。

　先制攻撃をかけて、「当分は、誰の目も見に行かんといて下さいよ」と申し上げると、「狭山がね」と先生は一言おっしゃった。果たせるかな、すでに選任届を出していた「狭山事件」の有力メンバーとしての活動を、すぐに開始された。遅れて私もまた、弁護人席の端っこに坐ることとなった。「狭山事件」の弁護団は、苦難の連続である。二審での先生の弁論は、「自白維持と部落問題」であった。情熱をこめられながらも、冷静かつ説得的な先生の論述ぶりは、今も心に鮮明に焼きつけられている。

　先生が入院されたのは、再審棄却決定に対する異議申立が東京高裁に係属しているさ中の一九七九年四月のことであった。束の間の小康を得られて、同年九月には一度だけわざわざ弁護団会議に顔を出されたことがあった。「こんな調子ですから、ご迷惑をかけております。狭山のことは、どうかよろしくお願いします」と挨拶された。先生にとって仕事の場に出られる最後の機会になられるかもという思いは、誰にも共通であったが、皆つとめて普段の声で、「お元気そうになられて心強いかぎりです、くれぐれもお大事に、ご心配なく」と、答礼して中座される先生とお別れした。

その後、病院に先生をお見舞いしたことがあった。ベッドの上で、何やら小さな鐘らしきものが沢山ついた木製のものを弄んでおられた。「神父さんから貰ったんだよ、鐘の音を聴いていると心が落ち着くんだ」と静かに笑っておられた。万感の思いがこみ上げた。

先生は「トマス・モア青木英五郎」として亡くなられた。私は何かなく、先生を決然たる無神論者とみなしていたので、あらためて、生死の境のクレバスを越えることの厳粛さに、心打たれる思いがした。

多忙な弁護活動の中にも、先生は著述の筆を休められず、その成果がいまここにある。弁護士は、ともすれば事件の具体性に足をとられ、その体験の意味を普遍化し、方法化することが苦手である。豊富な実践経験に根ざす問題意識と資料に裏打ちされた先生の労作は、この意味で極めて貴重である。

残念ながら私たちはまだ、青木先生のご遺志を実現できないままでいる。石川一雄氏は依然として、彼らの手によって、獄舎に繋がれたままなのである。

（注）青木英五郎（一九〇九〜一九八一）。弁護士。仁保事件などの弁護で活躍。

またひとり、小島先生が

昨年の暮れ、家人と友人の経営するイタリア料理店へ行ったとき、偶然小島さんが(注)「文学学校」の事務局の人たちを慰労するためのテーブルを囲んでおられた。高村三郎氏や田中智子女史などと、いつもの顔ぶれとご一緒であった。早速小島さんに敬意を表すべしで、「オリヴェート」一本を献上することにした。

食事が終り、お互いに店を出るタイミングが合致した。小島さんはレジ付近で、悪さっぽい目をされて話しかけてこられた。

「かの人はだれですか」

「なんだかわかりませんが、もう永い間わが家に棲息している人です」

「お名前は」

「以前は名前で呼んでいたと思いますが忘れました。最近ではもっぱらオイです」

「じゃあ、オイ子さんだ。オイ子さん、ご主人にはいつも……」

飄々とした小島さんと、例の調子のやりとり。まだ充分には酔っておられない。しかし、あろうことか、これが小島さんとお話した最後であった。

はじめの出会いは、大学を出て間なしの、昭和二九年頃。仕方なく勤めていた神戸の損保会社で、神大出の先輩が、組合の「文化活動」の行事として、「現代フランス文学について」という、およそ当時の「組合員」たる我々の意識や関心のはるか埒外の演題をお願いして、小島さんに会社に来ていただいたときであった。

そこで、小島さんがどのようなことを話されたのか、今はまったく記憶にない。気鋭の、いかにも「フランス文学」、という感じのお人であったことだけは憶えている。

「なにかご質問」の時間になっても、誰も発言しない。これでは先生に申し訳ない。

仕方なく、そのときの幹事役の私が、咄嗟に、

「先生はアラゴンの翻訳などしておられますが、パリの芸術家の世界で、ジュダーノフの代理人の役目をしているような人物の、どのような点に興味をもち、意義を認めておられるのですか」

と質問した。

小島さんがどのように答えられたのか、これまた少しも思い出せない。気まずいことにはならなかったようである。そのあと、組合の「薄謝」をあてにして、先生にぶら下がり、近所でご馳走になり、一方的に盛り上がったことは憶えている。

二十数年ののち、何故か「文学学校」のご近所に足を運ぶことが多くなった。「院外団」の一人として、文校関係者とは付合いもはじまった。ある会合で、隣に坐ることにたまたまなって以来、小島さんに何度となくお目にかかるようになった。あのときの無礼な質問のことなどは、きっと心にも留

めておられないだろうと、懺悔など一度もしなかった。

小島さんは、エスプリ溢れた会話で人を笑わせ、いつも賑やかにしておられたが、これはこの先生の「術」であって、内心のガードは人一倍固いお方に違いないと思ったことがよくあった。

あるとき、神戸で酔っぱらい錯雑たる夜の迷路を、やっとドア・ロード近くの昔風バーに抜け出すことができた。カウンター席に腰をおろし、「さて」と考えながら、端っこの、両肘を張り、その中心に顔を埋めていた客をぼんやり見ていると、顔を上げ、不意に小島さんだった。声をおかけようとしたが、一瞬誰をも拒絶されようとする気配があった。そのまま出て行かれた。

ふらりふらりとまたひとり、なつかしき人が暗がりに消えて行かれた。
（注）小島輝正（一九二〇〜一九八七）。シュールレアリズムやサルトルの研究で知られる仏文学者。

和島先生への追悼曲

総勢六名。床の間を背にしておられたのは和島先生(注)。その他のメンバーは俳人の鈴木六林男氏、古書店「天地書房」の今木芳和、同敏次のご兄弟、それに読売新聞文化部の竹村登茂子さんに私。場所は、天王寺の茶臼山にある阪口楼の座敷。一九八六年五月一七日、土曜の夕刻のこと。

この由緒ある料亭の周辺は、時流に呑まれて様変わり著しく、ラブホテル林立である。しかしまだその時には、今は埋め立てられてしまった池を窓外に見渡すことができた。

先生を囲んで集まったのは、先生が事務所へ往き帰りによく立寄られた阿倍野にある「天地書房」にゆかりのある面々。今木氏の発案で、尊敬する先生にくつろいでいただき、四方山話をお聴かせいただくのが目的であった。

酒杯が重ねられ、先生は多少自分を戯画化されながら、生い立ちや学生生活、弁護士としての苦労話、書画骨董収集の苦心談などを延々約三時間半にわたって話された。録音の用意をすればよかったが、それはこの次にということにして、先に先生を駅までお送りした。

先生が帰られたあとも、竹村さんを除く名残つきないその余の者たちは、アベノ近くのさる料亭にたむろして二次会となった。各人酩酊はこの顔ぶれでは例のごとしである。

その酔中の談義で鈴木さんが私に突然、「弁護士には芸名はないんか」、と問いかけられた。何事かと尋ねると、「和島先生は岩吉、亡くなられた青木先生も英五郎という、大前田の親分を連想させる、いかにも依頼人を大舟に乗った気分にさせる強そうな名前。ひきかえてあんたのは、しみったれて弱そうだ。弁護士として大成するためには名前が肝心。わしが芸名を考えてやる」。俳人は名前のとおりムリをおっしゃる。「親に文句を言うとくなはれ」と口答えするしかない。その「強そう」で思い出すのは、先生との最初の出会い、今から三〇年も前のこと。

近鉄「恵我ノ荘」近くに、肺病生き残り仲間の友人T君の家があった。お互いに、こんなに効く薬が発明されることは計算外だったので、これからの段取りがつかずに困っていた。彼の家で「来年ぐらいは司法試験通らんと格好つかんで」、などと話しながらも一日をのんびりとレコードばかり聴いて怠け過ごした。

帰りにT君が送ってくれたが、三〇メートルくらい歩いたところの右側の家から、まことに美しい娘さんが出てこられ、そのうしろに下駄ばき着物姿の巨漢が続いた。T君に「相撲取りみたいなオッサンや」と小声で言うと、「あれが有名な弁護士の和島先生や」と教えてくれた。まだそのときの私は「有名」の中身は知らないままに、先生のお名前と風貌を憶えたのである。

阪口楼での会合が縁となって、鈴木さんは毎年六月に天王寺都ホテルで開かれる俳句結社「花曜」の総会に先生を招かれることにされた。鈴木さんは、戦前の俳句革新運動であった「新興俳句」の旗頭であった故西東三鬼の流れに連なる俳人で、この会の主宰であられる。「花曜」は多数の実力ある同人を擁し、全国的に名声の知れわたった結社である。

私は、俳句とは無縁の有象無象であるが、何故か鈴木さんに見込まれて三鬼の「死者の名誉毀損事件」を担当させていただき、以来この会に毎回御招待を受けている。

俳号も「陶牛」とされ、句集も刊行されている和島先生は、ことのほか「花曜」総会への参加を喜ばれた。「狭山事件」の弁護団会議でお会いするたびに、「藤田君、ボクは身体が動くかぎり、あの会には必ず出席する」と言われ、それを実行された。また「いつもの堅苦しい会とは空気がちがう」ともおっしゃった。

先生がのちに発表された「死刑囚の俳句」は、二度目の御出席のときの先生の講演内容を、そのまま文章にまとめられたものである。「花曜」は同人以外の参加者にも、それぞれの専門分野に関係のある話をさせる慣行がある。私もかつて何ごとか喋った記憶があるが、同人たちは各界で名をなした人が多く、今思い出しても冷汗が出る。しかしさすがに和島先生のお話は、暖かい人柄で接しられた死刑囚たちとの交流の体験にもとづくものだけに、痛切な思いが溢れ、聴衆に強い感銘を与えるものであったことは言うまでもない。

最後になられた一九八九年の「花曜」総会出席のときは、大分弱られ、御無理をされていらっしゃるなという思いがした。乾杯の音頭をとられてから程なく退席されることにされた先生を、エレベーターまでお送りした。御子息が迎えに来ておられた。「宅配便になってるねん」と照れくさそうにおっしゃった。その後も淀屋橋近辺で、宅配され中の先生に三度ばかり遭遇することがあったが、お互いに目でにっこりとするだけで行き交った。

和島先生が参加されていた「狭山事件」の弁護団会議への出席は、一九九〇年一月二〇日が最後となった。そのとき先生は、議題となっている第二次再審の補充書の作成について、「この事件は、個々の些末な論点以前に、普通の生活人が考えても常識外れの犯行経過が自白され、それが確定判決の基礎となっている。それをわかり易く指摘することが中心であるべきである」といつもの論を述べられた。

「狭山事件」は、検察側が提出したいくつかの科学的鑑定もあり、鑑定書崩しにはそれなりの煩瑣な論議も必要であるのに、また再審段階で必要な新証拠はどうしても鑑定書的なものが中心とならざるを得ないのに、という気持は私にも強かったが、このときは先生のお話が弁護団への「遺言」という思いがして、その教訓の意味を噛みしめた。

中途退席されようとした先生が、出席者全員に「なにわ塾叢書」として出版された朝日新聞の田村さんとの対話録「人間に光を」を、「つまらんものですが、まあ読んで下さい」とだけおっしゃって配布された。この中には、阪口楼でお聴きしたことも含めて、先生の来し方や人格の輝きが余すところなく語られており、人間として、また同業の偉大な先輩としての先生に対する敬愛の気持が、あらためて胸中に溢れた。

また和島先生は、京大時代に、のちに「滝川事件」で連袂《れんべい》辞職された民法の宮本英雄教授に私淑しておられ、新米弁護士として開業間もなくの頃も、宮本先生の優しい配慮を受けられたことが述べられてあった。たまたま私の畏友、関西学院大学英文学部教授の笹山隆氏の奥さんである信子さんは、宮本先生の愛娘であられるので、後日事務所からもう一冊余分にいただき、お贈りした。これを読まれた信子さんのお話によると、宮本先生は御家庭でも和島先生のことを話題にされ、格別に親愛の情を懐いていられたとのことであった。

「狭山事件」の補充書で、私は先生のお言葉にしたがって、もう一度「自白の虚偽架空性」を整理することにした。作業中、「奏低音」のように耳もとで響いたのは、和島先生の「常識・常識」という言葉であった。もちろん出来ばえは遠く及ばないが、我流でやるしかなかった。

和島先生の教えを直接受けられた門下の多くの弁護士が、先生の追悼式を弁護士会館で行うことを決められた。そのときに、式場で流す音楽の選曲を同期の熊野弁護士から頼まれた。少しまえに参列した友人の葬式で、冒頭に「故人を偲んで」ということで流れた曲が、マスネーの「タイス冥想曲」であった。甘く追憶的な響に聴こえないこともないが、御承知のとおり、アナトール・フランスの「舞姫タイス」で書かれているように、タイスは「舞姫」だけでなく、人間の歴史とともに古い、ある種の業務にも従事していた女性であるので、神妙な顔でこの曲で故人を偲ばされるのは、えもいえぬユーモラスな情景であった。業者任せで、こんなことが和島先生にあってはならない。私が選んだのは、アントン・ウェーブェルン。アルヴォ・ペルト。サミュエル・バーバー。グスタフ・マーラーの作品からの六曲である。

ウェーヴェルンは、いわゆる「新ウィーン楽派」の中でも最も急進的な作風の作曲家である。しかし、「弦楽四重奏のための緩徐楽章」は、彼の出発点を示し、後期ロマン派の終着点とでも言える極限的甘美の世界である。録音もただ一つだけしかなく、私は誰にもこの曲を聴かせないようにしていた。

ペルトは、エストニアで一九三五年に生まれた。エストニア人がどのように歴史に翻弄されてきたかは、今日では多くの人が知っている。彼の曲は、すべて根源的な祈りである。苛酷な体験にもとづく内省が、おのずと作品に反映されるのであろう。あらゆる抑圧とたたかってこられた先生への思いをこめた。

バーバーは、一九一〇年に生まれたアメリカの作曲家。「弦楽のためのアダージョ」の純粋で透明な抒情は捨てがたい。

マーラーの「第一交響曲（巨人）」の第三楽章は、もちろん「巨人」・和島先生への追悼曲として最初に思いついた。古いボヘミア民謡によるメランコリックな旋律が、先生への追悼にふさわしい。「荘重に、威厳をもって」という作曲家の指示がある。

（注）和島岩吉（一九〇五〜一九九〇）。弁護士。部落解放運動で活躍、日弁連会長などを歴任。

真に人間的だった瀬尾さん

昨年の五月のある日、宇治の荻野晃也さんからの電話で、「瀬尾さん(注)が肺ガンで危ない」ことを知りました。ありふれた言い方ですが、「青天の霹靂」がこのときのショックに一番ぴったりした言葉でした。

私が知っているかぎり、「熊取六人組」の中でも真面目派の代表で、私たちのように羽目を外して暴飲暴食などの不摂生をされる筈はありませんし、きっと根をつめた研究の無理が祟ったのかも知れないと考えました。

早速熊取の仲間や荻野さんたちと一緒に自宅で伏っておられた瀬尾さんをお見舞いすることになりました。最後のお別れになるかも知れないという思いが胸をしめつけ、励ましや慰めの言葉も湿りがちでした。しかし、青白く瘠せられた瀬尾さんは、それでもかえって私たちを思い気遣って、漢方治療の話などをされ、些かも生きる希望を失っていないかのような応対をされました。私たちは瀬尾さんのお疲れの様子を見て、暫くの後に退出させていただくことにしました。

帰りの阪急茨木駅の店で、熊取の仲間や荻野さんたちは、瀬尾さんの原稿の整理や出版のことなどを話し合っていました。私は埒外に居て、日々刻々と大勢の人々がそれぞれの思いを残しながら去っていくこの世の流れの辿りつく先は何処なのかなどと、とりとめのないことをぼんやりと考えていました。

お葬式は六月の暑い日の午後でしたが瀬尾さんの死を悲しむ多くの人が参列しておられました。席上で私は瀬尾さんが夜にただ一度だけ、私の家に電話をかけてこられたときのことを思い出していました。スリーマイル島原発事故の直後のことでした。私が新聞のインタビューに、「私達が主張したことが正しかったことが実証されたという気になれない。私達を含めて反原発運動の無力さがこんな事故を防ぎえなかったことに対する残念の気持ちが先に立つ」と答えた記事に対する瀬尾さんの共感をわざわざ伝えてこられたのでした。

瀬尾さんと私の付き合いは、もちろん「伊方原発」の裁判を通じてのことです。この「四国電力伊方原子力発電所原子炉設置許可処分取消請求行政訴訟」は、日本のみならず世界でもはじめての原発の危険性を全面的に問題にし、その違法性を明らかにしようとした裁判でした。弁護団が瀬尾さんにお願いしていたのは、「原発事故の際の放射能災害シミュレーション」でした。

国や電力会社はフェイル・セイフ、フール・プルーフになっているので、どのような撹乱的要因が発生しようとも安全サイドに収まり大事故は起こらないと言い張ってきていました。しかし、一九七九年三月に伊方炉と同型の加圧水型原子炉をもつ「スリーマイル島原発」に事故が起こり、環境に大量の放射能が放散されました。いよいよ瀬尾さんの裁判での証人としての出番となりました。

しかし残念ながら瀬尾さんの証言は実現しませんでした。証言が間近に迫った一九八三年三月四日の法廷で、高松高裁の裁判官がまったく異例にも何の前ぶれもなく突然「結審」を宣言し、唖然とする原告住民や傍聴人を尻目に法廷から退出してしまったのです。今でもあの裁判で瀬尾さんの証言が実現していたら、裁判の流れは大きく変わっていただろうと残念でたまりません。

今日の「偲ぶ集い」に出席させていただき、いろいろな側面から瀬尾さんの人柄についてのお話を聞かせていただくにつけて、私の中にあった「マジメ一本槍」の瀬尾さんのイメージは大いに修正されました。とくに大学時代の「マンドリン同好会」の話や、その仲間が演奏された、ロドリゴやタレガ、アルベニスなどの演奏を聴くにつけ、とりわけ甘美なこのようなスペインの曲に、御自分の情感を溶かしておられた若い瀬尾さんのロマンチストぶりを知ることができたことも感銘深いものでした。

伊方原発の裁判は一九九二年一〇月に上告棄却の判決があり、目的を果たせないまま終わってしまいましたが、この裁判に参加した弁護士は、瀬尾さんとともに闘ってきた精神を忘れずそれぞれの道を進んでいっています。

私の好きな政治理論家のハンナ・アーレントに「フマニタス（真に人間的なもの）は孤立の中では決して得られない。自らの生並びに人格を〈公的領域への冒険〉にゆだねることによってのみ達成できる」という言葉があります。ミクロ的な原子核の専門研究の世界から、伊方原発をはじめとして反原発運動という公的領域での実践に踏み出され、途上に倒れながらも、今ここに「原発事故……その時、あなたは！」という万人の読むべき本を残された瀬尾さんに、あらためて尊敬の気持ちを表明しておきたいと思います。

（注）瀬尾健（一九五九〜一九九四）。京都大学原子炉実験所助手。原子核工学者。

光徳寺の蝉しぐれ

「音楽」と縁がなかった頃の離れ小島のような記憶。

空襲警報下の暗がりの中で、友人の手巻き蓄音機から流れた音楽。今にして思えば、あれはモーツアルトの「アイネ・クライネ・ナハトムジーク」であった筈だ。

二〇歳までに戦場に駆り出され、死が確実に待ち受けていることを受け容れていた中学二年生。「希望なき人のために、希望という言葉がある」と言ったのはヴァルター・ベンヤミンであるが、私たちの前途に希望のかけらもなく、その言葉もなかった。

そのときの私は、この音楽が放散する響きを不思議な思いで聴くだけで、その不思議さを表現するすべとてなかった。今なら、「すべてが肯定されている世界からの音楽」という言葉を与えることができる。私の最初の音楽体験であった。

悲惨な戦争のあと突然戦火が終止し、目の覚める思いの戦後がはじまった。

友人たちはたちまちのうちに、バッハ・モーツアルト・ブラームスなどの西洋音楽に熱中しはじめた。私もその仲間の一人であったが、心の隅で、広島、長崎への原爆投下やアウシュヴィッツの計画的大殺戮と、このような感動的な音楽を産む文化とはどのような関係にあるのかという疑問の気持ちを消すことはできなかった。

大分後になって、T・W・アドルノの、「アウシュヴィッツのあとで詩を書くことは野蛮だ」という激烈な言葉を知った。ヨーロッパを中心に過去の音楽と訣別して、新しい音素材の発見、構造原理を探求する動きが盛んになった。いわゆる「同時代（現代）音楽」の興隆である。私もこの動きに共感し、乏しい小遣いを費やして資料を集め、LPを聴き込むことになった。

しかしこのような動きも、時代の推移と共に変化し、戦前への回帰とまでは言わないが戦争の惨禍が忘れられ、アウシュヴィッツや南京大虐殺は存在しなかったのだと主張する「歴史修正主義」さえ論壇に登場する時代となった。先進国の繁栄のかげで、アメリカや中南米諸国の人たちは依然として極端な貧困や疫病の中に打ち捨てられたままである。このような現状を音楽はどうして映し出さずにいられるのか。戦争終了直後のあの変革の意気込みはどこへ行ったのか。

さて福光《ふくみつ》の光徳寺の「蝉しぐれコンサート」にかかわるようになって、早や二〇年にもなる。今年来演する「韓伽倻」さんは、私が敬愛する若いピアニストであるが、曲目の中に必ず「現代音楽」を一曲加えられる。また、いわゆる「名曲」の演奏でも、彼女は漫然たる過去の踏襲ではなく、現在を生きるわれわれにとってそれらの曲がどのように迫ってくるのかを真摯に問いかける演奏をされるのである。

今年もまた光徳寺の本堂前の庭の銀杏の大木に例年のように集まる多くの蝉たちが、伽倻さんのピアノに合わせてユニゾンで、また対位法的に絡んで、精一杯鳴き声をあげることであろう。

蝉は、プラトンの対話編の「パイドロス*」によれば、「昔は人間であって、歌というものがこの世に現れて以来、楽しさの余り食べることも飲むことも忘れてただ歌い続け、自分で気付くことのないまま死んでいって、蝉に生まれ変わった」と書かれている。光徳寺の蝉もその末裔であろう。「蝉しぐれコンサート」に一人でも多く集まって下さい。

＊「岩波文庫プラトン著　パイドロス　藤沢令夫訳　九二頁」

堂島と南森町のオリヴィエ・メシアン

私がメシアンを見たのはただ一度、一九六二年の春であった。当時の私は、肺の血管が盛大に破れて、勤め先の会社から縁を切られ、あてもなく、リハビリと称して大阪の街をフラフラと歩いていた毎日だった。これから何をなすべきか、展望は闇であった。

そんな頃、今では跡形もなく取り壊され、堂島「アヴァンツア」の敷地の一部になってしまった「毎日会館」でメシアンの講演会に行き逢った。ピアニストのイヴォンヌ・ロリオが同行していた。メシアンの曲はこれまで、あの類い希な「時の終わりのための四重奏曲」くらいしか知らず、収容所で作られ、その中で仲間と初演奏された曲というだけで、私は少し威儀を正して夜中にこれを聴いていた。

舞台上のメシアンは、冗談やユーモアから程遠い謹厳な感じの人であった。もう四十年も前のことなので、その時の話の内容も勝手に頭の中で変形されてしまっているに違いないが、彼が戦後の音楽世界に登場した場所は、伝統的な音楽の構成原理によらず、使い古した音素材をも拒否して作品をつくろうと試行が繰り返された「前衛音楽運動」の渦中であった。

講演の途中彼が選んでロリオに弾かせたのは、「四つのリズム・エチュード」の中の「音価と強弱のモード」。この曲は彼によると、自分流のトータルセリェルな音楽で、「音列技法ではシェーンベルグが第一評価されているが、自分がこのような曲を作ったことも忘れないでほしぃ」というようなことを話した。しかし、当時の私の耳では精密な構成原理など捉えられる筈もなく、複雑な音の渦巻きが走り回るだけの曲であった。

話の途中で気が付いたのが、舞台を包むメシアンとロリオの格別に親密な雰囲気であった。

私の知っている限り、メシアンの奥さんはバイオリニストのクレール・デルボスであったが、何年か前に亡くなり、ロリオと再婚したのだそうであった。二人にとっては、この訪日は新婚旅行でもあったのだ。

メシアンは日本が気に入り、タタミやスキヤキ、テンプラと縁が切れなくなったそうである。帰国後、年内に早速私たちにも親しい「七つの俳諧」を完成させた。

メシアンが最後にロリオに演奏を頼んだのは、「ヨーロッパヨシキリ」であった。「鳥のカタログ」の中の七番目の曲で、深夜から翌々日の午前三時頃までの鳥の鳴き声を実際に採譜して作曲したそうである。三十一分もかかる大曲、一大シンフォニーであった。

メシアンによれば、前衛作曲家としての彼を慕って集まったシュトックハウゼンなどは、鳥と遭遇して目を丸くして離れて行ったとのことであった。

メシアンは自分の創作活動を、①聖書にもとづいた宗教的・神学的な作品、②リズム研究の作品、③トリスタン伝説にもとづいた作品、④鳥のうたにもとづいた作品、に分類しているが、インドや東洋音楽までも対象にした精力的なリズム研究や、セリェルな作曲法にこだわらず、ドビュッシイ流の印象主義の影響も失わなかった。私が面白いのは、③のトリスタン伝説にもとづく作品は前妻のバイオリニストが生きていた時に限られて、それ以降は全くないという事実である。その理由を想像したくなる。

「堂島メシアン」は内容が充実してやや疲れる催しであったが、その後私は弁護士になってしまい、メシアンとも疎遠になってしまった。そして昨年の五月二十五日。あのときからもう四〇年が過ぎていた。

「犬も歩けば棒に当たる」という言葉があるが、「弁護士が歩けば音楽に当たる」というのは本当である。事務所で面白くない裁判書面をようやく書き終わって家路の途中どこかで一杯と思いながら歩いていた南森町の小公園の西側の「モーツアルトサロン」で奈良ゆみさんのリサイタルの看板を発見した。メシアンの「ハラウイ」が当夜のプログラムであった。

たまたまその二ヶ月ほど前から、「サティのうた」、「ドビュッシイ」、「フオーレ」の歌曲集などのフランスからの奈良さんのCDを手に入れ、私は奈良さんがパリで堂々と現地の人に伍して高い評価を得ていることをはじめて知り、感心して聴き始めたところであったので、偶然とは言え、何かのえにしと、売り切れ寸前の切符で会場に潜り込んだ。

メシアンの「ハラウイ」は「愛と死の歌」という言葉が添えられているが、ペルー版の「トリスタンとイゾルデ」である。詩はメシアンのものであり、彼の母セシル・ソーヴァージュもかなり有名な詩人であり、メシアン自身も若い頃シュールレアリスム系の詩人たちとの交流も伝えられているので、詩はお手のものであったと思われる。

私は、「ハラウイ」の言葉のわからない複雑な曲を少し持て余し気味で、ミシェール・コマンの歌唱で聴いていた。しかし、奈良さんの歌は違った。第一曲の「お前、眠っていた町よ」からつぎつぎと息もつかせぬ迫力であった。ホールの狭いことが幸いして、普通の会場ではとても聴こえない歌い手の息づかいまでが耳に伝わり、興奮した。「惑星の反覆」のドウンドウ・チル・チル・チルのところでは躍りだしそうな気分になった。忘れてはいけないのはピアノの谷口敦子さんの演奏で、この曲が始まるまでは私はこんな複雑な曲は、誰がどのようにピアノを弾かれるのであろうかという心配を抑え切れないでいたが、単なる「歌バン」の域を超えて、奈良さんに一歩も譲らず弾き終えられた。私はこのコンビの「追っかけ」になって、「サティとジョン・ケージ」、「松平則頼」、「ピエロ・リュネール」などを次々に聴かせていただいたが、どれも素晴らしかった。さてこの次は何を歌われるのか、今からますます楽しみである。

プーランクとラヴェル

客席の灯が消され、よき香りが通り過ぎた。奈良さんとピアノの谷口敦子さん登場である。今夜は前半がプーランク、後半はラヴェルの歌たちである。

プーランクはサティの流れを汲むフランス「六人組」の一人である。そう云えばその前にはムソルグスキーなど、ロシアに「五人組」が居た。ラヴェルは、かのモーリス・ラヴェルである。歌がはじまると、私はすぐいつものとおり不誠実な聴衆の一人になって、あれこれと不透明な記憶の世界に歩き出した。

はじまりは、ギョーム・アポリネールの「パリへの旅」と「ホテル」。いずれも彼の詩集「バナリテ」からである。アポリネールは「キュビズム」や「ダダ」を出発点とし、いつも時代の先端を駆けていた「前衛詩人」である。「シュールレアリスム（超現実主義）」という言葉も彼が最初に使った。彼は第一次大戦で頭に砲弾の破片を受けて、包帯をまいたまま帰ってきた。残された写真などが彼の人柄を偲ばせてくれる。余計なことだが、彼は優美な絵を描く、マリー・ローランサンを愛し続けたが、結果は得られなかった。一九一八年にスペイン風邪にかかって、突然死んだ。おおらかな性格の彼がもうすこし生きていれば、仲間シュルレアリスト達が四分五裂の運命をたどることはなかったかも知れないと、私は思っている。

アポリネールに続くヴィルモランやロンサール、カーレムは、名前の記憶だけで特別に奈良さんの歌を妨げなかった。

次のP・エリュアールもシュルレアリストとして出発した詩人である。若い頃スイスのサナトリウムで美しいガラさんと知り合い羨やましいカップルとなったが、なぜかのちに、ガラさんはスペインの画家、サルバトール・ダリと結婚した。ダリはガラさんに頭が上がらず、生活上のことはもとより画までも彼女の励ましが必要だったと伝えられている。カラケスなどに残されている、彼の巨塊な作品群を見て、誰がそんなことを想像できるであろうか。

「最後の詩」のロベール・デスノスも忘れていた名前であり、このプログラムで少し思い出した。シュルレアリスト達が考えていた、「優雅な死骸」や「自動筆記」などに興じ、作品を残しているが、大戦中はレジスタンスに参加し、ゲシュタポに捕らわれ、チェコのテレジュンスタットの収容所で解放直後、チフスで死んだ。

ルイ・アラゴンもシュルレアリストとして出発したが、のちにエリュアールと同じくスターリン主義のフランス共産党に参加した。彼はロシアの前衛詩人マヤコフスキーの義妹エルザ・トリオレの夫となり、戦中に「エルザの瞳」を発表し、愛国詩人として評判になった。エリュアールの「祖国の中の異国にて」も同じ扱いを受けた。

ロシア革命で出発した政権が、前衛芸術の支えになる筈だと信じていたアヴァンギャルド達は、すぐにその期待を裏切られた。殺されるか、ラーゲリー送りになるか、国外追放になった。社会主義レアリズムという退行的なイデオロギーが公認となった。前衛芸術は「形式主義」として排斥された。アラゴンは戦後フランスで、なおも「社会主義レアリズム」の鼓吹者となり、そのままで終わっている。

ジャン・コクトオの「モンテカルロの女」もはじめて出会う詩である（白水社の「ジャン・コクトオ全集」にも収められていない）。コクトオは六人組のリーダーのごとく振舞ったが、私はそのような彼を信用していない。しかし誰かが彼の詩を曲にしているに違いないと思っていたがプーランクだった。関係ないことであるが私もモンテカルロのグラン・カジノに家禁を破って行ったことがあり、「モンテカルロの男」となったことがある。映画などでおなじみの「鉄火場」の風景とことかわり、礼服またはこれに準ずる服装が要求され、パスポートの提示も必要だった。

いづれにしてもフランス現代芸術の黄金時代と云える一九二〇年代の作品を中心に、これだけの曲目をプログラムに並べる歌い手は奈良さん以外にはない。

さて、後半はラヴェル。はじめは彼の友人、トリスタン・クラグソルの詩につけた「シェエラザード」。ラヴェルは、「作曲家は自分が思った音楽を思ったとおり正確に作曲できなければならない」と説いて、何よりその技術的修練にはげんだ人である。その反面、それができても、「若い頃のナイーヴな感性は二度と取り戻せない」とも語っていた。そのときひき合いに出すのはこの曲であったと云う。

つぎの「マダガスカル島先住民の歌」も昔は「マダガスカルの土蛮歌」という差別的な題名が与え

られていた。私がこの曲を最初に聴いたのは、ジェニー・トウレルと云うアメリカのソプラノのＬＰであった。それまではラヴェルはあくまでも「ボレロ」のラヴェルでしかなかった。この曲のおかげで、私はピアノや室内楽、オーケストラ曲にも耳の穴が開いた。ピアノ伴奏だけのバージョンもあるが、今夜は奈良さんがフルートとチェロも加わったオリジナルな響きを贈って下さった。デジレ・ド・パルニーの詩に彼は抑えたエキゾティックなメロディをつけた。二曲目の「アウアー」には「海岸近くに住む白人には気をつけろ」、との言葉が出てくる。これに「同胞が植民地獲得のために血を流しているのにけしからん」と云う非難がなされたと伝えられている。「御時世だった」と云うほかない。ラヴェルは相手にもしなかった。戦争中に「一切のドイツ音楽を楽壇から追放しよう」という呼びかけが起こったことがあるが、ラヴェルは「音楽の世界とは関係ない」と断った。

盛大な拍手のあと奈良さんがアンコールとして歌ったのは、「ヘブライの二つの歌」の「カディッシュ（頌歌）」であった。近しい方が亡くなられ、追悼の気持ちをこめるとおっしゃった。激しく悲痛な歌声であった。初演のマドレーヌ・クレイの名唱が讃えられているが聴くすべもない。しかし今夜の奈良さんの歌を聴かされてそれ以上何を求めるのか。

音楽的感動はもっとも壊れやすきものである。私はそのまま家に持って帰りたく、ホールの外でタクシーを拾い逆瀬川まで乗った。

藤田一良関連履歴

野口豊子

1929（昭和4）
5月8日　香川県高松市に生まれる。家業は帽子製造業（四国製帽）を営む。姉、弟、妹の四人きょうだい。

1936（昭和11）
香川県師範学校附属国民学校に入学。

1937（昭和12）
7月7日　日中戦争始まる。

1938（昭和13）
4月1日　国家総動員法公布される。この法により物資統制、人員徴用、言論制限などが可能となる。

1941（昭和16）
太平洋戦争勃発。

1942（昭和17）
香川県立高松中学校入学。

1944（昭和19）
戦時中の物資統制により商売を切り上げ父親の実家のある大阪府豊中市石蓮寺に一家をあげて引

っ越す。大阪府立豊中中学校へ転校。時代は中学生をも戦争に巻き込んでいた。〈戦争中は勤労動員にかり出され、中学三年から枚方にあった陸軍造兵工廠で働かされた。枚方の工廠は昭和一四年頃原因不明とされた大爆発を起こし、火薬の破裂する音が何日も遠くまで響きわたった。軍事的にみても、かつてない大損害であった。私はこの工廠で弾丸の信管に火薬を充填する作業をさせられた。純真な学生に誰もが逃げる危険な作業を押しつけたのである。「伊方裁判が遺したもの」〉

1947（昭和22）

大阪府立浪速高等学校（現在の大阪大学教養部北校）入学。GHQが下した農地改革に関連して父が農民組合を立ち上げ市会議員に立候補する。江田三郎らが応援演説に駆けつけるなどして忙しく振る舞う父や病弱の母に代わって藤田弁護士は祖父の田畑の農作業を手伝うことになる。学友、英文学者の笹山隆は、〈現在八三歳の私にとって、人生の四分の三以上の年月、親しく付き合ってきた藤田君は、文字通り人生の友でした。交友のはじまりは、今から六五年前の旧制高校時代にさかのぼります。／文系四〇名のクラスメートのなかで、特別気の合ったのが藤田君でした。終戦後まだ二年、娯楽はおろか食料さえ充分でなかった頃で、ガラスの割れた教室の窓枠には新聞紙が貼り付けてありました。それでもクラス全体には、今の学生生活には見られない和気藹々とした温かい友情がみなぎっていました。文化祭ともなると、一つの劇を上演するのに、主役端役舞台裏を問わず、四〇人一人残らず積極的にそれに参加しました。その仲間のなかで、人一倍頭が切れて暴れん坊の彼は、嫌いな授業には友達に代返を頼んでおいて運動場で野球に興じ、そのくせたまに教室に戻ると、鋭い質問を浴びせて教師をたじろがせたり、むずかしいドイツ語の文章を見事に訳して、みんなを驚かせたものです〉と、「藤田一良さんを偲ぶ会」（二〇一三・一二・一三）に追悼の言葉を寄せた。在学中に母が結核を患い死去する。

1950（昭和25）
京都大学法学部（旧制）入学。

1953（昭和28）
京都大学法学部卒業。興亜火災保険入社。

1957（昭和32）
喀血する。結核療養のため退社、療養生活に入る。

1961（昭和36）
〈一九六一年九月頃は、リハビリと称して、これといった目的もなく大阪の街なかをうろつき回る毎日であった。／大学を卒業して、三年半勤めていた神戸の保険会社から貰った僅かな退職金も、とっくに底をついて、この切符代（「二十世紀音楽研究所主催・第四回現代音楽祭」）も「天牛さん」（古書店…引用者）の御厄介である。ただ市民病院の二階の病室の窓から満員の通勤者を乗せて、線路を軋ませながら走る阪急電車を眺めながら、もう二度とあの生活には戻らないでおこうという決心だけは固かった。「御堂筋のジョン・ケージ」〉

1962（昭和37）
〈私がメシアンを見たのはただ一度、一九六二年の春であった。当時の私は、肺の血管が盛大に破れて、勤め先の会社から縁を切られ、あてもなく、リハビリと称して大阪の街をフラフラと歩いていた毎日だった。これから何をすべきか、展望は闇であった。／そんな頃、今では跡形もなく取り壊され、堂島「アヴァンツア」の敷地の一部になってしまった「毎日会館」でメシアンの講演会に行き逢った。「堂島と南森町のオリヴィエ・メシアン」〉
〈近鉄「恵我ノ荘」近くに、肺病生き残り仲間の友人T君の家があった。お互いに、こんなに効く薬が発明されることは計算外だったので、これからの段取りがつかずに困っていた。彼の家で「来年ぐらいは司法試験通らんと格好つかんで」、などと話しながらも一日をのんびりとレコードばかり聴いて怠け通した。「和島先生への追悼曲」〉

1963（昭和38）
司法試験合格（18期）。

1964（昭和39）
司法修習生。

1965（昭和40）
結婚。

1966（昭和41）
弁護士登録。坂東法律事務所勤務。

1968（昭和43）
大阪市北区西天満四丁目九番一五　第一神明ビル3F（伊方原発裁判のおり5Fへ移動）に「藤田法律事務所」を開設する。
「仁保事件」の主任弁護士であった青木英五郎さんから声がかかり、上告審から「仁保事件」（一九五四年一〇月二六日、山口県仁保で、農業を営む一家六人――こども三人、夫婦、母が殺害された。一年後に別件で岡部保さんが逮捕され、強盗殺人罪で起訴され、一・二審で死刑判決を受けた。が、最高裁で差し戻しになり、七二年一二月一四日に、一七年ぶりに無罪判決が確定した）弁護団の一員となる。仁保事件の弁護を担当したときの心境を後年に語る。〈この事件は最高裁まで行って、口頭弁論ではそれぞれの人が頑張りました。本当に冤罪事件はきついですから、自分が失敗して、そこを検察官に食い破られて、そのために死刑になったらどうしよう、そういう恐怖にとらわれるわけです。だから一生懸命やるんですが、本当に恐い。「二度とこんな事件は引き受けないでおこう」。そのときは率直にそう思いました。しかし結果として僕の弁論も成功して、最高裁はそれまでの判決を破棄するにあたり、その理由の第一点で僕の弁論を取り上げました（立教大学共生社会研究センター主催「原発訴訟のトップランナーとして—伊方反原発訴訟弁護団長・藤田一良さんが語る—」）。以後、「立教大学講演録」と略す〉

秋　京大工学部助手で、後に伊方原発訴訟において原告住民側の「補佐人」となり、地震の証人にもなる荻野晃也が、東大原子力工学科の有志と相談して、反原発の科学技術者組織を作ることで合意した。後にその組織が「全原連（全国原子力科学技術者連合）」となる。

1969（昭和44）

7月　四国電力が伊方町での原発建設計画を発表する。伊方町議会は満場一致で原発誘致推進を決議する。地元住民から反対の声があがり「伊方原発誘致反対共闘委員会」が結成される。

11月1日　東北大学で開催された原子力学会で、「企業秘密を優先する研究者」を追及した。新聞には「若手研究者が〝造反集会〟」と報じられたが、その会場で「全原連の結成」を宣言し、全原連への参加を呼び掛けた。その結果、東北大・東大・東工大・京大・阪大などの支部が出来、各地の反対運動と協力する活動を開始した。何人ものメンバーが原発訴訟での住民側・証人になっている。

11月13日　大阪・扇町公園での「佐藤訪米阻止」行動のデモ中に糟谷孝幸（岡山大学生、二一歳）が逮捕される。近くの曽根崎警察署に連行され、翌日に死亡した。弁護団は、糟谷君は逮捕時及び逮捕後の警棒の乱打によって死亡したと主張。死の真相究明弁護に係わる。

11月30日　防衛庁、日本の防衛という標題のもとに「防衛白書」を発表。

1971（昭和46）

1月　大阪にあったアート音楽出版に家宅捜査が入る（「フォークリポートわいせつ事件」のはじまり）。

4月　漁業権をめぐって開かれた伊方町地元漁協の総会は「原発建設反対」を決議したがその後猛烈な切り崩しに遭い年末に再び開かれた総会で漁業権の放棄を決議した。結果、町民は推進派と反対派に二分される。

10月　部落の青年二人が犯人に仕立て上げられた「松原パークレーン事件」（大阪の松原市のボーリング場に強盗が入り金を奪って逃げた）の弁護人となる。（八二年に無罪判決が下る）。
この年「狭山事件」（一九六三年五月一日、埼玉県狭山市で発生した、高校一年生の少女を被害者とする強盗強姦殺人事件）の「狭山事件再審弁護団」の一員となる。

1972（昭和47）

2月17日　「小西反軍裁判」第一五回公判で意見陳述（テーマ「検察官の釈明批判」）する。（「小西反軍裁判」とは一九六九年、新潟県佐渡島のレーダー基地にいた自衛官小西三曹が基地で警備訓練が行なわれようとしたときに、基地警備訓練といいながら実際は治安訓練であるとして、人民に対して自衛隊が銃を向けるような形でコミットしてはいけないというような内容のビラを佐渡一円に配って歩いた。自衛隊はそれを「怠業の煽動」に当たるとして自衛隊法違反で処分した。一九七〇年七月から新潟地方裁判所で裁判が始まった)。全国から一〇〇人を超える弁護団が編成され、戦後初の自衛官の政治裁判として注目された。重い記録を抱え佐々木哲蔵弁護団団長とペアを組んで新潟に向かう途中の電車の中で盗聴マイクを仕掛けられたこともあった。佐々木弁護士にマイクがあると告げると、そういうこともあるな、と佐々木さんが答えたという。

4月頃　伊方町で反対派住民の支援活動をしていたのが阪大理学部講師の久米三四郎と京大工学部助手の荻野晃也だった。久米三四郎が原発裁判をたずさえ藤田法律事務所を訪ねたくだりを本書収録の「伊方原発裁判が遺したもの」で藤田弁護士はユーモアを交えて語っている。

5月　四国電力が「伊方一号炉」の原発敷地予定地を四国電力に渡すことを拒否した地主に対し、原子炉等規制法に基づいて原子炉設置許可を申請する。

11月29日　内閣総理大臣(当時＝田中角栄)より、設置許可処分が下る。

12月30日　大阪地方検察庁よりアート音楽出版の秦政明とフォーク歌手中川五郎に対する起訴状(事件番号四六八八九)が大阪地方裁判所に提起される。

〈被告人秦政明は大阪市北区兎我野町一番地山安ビル・内所在の有限会社アート音楽出版の代表取締役であり、被告人中川五郎は同社が発行する季刊誌「フォークリポート・うたうたうた」の編集人であったものであるが、被告人秦政明および被告人中川五郎の両名は、同誌編集人村元武および早川義夫の両名と共謀のうえ昭和四五年一二月一日発行の「フォークリポート・うたうたうた冬の号」七九頁から九一頁にかけて、被告人中川五郎が「山寺和正」のペンネームで執筆し、そのうち特に八六頁上段二一行目から九一頁上段末行までの間に性交性戯に関する露骨で具体的かつ詳細な描写記述を含んでいる猥褻文書である「フォーク小説ふたりのラブジュース」を登載し、同月上旬から翌四六年二月中旬までの間多数の読者に対し約三二〇冊を販売するとともに、同四六年二月一五日右アート音楽出版の本社において、販売の目的をもって四〇二冊を所持したものである。（罪名および罰条「猥褻文書販売同所持」刑法第一七五条、第六〇条）〉

1973（昭和48）

1月27日　伊方町の反対派住民らが行政不服審査法に基づく異議申し立てをする。

5月31日　異議申し立てが棄却される。

6月　建設が着工される。

8月27日　愛媛県西宇和郡の住民三五名が原告となって松山地方裁判所に当時の総理大臣田中角栄を被告とした「四国電力伊方原子力発電所原子炉設置許可処分取消請求行政訴訟」を提訴する。国を相手に原発の危険性を問う世界にも類例を見ない大裁判が始まった。弁護団団長藤田一良（弁護団は大阪弁護士会所属一〇名内外、のちに総勢二五名。訴状づくりには原告の「補佐人」として、また「証人」として二十数人の学者、科学者が協力した）。

一一月一三日付の赤旗が「揺れる原発」欄に訴訟弁護団にトロツキストの一味が加わっている、と報じる。弁護団は名誉毀損による謝罪広告と精神的損害賠償請求の民事裁判を起こし、一審判決勝訴。二審で勝訴的和解を勝ち取り、「赤旗」や「民報」に謝罪広告を掲載させる。謝罪広告は左記のとおり。

おわび

四国電力伊方発電所原子炉設置許可処分取消行政訴訟に関し、昭和四十八年八月二八日付

本紙において、日本共産党愛媛県委員会原発対策委員会責任者の談話として、「今回の弁護団は反共分子やトロツキストが介入しているところに問題があると考えています」と報じ、同年一一月一三日付本紙「揺れる原発」欄において、右訴訟の弁護団の中に「あらゆる民主勢力のたたかいに分裂と紛争のたねを持ち込み、各地の住民運動を混乱におとしいれてきた「トロツキスト」の「一味が加わっている」と述べ、及び党愛媛県委員会が「訴訟が敗北の路線を走ることになる」と警告していると報じたことは、右訴訟弁護団の社会的信用と名誉を傷つけたもので、ここに右記事を取り消し、おわびします。

一九八四年七月一八日

伊方原発行政訴訟弁護団弁護士藤田一良殿　新谷勇人殿　浦功殿　熊野勝之殿　柴田信夫殿　菅充行殿　仲田隆明殿　畑村悦雄殿　平松耕吉殿　（一九八四年七月一八日付「赤旗」）

1974（昭和49）

原発内労働被曝損害賠償請求事件（原告　岩佐嘉寿幸、被告　日本原子力発電株式会社）において、下請労働者被曝と原電の証拠隠滅工作の実体をあばく岩佐訴訟弁護団の一員となる。

1977（昭和52）

「伊方一号炉訴訟」の裁判官に転勤命令が下る。

〈結審がもう間近に迫った一九七七年の春でした。それまで僕らの裁判を支えてこられた村上〔悦雄〕裁判官、それから左陪席で、シャープな質問を時々され、僕らも何となく親近感を持っていた方が、結審間際で転勤になったのです。村上さんは名古屋高裁、そして岡部〔信也〕さんという左陪席は松山地裁の他の部に転属となり、今までの弁論や証人調べをつぶさに見てきたお二人が飛ばされてしまった。司法行政の名でこれほど無茶なことができるのか、と思い、さっそく最高裁に文句を言いに行きました。たまたま、当時最高裁の事務局長だった方が大阪高裁にいたとき、比較的仲良くしていただいていたので、その方に「あんたら、いったい何してくれんねん。こんなことしたら、もう裁判所の信頼というものはどうなる。あの地方では皆、バカにしてるで」と言いました。（「立教大学講演録」）

1978（昭和53）

4月25日　午前一〇時、松山地裁三一号法廷において原子力発電所の安全性をめぐる初の司法判決が下った。結審間際に交代した柏木賢吉裁判長より、「主文、原告らの請求を棄却する。訴訟費用は原告らの負担とする」との判決文が読み上げられる。「辛酸入佳境」と布切れに書き込んだ原告敗訴の伝令に、開廷前から裁判所の前に集っていたおよそ一〇〇〇人の支援者にざわめきの波が走った。判決直後、弁護団団長として藤田弁護士は声明を発表した。要旨は左記の通り。

〈伊方原発行政訴訟の審理を通じて、伊方発電所の原子炉設置許可処分は、処分庁である内閣総理大臣が企業と結託して、一部の「専門家」の欺まん的権威を隠れみのにした、なんら安全性の確認がなされていない違法、不当の処分であることが、あますところなく国民の前に明らかにされた。／原告らは、このような審理の結果により、裁判所が道理と法理と良心に忠実に従う限り、本件は勝訴判決以外ないことを確信していた。しかし、松山地裁は、国民から負託された使命に背き、政府や企業の要求に屈服して、原告らの請求を棄却するとの判決をした。／原子力発電技術は、安全装置たるＥＣＣＳの未実証をはじめ、欠陥だらけで大事故の危険はふんだんに存在する。特に、伊方発電所は世界有数の大活断層である中央構造線の間近で、破滅的大事故の危険は大きい。正常に運転されたとしても、原子力発電所の建設、運転、廃棄物の管理に費やされるエネルギーの総量は、それから産出されるエネルギーの量を大きく上回る、むだ飯食いであることが明らかにされている。／本日の不当判決や、欺まん的キャンペーンのいかんにかかわらず、真実こそが究極の力である。原告弁護団は、裁判所の政治的不当判決に満身の怒りを込めて抗議するとともに、広く世界の原子力発電所建設に反対する多くの人たちとの連帯を強め、さらに力を結集。原子力発電所がもたらす災害から、国民の生命や国土の安全を守るための闘いを継続発展させるため一層の努力を尽くすことをここに明らかにする。（「日刊新愛媛」一九七八・四・二六）〉。柏木賢吉裁判長は判決を下し、またすぐに横浜地裁に戻った。

4月30日　伊方原発訴訟原告、高松高等裁判所に控訴する。

●「伊方原発訴訟の過程とその問題点」（『公害研究』第七巻第四号）／「伊方原発訴訟の星野さん」（『星野芳郎著作集』月報）

1979（昭和54）

3月16日　原発事故を扱ったアメリカの映画「チャイナ・シンドローム」が封切られる。

3月28日　アメリカ合衆国東北部ペンシルベニア州のスリーマイル島で原発事故発生（TMI事故）。事故が発生した二号機は伊方一号炉と同じ加圧水型軽水炉（PWR）だった。

〈一九七九年アメリカのスリーマイル島原発事故のときも、すぐに現地調査に行ってきました。そのときのことで一番印象に残っているのはつぎのことです。／発電所から三キロくらい離れたところにある、フィッシャーさんの牧場で、事故のあと二頭の乳牛が産まれました。一頭は正常で元気そのものですが。もう一頭は産まれながらに足が弱く、運動はもちろん、立って歩くのにも思うにまかせません。フィッシャーさんは原発事故の影響だと信じて疑っていません。私たちも仔牛を見るように熱心にすすめました。／薄暗い牛小屋の中の何匹かの仔牛のうちには、たしかに足の弱いのがいました。もっとそばへ近づこうとしたところ、一匹の牛が目をむいて襲いかかってきたのでビックリさせられました。兄弟牛かも知れません。「ちがう、わしらは反原発や」、叫んだとしても、何の役にも立ちません。その恐ろしい目は、黙って生きているほかない牛たちの運命までも平気で脅かす、人間の勝手さにたいする激しい怒りでいっぱいであるように、私には思えました。（「スリーマイルの」仔牛）〉。この折り、通訳を兼ねて同行したのが中尾ハジメだった。〈伊方訴訟の弁護士さんたちが、アメリカの事故現場を案内しろということで、彼らより一足先に行った。ゴフマンに会いたかったわけではないのです。僕のつとめは、ただスリーマイル島の現地に弁護士を連れて行くということだった。（『なぜ「原子力の時代」に終止符を打てないか』ＳＵＲＥ　二〇一四・五）。

6月　「反原発座談会」（「奇跡的だった事故収拾」「体制維持機能としての原発」解放新聞）。藤田一良、久米三四郎、土方鉄。

●「「スリーマイル」の仔牛」

1980（昭和55）

5月　俳人鈴木六林男から、作家の小堺昭三が出版した小説『密告』（ダイヤモンド社刊）の中で鈴木六林男が師系と仰ぐ俳人西東三鬼を「特高のスパイ」と断定して中傷誹謗している。遺族がそれを読んで精神的打撃を受けているので何とかしてあげてほしい、との内容の電話がかかる。

7月30日　大阪地方裁判所堺支部に「死者西東三鬼の名誉」の訴状を提出し裁判がはじまる。

●「絶望と焦りのなかで」「文明に対する怒りが」（「解放新聞」）

1981（昭和56）

1月3日　青木英五郎弁護士逝去。

1982（昭和57）

3月24日　訴訟代理人弁護士の一員として係わった「箕面忠魂碑訴訟」第一審で忠魂碑が宗教的施設であると認定され、忠魂碑建立のための市の支出が宗教分離原則に反して違憲との判決が出る（控訴審では請求を棄却。最高裁も上告を棄却）。

●書評「赤ん坊を襲う放射能」（E・J・スターングラス著　日本読書新聞）／「御堂筋のジョン・ケージ」『花曜』第二四八号／「反核運動と反原発」上・下（「解放新聞」）

1983（昭和58）

3月4日　高松高裁の法廷において行われた伊方原発訴訟の控訴審は実体審理に入らないまま、裁判官がいきなり「結審」を宣告する。

〈僕も相当シビアな状況を経験していますが、こんなことは初めてでした。このときは、「裁判とは何か」ということを真剣に考えました。裁判所にこんな態度を見せられたら、僕らの商売だってできないではないかと。とにかく非常に腹が立って追いかけ回したんですけど、どこにもいない。どこにも見つからない。どこかはじめから逃げる場所を決めていたんでしょうね。僕はその瞬間に、「こんなものにいつまでも付き合わされて自分の人生は終るのか。こんなものはもうやめ、弁護士もやめじゃ」そう思いました。裁判所が書けば、どんなにむちゃくちゃな判決でも判決です。僕らみたいにお金を持っていない弁護士が、毎月毎月今月食えるかという不安を抱えながら、多くの人の協力を得て営々と積み上げてきた。そういう者に対する仕打ちとして、耐えられないことでした。「これはもう弁護士やめよ」、そのときはそう思いました。／しかし狭山事件のように、まだまだ関わっていきたい事件がありますから、弁護士をやめるのは思いとどまりましたけど、伊方の事件は本当にきびしかった。(「立教大学講演録」)

原告住民側は、民事訴訟法に「裁判官が裁判の公正を妨げるとき、忌避できる」と定めた「裁判官忌避」の申し立てをしたが認められなかった。

3月23日

実録小説『密告』の中でスパイと名指しされた俳人・西東三鬼の遺族が『密告』の作者を名誉毀損で訴えていた訴訟で、大阪地裁堺支部一号法廷は、「被告は原告に慰謝料を支払うとともに謝罪広告を新聞に掲載せよ」との原告勝訴の判決を言い渡した。

〈弁護人席の三鬼の二男斎藤直樹さん(四〇)と藤田一良主任弁護人は顔を紅潮させながら「うん、うん」と何度もうなずいた。(略)藤田弁護人も「史実と言われる問題で死者の名誉権の回復が具体化したのは画期的なこと。最高裁まで行くかもしれませんが、頑張りましょう」と決意表明した。(「京都新聞」一九八三・三・二四)〉。被告と出版社は控訴せず、判決はそのまま確定した。裁判所は「朝日」「毎日」両新聞の全国紙に「謝罪広告」を掲載することを命じた。謝罪広告は左記のとおり。

著者小堺昭三、発行所株式会社ダイヤモンド社として刊行した小説「密告」九八頁中俳人故西東三鬼を「特高のスパイ」と断定し、それを前提として九九頁、一〇一頁、一〇二頁にこれを敷衍した文章は、事実に反し、故西東三鬼氏に対する世人の認識を誤らしめるものであり、そのために同氏の子息である貴殿の名誉を毀損いたしました。／よって、ここに深く深謝し、将来再びこのような行為をしないことを誓約致します。
小堺昭三　株式会社ダイヤモンド社
大阪府泉大津市高津町四番一〇号　斎藤直樹殿

１９８４（昭和59）

12月14日　伊方原発訴訟の控訴審の判決日を迎える。〈宮本裁判長ら三人の裁判官が入廷する。原告弁護団長の藤田が「裁判長、口頭弁論の再開を申し立てます」と発言するのを無視して、宮本裁判長は早口に「判決を言い渡す。本件控訴を棄却する」とだけ言うと、陪審裁判官二人を遺して逃げるように法廷から退出した。（『熊取六人組』細見周著・岩波書店・二〇一三）〉

12月27日　伊方原発訴訟原告、最高裁に上告する。〈最高裁では、僕らは本くらいの分厚さになる書面を二冊出しました。他の若い弁護士さんは「最高裁まで行ったら、現状ではいくらがんばっても判決は変わる可能性はない。だから、藤田先生、あとは任したで」とか言ってみんな僕の周辺から去って行ったんです。しかし僕は「それは違う」と思いました。／普通に裁判になる事件と言うのは、過去の一回的な事実をどうこうするものです。しかし原発は違う。裁判所が原審を含めて判決していても、原発は依然としてライブで、生きて、動いているわけです（略）そうした現象が（美浜二号機で起きた蒸気発生器細管のギロチン破断事故…引用者）ＥＣＣＳの効き目など様々なことに影響を与え、大事故になっても不思議はない。そして日本各地の原発で、同じような事故が起こる可能性が日一日と増している。僕らが真面目であって知恵があったら、やはり「もう原発はやめよう！ ということにもっと必至に取り組まなければならない。そういう思いで、最後の二冊の書面を、荻野さんと僕と二人で書きました。〈「立教大学講演録」〉

1985（昭和60）

6月28日　最高裁判所に「上告理由書」提出。上告人　広野房一他一五名　被上告人　通商産業大臣　右当事者間の御庁昭和五九年行サ第四号伊方発電所原子炉設置許可処分取消請求上告受理事件について、上告人はつぎのとおり上告理由を陳述する。昭和六〇年六月二八日　右上告人ら代理人　弁護士　新谷勇人　井門忠士　石川寛俊　井上英昭　浦　功　岡田義雄　奥津　亘　菊池逸雄　熊野勝之　崎間昌一郎　佐々木斉　里見和夫　柴田信夫　菅　充行　田原睦夫　田中泰雄　仲田隆明　中元視暉輔　畑村悦雄　平松耕吉　藤原　周　藤原充子　分銅一臣　本田陸士　三野秀富　水島　昇　藤田一良　最高裁判所　第一小法廷　御中

1986（昭和61）

4月26日　ソビエト連邦（現在のウクライナ）のチェルノブイリで原発事故発生。

6月　「上告理由補充書」提出。上告人　広野房一他一五名　被上告人　通商産業大臣　右当事者間の御庁昭和五九年行サ第四号伊方発電所原子炉設置許可処分取消請求上告受理事件について、上告人らは以下のとおり上告理由補充書を提出する。昭和六一年六月二五日（以下、「上告理由書に同じ」）

1987（昭和62）

●「青木先生が居られた日々」（『青木英五郎著作集』栞）

5月5日　フランス文学者小島輝正逝去。

●「またひとり、小島先生が」（『樹林　小島輝正追悼号』）

1989（平成1）

●「原発裁判の現在と行方」（『法学セミナー』第三四巻第九号）

1992（平成4）

●「原発の危険性と行政に加担する司法」（『法学入門』法学セミナー増刊）

10月29日　午前一〇時半すぎ、藤田法律事務所に最高裁書記官から一本の電話がかかった。「伊方原発訴訟」の「判決の送達先を教えてくれ」というものだった。電話口で主文を読み上げてもらい「伊方原発訴訟」の敗訴を知った。原告代表のもとに一枚の判決通知状が届き、ほぼ二〇年を要した伊方原発裁判はあっけなくも終りを告げた。最高裁第一小法廷で上告審判決があったが法廷を開いて言い渡すという通常の裁判の手続きはとられなかった。

1994（平成6）

6月　物理学者　瀬尾健逝去。

●「最高裁判決をめぐって」（『同人』第六七号）／「和島先生への追悼曲」（『和島岩吉先生追想集』）／「真理の一灯」（『同人』）

1995（平成7）

●「瀬尾さんの思い出」（「京都大学原子炉実験所原子力安全研究グループ発行」）

1996（平成8）

●「反原発の闘い——法廷へ」（『ドキュメント　現代訴訟』日本評論社）

1997（平成9）

ケニア・バルーン墜落事件（アフリカ旅行中に乗った熱気球のゴンドラが着陸時に転倒した事故）発生。被害者二人が損害賠償請求裁判（大阪地裁）を起こすが棄却。控訴人から「平成九年ネ第二七五四号損害賠償請求控訴事件」控訴人訴訟代理人の依頼を受け承諾。翌平成一〇年二月、藤田弁護士は大阪高裁に弁護の「準備書面」を提出。

1999（平成11）

●「東海村「臨海事故」——ずさんな原発安全審査が事故の危険を増幅させる」（『週刊金曜日』二九五号）

2000（平成12）

3月31日　狭山事件再審弁護団が第二次再審の異議申し立てをする。

2001（平成13）

11月1日　「伊方原発訴訟」についてのインタビューに答えて、〈ほんとうに大きな弁護団を組んで、愛媛県の松山で闘いました。住民が中心になって起こした訴訟ですから、お金がないでしょう。最初に八万円もらって、途中で八万円もらって計一六万で二〇年間やらされた。常識的にいってこんなお金で裁判がやれるはずがありませんから、経済的には悲惨な裁判でした。それでもやはり自分がやりかけるとそれなりの覚悟を持って始めますし、原発問題の重要性を考えるといいかげんなことはできません。しかし先例のない裁判でしたから、自分が思いついたことをそのまま書面にして提出できるという面ではやりがいもあったんだけれど、とにかくやればやるほど損をするという裁判でした。（『イリプス』第一次第六号）

2002（平成14）

●インタビュー「人権軽視の「司法改革」を許さない」（『狭山差別裁判』第三三三号）／インタビュー「自衛隊派遣のなかの憲法第九条」（『イリプス』第一次第六号）

12月16日　原子力安全問題ゼミ（京都大学原子炉実験所）の講師として招かれた折り、伊方反原発裁判を何故引き受けたのかいまだにわからない、がしかし裁判はしなければならない、人におしつけることはできない、と話した。

2003（平成15）

●「光徳寺の蝉しぐれ」／「伊方原発裁判が遺したもの」（『アソシエ』第一〇号）

9月　直腸癌手術。一時的に人工肛門造設。

2004（平成16）

●「堂島と南森町のオリヴィエ・メシアン」（「ラ・プレイヤード」第二二号）

1月　藤田法律事務所を閉鎖。

6月　人工肛門閉鎖手術。

2007（平成19）

2月　リンパ節への転移のため放射線治療始まる。

2008（平成20）

●「プーランクとラヴェル」（「ラ・プレイヤード」三一号）

2009（平成21）

11月　リンパ節への転移のため二回目の放射線治療。

2010（平成22）

7月15日　藤田弁護士の雑談。自分の稼いだ金で本を読む、レコードを買うのが夢。自分の生きた時代を知っておきたいためにたくさんの本を読む。サルトルの「実存は本質に先行する」という言葉に目を見開かされた。アメリカが一番恐いのは日本の核戦争。

2011（平成23）

11月　リンパ節への転移のため、三回目の放射線治療。

2012（平成24）

2月27日　立教大学池袋キャンパス・マキムホールにて講演。〈しかし、安全審査とは本当にひどいものでした。久米さんや荻野さんはいろいろおっしゃっていても、私自身は「国はそれなりにちゃんとやっているところもあるのだろう」と、表立っては言わないまでも蔭では思いながら裁判をやっていたんです。しかしひどかったですね。原発にあんなに危機感をもったのは、彼らを法廷で取り調べて、彼らの言動を見てからです。「これはひどい、ほんまに危ないぞ」と思いました。本当にすごいんですよ。／最初に国側の証人で出て来たのは、児玉勝臣という規制関係の事務方の責任者です。これもまた不思議な因縁ですが、彼の家は元々役人で、かなりの高級官僚でした。僕がまだ高松中学校にいるときに、彼がよそから転校してきたのです。半年くらいいたけれども、ものすごく勉強のできる子で、とてもかなわないと思っていました。彼と法廷で出会って、別に「児玉さん、あんた高松の中学に行っていたんやろ」というような話はしませんでしたが、勉強がよくできることは、僕が一番よく知っていますから、「これは難儀なことやな」と思っていました〉と裁判が始まった日のことを語る。

抗がん剤治療を受けながらの藤田弁護士の雑談。原爆と原発はいっしょ。伊方原発裁判のとき松下竜一さんがきて「くらやみの思想」といっていたが、この裁判はそんなやり方ではいけない。一基でも二基でも少なくなるほうがいい。思想でやる人の立場とはちがう。裁判の方法は真面目さが好き。全共闘は思想を裁く、生意気な気持になってはいけない。法廷でもエチケットはある。言葉づかいを正しく。法廷とは何か。裁判がよくならないといけない。ここはちがう、ちゃんとそういうことを、裁判を考え直してくれないか、と言わなければいけない。狭山裁判が差別やからそうなった、という言い方はしたくない。自分だけは、はずかしくないことをやっておこうと思ってやってきた。たいそうやと思うこともあたりまえのことのように。ベンヤミンの言語は民衆に届かない言語。届かす気のない言語。ドイツの洞窟から三万五千年前のフルートがでてきた。五つ指穴があいていた。それはメロディーがふけるということ。

2013（平成25）

5月　四回目の放射線治療不可能により痛み止めのみと医師の宣告を受ける。

7月　下大静脈瘤の手術と水腎症治療のため一週間入院。

8月14日　緊急入院。

8月17日　六時三八分に死去。行年八五歳。

[著者略歴]

藤田一良（ふじたかずよし）

1929（昭和 4）年、香川県高松市に生まれる。
1953（昭和 28）年、京都大学法学部卒業。
興亜火災保険会社を経て 1966 年に弁護士となる。
1973 年に四国電力伊方原発 1 号機（愛媛県）の設置許可取り消しを求めたわが国初の反原発訴訟で、住民側原告の弁護団長をつとめ、1992 年に最高裁で上告棄却を言い渡されるまでのおよそ 20 年間を 1 号機裁判に携わった。裁判の過程で大地震による全電源喪失や、炉心溶融の可能性など福島第 1 原発事故（2011 年）で表面化した原発の安全につながる課題を早くから指摘していた。敗訴が確定した際、「されど真実は執拗なり」という言葉を残し、その後の原発訴訟への道を切り開いた。
また、狭山差別裁判や三鬼裁判など市民の立場からさまざまな裁判を担い、人権弁護士として活躍した。
2013 年 8 月、惜しまれつつ永眠。

弁護士《べんごし》・藤田一良《ふじたかずよし》──法廷《ほうてい》の闘《たたか》い

2014年11月10日　初版第1刷発行　定価3200円+税

著　者　藤田一良ⓒ
発行者　高須次郎
発行所　緑風出版
〒113-0033
東京都 文京区本郷2-17-5　ツイン壱岐坂
［電話］03-3812-9420［FAX］03 3812 7262
［E-mail］info@ryokufu.com［URL］http://www.ryokufu.com/

装　幀　斎藤あかね　カバー写真提供　解放新聞社
制　作　もず工房・閏月社　印　刷　中央精版印刷・巣鴨美術印刷
製　本　中央精版印刷　用　紙　大宝紙業・中央精版印刷　E 1000

ISBN978-4-8461-1416-9 C0036

世界が見た福島原発災害
海外メディアが報じる真実

大沼安史著

四六判並製　二八〇頁　１７００円

「いま直ちに影響はない」を信じたら、未来の命まで危険に曝される。緩慢なる被曝ジェノサイドは既に始まっている。福島原発災害を伝える海外メディアを追い、政府・マスコミの情報操作を暴き、事故と被曝の全貌に迫る。

世界が見た福島原発災害 2
死の灰の下で

大沼安史著

四六判並製　三九六頁　１８００円

「自国の一般公衆に降りかかる放射能による健康上の危害をこれほどまで率先して受容した国は、残念ながらここ数十年間、世界中どこにもありません。」ノーベル平和賞を受賞した「核戦争防止国際医師会議」は菅首相に抗議した。

世界が見た福島原発災害 3
いのち・女たち・連帯

大沼安史著

四六判並製　三二〇頁　１８００円

政府の収束宣言は、「見え透いた嘘」と世界の物笑いになっている。「国の責任において子どもたちを避難・疎開させよ！　原発を直ちに止めてください！」―フクシマの女たちが子どもと未来を守るために立ち上がる……。

胎児と乳児の内部被ばく
―国際放射線防護委員会のカラクリ

長山淳哉著

四六判上製　二七二頁　２４００円

放射線の生物や人間への影響、特に内部被ばくに焦点をあて、最新の知見を紹介。放射線、有害物質への感受性が極めて高く、もっとも影響をうけるのは胎児と乳幼児だ。これらのライフステージでの研究例を中心に、放射線のリスクを解説。

チェルノブイリと福島

河田昌東　著

四六判上製　一六四頁　１６００円

チェルノブイリ事故と福島原発災害を比較し、土壌汚染や農作物、飼料、魚介類等の放射能汚染と外部・内部被曝の影響を考える。また放射能汚染下で生きる為の、汚染除去や被曝低減対策など暮らしの中の被曝対策を提言。

原発閉鎖が子どもを救う
乳歯の放射能汚染とガン

ジョセフ・ジェームズ・マンガーノ著／戸田清、竹野内真理 訳

A5判並製 二七六頁 2600円

平時においても原子炉の近くでストロンチウム90のレベルが上昇する時には、数年後に小児ガン発生率が増大すること、ストロンチウム90のレベルが減少するときには小児ガンも減少することを統計的に明らかにした衝撃の書。

プロブレムQ&A
どうする？放射能ごみ〔増補改定新版〕
［実は暮らしに直結する恐怖］

西尾漠著

A5判変並製 二〇八頁 1700円

トイレのないマンションといわれた原発のツケを子孫に残さないためにはどうすべきか？　増補改定新版では、福島原発事故が生み出した膨大な放射能ごみ問題や廃炉の問題など新たな事態に応じ、最新データに基づき大幅に加筆。

がれき処理・除染はこれでよいのか

熊本一規、辻 芳徳共著

四六判並製 二〇〇頁 1900円

避難区域への住民の帰還推進で進められる除染事業。しかし放射性物質は除染によって減少することはない。がれき利権と除染利権に群がるゼネコンや原発関連業者。いま必要なのは放射性物質の隔離と住民の避難なのだ。

低線量内部被曝の脅威
原子炉周辺の健康破壊と疫学的立証の記録

ジェイ・マーティン・グールド著／肥田舜太郎・斎藤紀・戸田清・竹野内真理共訳

A5判上製 三八八頁 5200円

本書は、一九五〇年以来の公式資料を使い、全米三〇〇〇余の郡のうち、核施設や原子力発電所に近い約一三〇〇郡に住む女性の乳がん死亡リスクが極めて高いことを立証して、レイチェル・カーソンの予見を裏づける衝撃の書。

海の放射能汚染

湯浅一郎著

A5判上製 一九二頁 2600円

福島原発事故による海の放射能汚染をデータで解析、大気圏核爆発・再処理工場・原発等による海洋の放射能汚染と影響を総括し、放射能汚染がいかに生態系と人類を脅かすかを明らかにする。海洋環境学の第一人者の労作。